U0910952

河北省社会科学重要学术著作出版资助项目

势分析方法及其应用研究

——基于主动性决策理论

武义青　贾雨文　著

中国社会科学出版社

图书在版编目（CIP）数据

势分析方法及其应用研究：基于主动性决策理论/武义青，贾雨文著.
—北京：中国社会科学出版社，2016.12
ISBN 978-7-5161-7700-6

Ⅰ.①势…　Ⅱ.①武…　②贾…　Ⅲ.①经济学—研究方法—研究
Ⅳ.①F0-3

中国版本图书馆 CIP 数据核字(2016)第 041319 号

出 版 人　赵剑英
责任编辑　卢小生
责任校对　周晓东
责任印制　王　超

出　　版　中国社会科学出版社
社　　址　北京鼓楼西大街甲 158 号
邮　　编　100720
网　　址　http：//www.csspw.cn
发 行 部　010-84083685
门 市 部　010-84029450
经　　销　新华书店及其他书店

印　　刷　北京明恒达印务有限公司
装　　订　廊坊市广阳区广增装订厂
版　　次　2016 年 12 月第 1 版
印　　次　2016 年 12 月第 1 次印刷

开　　本　710×1000　1/16
印　　张　13.5
插　　页　2
字　　数　223 千字
定　　价　50.00 元

凡购买中国社会科学出版社图书，如有质量问题请与本社营销中心联系调换
电话：010-84083683

前　言

势分析是主动性决策理论的一个重要研究方向。为使读者更好地了解本书内容，在此，对主动性决策理论的研究背景和几个主要研究方向作一粗略的介绍。

（一）

上小学时，我就阅读过《三国演义》。初中时，接触到《孙子兵法》。中国古典决策思想，在我脑海中留有深刻的印象。1960 年考入中国科技大学，在吴文俊先生、华罗庚先生门下学数学。专业课学习阶段，由许国志先生、越民义先生等老师讲授运筹学。当时，我就意识到，中国的决策思想和近代西方的决策思想分属两个理论体系。于是，我就萌生了一个心愿：要把中国古典的决策思想加以整理，从现代科学水平上归纳总结，使其能“立于世界民族之林”。我所理解的现代科学水平，一是能定量化，二是系统科学化。从那时到今天，已经走过五十多年了。

中国科技大学毕业后，分配到中国科学院数学研究所运筹学研究室工作。其后是“四清”“文化大革命”，20 世纪 70 年代起又推广优选法，承接科研任务，甚至还客串了几年行政工作。这样，我就广泛地接触了社会，特别是走访过上百家工矿企业，对北方几省市的主要产业门类都有所了解。这些经历，并不是由我选择，但我一直用心体察，都是研究主动性决策理论的素材或背景。

1979 年，回到石家庄。1984 年，写出这项研究的第一篇论文《我国古典主动性决策理论》，发表于《河北机电学院学报》1985 年第 1 期上，后在中国系统工程学会系统理论专业委员会（桂林阳朔）

年会上报告，受到了与会学者的热烈欢迎。此文现作为本书的附录附上，供参阅。

1993 年，军械工程学院和河北机电学院两家的管理工程系联合研究的“规范化管理理论”项目得到国家自然科学基金的资助。课题组指派我研究相关的基本理论结构，于是就提出了系统组织化的不完备性原理，先刊登于课题组的研究简报，后收录入《关于主动性决策理论（非理想系统决策理论）的研究》一文，发表于《中国软科学》1997 年第 1 期。

系统工程理论提出，整体系统可以具有它所有子系统都不具备的结构和功能，简称为“整体大于部分的综合”，已为人所熟知，并被称为系统化原理。我们发现，在经济社会系统中，某些子系统也可以具有整体系统所不具备的结构和功能，可以称为“部分大于整体的分解”。“整体大于部分的综合”和“部分大于整体的分解”合并起来，称为系统组织化的不完备性原理。这个原理适用的系统称为非理想系统，主动性决策理论就是关于非理想系统的决策理论，它的定量分析部分我们以后称为非理想系统分析。

“非典”后的一天，一位青年合作者说，我们的研究具有超前性。这超过了我的“立于世界民族之林”的研究目标，促使我重新审视西方的主流经济理论，特别是宏观经济理论和它的方法论部分。研究思考后发现，西方主流经济理论始终是以自由主义市场经济理论为中心的，虽经过凯恩斯革命等几次调整，但基本构架并没有改变。它的方法论则是牛顿体系的，先是用微分方程建立起数理经济学作为理论骨架，后来相继引入数理统计、优化理论、博弈论等数学工具，直到系统工程，都没有脱离牛顿体系。这就是人们称颂的理性决策理论体系。李斯特的国家主义经济学说打破了自由主义市场经济的理论体系，但理论上不完备，也缺乏方法论的支持。方法论上实现了突破的，确实只有主动性决策理论和非理想系统分析方法。

改革开放以来，我国的经济社会发展取得了举世瞩目的成就，经济和社会发展理论也有很多突破。[①②] 西方学术界对如何摆脱他们目前的困境没有多少有效的方法，自由主义市场经济理论恐怕就要退出历史舞台。创立新的经济理论的任务，历史地摆在中国学者面前，主动性决策理论和非理想系统分析的研究将为此提供方法论的支持。中国将重返世界文明的中心，我们应当做出自己的贡献。

（二）

由系统组织化的不完备性原理推知，主动性决策理论和非理想系统分析不可能是演绎体系，是要从多个既有联系又有区别的不同层面、角度进行研究的。到目前为止，我们开辟出约十个研究方向。下面将对四个有较大特色的方向作一简要介绍。

1. 势分析

主动性决策理论选定了四个基本决策要素：形、势、节、策。形就是资源；策就是策略；节（制）是从策中分离出来的概念，我们以后讨论；势（态）是从形中分离出来的概念，它表示形在运用中发挥效能的条件和程度。形发挥效能的条件将在其他研究方向中讨论，势分析则集中研究形发挥效能程度的度量和应用。

经济学中常用的计量经济模型实际上仅对模型变量的某些特殊值（如均值）才严格成立，对一般的统计数据只是近似成立，误差多半是和模型变量同数量级的。这和自然科学、技术科学中公式的精度是无法比较的。所以，常常是越精细的模型越难使用。例如，使用微分方程的数理经济学模型，通常只是定性分析工具。

势分析方法是在数学模型中，对各变量都引入势效系数，使其对所有数据都严格成立。这也意味着，把一个模型变成了一个模型族，用这一模型族对经济系统的运行进行描述。这也是对理性决策理论中边际分析方法的一个重大改进。由此思路出发，我们改进了测算科技

① 唐杰、赵登峰：《图表中的宏观经济学》，中信出版社 2010 年版。

② 姜洪：《世界经济论纲——典型与非典型发展道路研究》，中国人民大学出版社 2012 年版。

进步贡献率的索洛余值法，还建立了中国式的评价企业和地区生产率、竞争力的计算方法，对很多现实经济问题进行了广泛的讨论。

对势分析的介绍正是本书的任务，此处不再多议。

2. 规范化管理

系统工程中有个重要的分析方法，叫“结构—功能分析”，认为系统结构决定了系统功能。这一方法用于自然科学和技术科学，是成功的。用于经济社会系统，就会出现大问题。

20 世纪 80 年代，欧美国家学者举起“体制决定论”的大旗，向社会主义国家推介自由主义市场经济体制和西式民主的政治体制，搞什么“休克疗法”，导致苏联和东欧国家政权变色、国家解体和经济崩溃。这股风对中国也有影响。“体制决定论”的理论根据之一，就是“结构—功能分析”。

主动性决策理论认为，系统结构只是为系统运行提供了一个平台，一种结构可以容纳多种运行状态，系统的运行才实际决定了系统的功能。所以，在经济社会系统中，应当用“结构—运行—功能分析”取代“结构—功能分析”。运行调控就是节制概念的实践，节制的要义在于适度。这就是我们在领导机关和企业推广规范化管理的理论基点。规范化管理也诞生于 80 年代，用它来抵制“体制决定论”，我们思想是明确的。

我们曾在河北省办过几次学习班推广规范化管理，还在一个工厂编制出一套管理工作规范，但是由于种种原因，局面没有真正打开。对规范化管理的应用、推广、提高做出实质性贡献的是军械工程学院管理工程系。当时，在该系工作的李习彬同志和系主任龚传信同志为此付出了巨大心血。[①] 1993 年，规范化管理理论研究获得国家自然科学基金的资助。李习彬后来到国家行政学院任教，并在北京大学政府管理学院指导博士研究生。规范化管理的概念和方法，现在已为人们熟知，也常出现在领导讲话和政府文件中。

---

① 李习彬：《管理科学化研究指南》，国防工业出版社 1989 年版。

3. 亚系统与伴随关系分析

系统环境分析也是系统工程的重要分析方法，是研究系统功能和系统环境关系的。我们的研究发现，在经济社会系统，研究的对象系统所处的环境通常由几个相关系统组成，对象系统和它们之间相互依存、相互作用，彼此的影响常常是双向的、互为对方的环境。我们称系统之间的这种关系为伴随关系，互为伴随系统。

在伴随关系的定量分析方面，我们先是写了几篇论文，应用研究则是由韩利红开始的。她查阅了 1978—1988 年间《人民日报》所有关于“厂长负责制”改革进程的报道，论述了主流媒体和政治决策系统之间的伴随关系，开创了将伴随关系分析应用于新闻传播学的研究。她的博士论文得到评审专家的高度评价。①

把几个有相对稳定的相互伴随关系的系统合并起来，就构成了一个亚系统。实际运用中，通常用规定基本概念、基本组织结构和基本运行规则的办法来定义亚系统。亚系统是现实非理想系统的简化版，是研究非理想系统的模型、工具。

对亚系统的应用研究，是我还在运筹室工作时开始的。1977 年夏，我和两位同事承接了国家旅游局委托的编制旅游计划调度软件的任务。这项任务的算法思路很清晰，但是，数据量很大，结构复杂，不同于熟悉的科学计算问题。当时，国内装备计算机的单位很少，且都用于科学技术计算，没有安装数据处理软件。面对这一情况，我们提出了运算控制数组方法，研制出了国内第一个实用的管理业务软件。这项工作，在 1978 年年底的中国数学会（成都）年会上做了报告，引起与会学者的极大兴趣。

为研制旅游管理软件，我们设计了三级共十几个运算控制数组和相应的计算程序。② 一般的经济社会问题都可以简化成亚系统的网络模型、使用运算控制数组方法在计算机上处理。所用运算控制数组的

① 韩利红：《主流媒体与政治系统伴随关系实证研究》，河北出版传媒集团 · 河北教育出版社 2015 年版。

② 甘兆煦、贾雨文、施闺芳：《编制计划管理调度程序的运算控制数组方法》，《数学的实践与认识》1981 年第 2 期。

层级数，可以作为系统复杂程度的度量。所以，这个方法是研究经济社会系统的一个有力工具。

4. 协调指数分析

还在研究规范化管理理论的时候，我们就认识到，主动性决策理论需要一个目的论的组成部分。理性决策理论中，由于是为自由市场理论服务的，追求经济人利益的最大化，所以，最优化理论、方法就是它的目的论组分。那么，主动性决策理论追求什么呢？这就要求我们重新思考主动性的定义。

《兵法》云："善战者立于不败之地，而不失敌之败也。""先为不可胜，以待敌之可胜。"可以看作是主动性的经典定义。从经济学角度看，主动性就是要求，第一要生存，第二求发展。相应的要求就是：事关生存、发展所需的资源要充裕、均衡、有可持续性。理性决策要求对资源充分利用，蕴含着资源可以耗尽的内涵，以至于罗马俱乐部出版了《增长的极限》一书，对人们提出警告。所以，追求资源的充裕、均衡、可持续性，可以作为主动性的第二个定义。于是，描述、度量均衡程度的协调指数分析就是取代最优化理论、方法的表述主动性理论目的论的重要研究方向。[①] 目前，这一方向的研究尚刚起步，我们的认识有待深化。

主动性决策理论不是一个演绎的学术体系。因此，随着研究的深入，对主动性和其他概念，还会有新的定义和描述。

限于篇幅，主动性理论的其他研究方向，在此不再介绍，但它们也同样各具特色。例如，理性决策理论建立在单个自然人（包括经济人）活动的基础上；但在中国，人的社会性非常明显，家庭在社会人的生活中占有重要地位。这些差异在构建新的经济学和社会发展理论时，是必须重视的。

贾雨文识于2016年国庆期间

① 贾雨文、武义青、李冬梅：《协调指数和结构熵的讨论》，2014年12月稿。

摘　　要

主动性决策理论是我们在学习和继承我国传统决策遗产的基础上而创立的一个有别于西方理性决策理论的另一个决策理论体系。作为主动性决策理论的一个研究方向，势分析把传统决策思想提升到现代科学水平上，建立了一套有效的定量分析方法。

本书主要研究内容（创新点）：

（1）科学定义了经济系统运行的势态概念，论证了势存在的普遍性和经济空间的不均匀性，奠定了研究工作在现代经济系统理论体系中的地位。

（2）引入势效系数作为势态的度量表征，建立了势效系数的计算方法，从多种角度讨论了它的经济意义。通过引入势效系数，把一般计量经济模型修改成了势分析模型，并导出了生产率模型和竞争力模型，对当前关于系统预测、系统运行效能度量和其他一些系统分析方法做了较大改进，初步形成了较为完整的方法论体系。

（3）把对系统共性的研究和对样本个性的研究统一了起来，创立了全新的分析方法，导出了一批有用的系统分析成果。例如，全面改进了科技进步贡献率的测算方法，使计算出的科技进步贡献率更切合实际，且取值变动平稳合理。

（4）开展了实证研究，表明势分析理论可行，而且导致了一些有价值的发现。例如，在对美国1929—1976年的长期消费分析中，发现有些学者提出的边际消费倾向随时间上升的论断不能成立。

关键词： 主动性决策　势分析　势效系数　生产率　竞争力

目　录

第一章　引论

本章概要介绍了主动性决策理论，引入了势效系数和势分析的概念，为全书建立了分析基础。

第一节　主动性决策理论概述

一　两类决策体系

近代由西方引入我国学术界的以运筹学、控制论、管理科学、系统科学为代表的现代决策理论体系，其核心内容是研究决策对象系统的均衡、协调及其合理运行规律的，已为人们熟知。人们称其为理性决策体系。[1-20]

理性决策有两条根本性的前设假定，即认为对象系统一是确定性的，二是最优性的。随机性和其他的不确定性规律，被认为是围绕确定性规律展开的，基本规律仍然是确定性的。严格意义的最优性，总是对应于具体的约束条件（结构条件和环境条件）和目标函数（目的性准则）的。所以，一般意义下的最优性要求就归化为理性要求。

其实，这两条假设不仅支配着西方的决策科学研究，也渗透到自然科学和技术科学的许多领域，有其久远深刻的历史文化背景。例如，柏林工业大学的伊斯特万·萨博教授认为，甚至17—18世纪某些物理原理的叙述也反映了中世纪的神学思想，“即使在物理学的定律中也要找出上帝智慧的表达式”。他还引述了著名学者欧拉教授的一段论述：“由于整个宇宙的安排是最完满的，且来源于最大智慧的创造者，所以，不以任何一个最大或最小的特征作基础，世界上就再看不到什么。"[21]

我们中华民族有连绵数千年而从未中断的文明历史，对人类社会的发展做出过巨大的贡献。在中国的历史上，除西藏等边远地区以外，政教一直是分离的，神学在思想文化领域从未占过统治地位。所以，中国的思想文化传统不仅属于不同于西方的另一个体系，而且在许多方面有优于西方思想文化的实质内容。这是西方人研究中国文化的热情越来越高的基本原因。

从决策科学的领域考虑，中国的决策思想也呈现一个独立的思想体系，它以兵学著作为典型代表。对于这个决策体系的核心思想，《孙子·虚实篇》指出："善战者，致人而不致于人。"《李卫公问对》认为："（孙子兵法）千章万句，不出乎致人而不致于人而已。"这里的致，字义和制相同。所以，我国的古典决策体系，是主动性决策体系，思想方法和西方理性决策体系有明显的区别。这一主导思想也体现在诸子百家的历代著述中。是我国古代辉煌灿烂的文化科学技术历史发展思路的主线。

二　主动性决策的要素

《孙子》等典籍中广泛使用了形、势、节、策的概念。它们是主动性决策理论的基本要素。

"强弱，形也。""兵之形，避实而击虚。"形与我们现在使用的资源概念相当。人财物，兵力装备，这些看得见摸得着、能计量的有形对象，统属于形的概念。形的量化形式就是变量。这个概念在理性决策理论中也是有的。

"激水之疾至于漂石者，势也。""如转园石于千仞之山者，势也。"势（势态）是形（资源）得以发挥效能的条件和发挥效能的程度。势在主动性决策理论中是一个重要的基本概念，它是由形的概念中分化出来的。下一节，我们还要介绍势的普遍性问题。在西方理性决策理论中，考虑势态的想法做法是有的，但都通过形的关系来表达处理，势没有作为一个基本概念独立出现。

策就是策略、方案、措施，可以是定性的，也可以是某种定量模型的解或最优解。这个概念和现代理性决策中的相应概念一致。

“鸷鸟之疾至于毁折者，节也。”“善战者，其势险，其节短。势如矿弩，节如发机。”节（节制）就是策略实施过程中的调节和控制。没有万岁的政策和策略。即使是正确的策略，也总有一个适用的范围和时限。随着策略的实施，研究的对象系统和它所处的环境条件总会有或多或少的变化，策略有可能需要作某种程度的调整。策略实施的时机、急缓都需要及时调节和控制。时机和条件成熟，可收到事半功倍的效果。时机和条件把握不好，可能劳而无功，甚至适得其反。主动性决策理论高度重视策略运用中的节制问题，把这个概念从一般的策略概念中独立出来，进行研究论述。策略的节制，或称节制决策，其核心内容是决策和策略运用的适度性问题。

三　虚实理论和奇正理论

主动性决策理论本质上是一种动态决策理论，它又分为虚实理论和奇正理论两部分。虚实理论是从形和势的结合上研究对象系统整体的总的运动规律，并确定相应决策活动的；奇正理论则是着重研究对象系统运动的一般规律和特殊规律的关系，并确定相应决策活动的。

第二节　势效系数与势分析概念

一　势的普遍性

前一节已定义，势是形（资源）发挥效能的条件和程度。可以说，资源一旦投入使用，马上就有势的问题发生。例如，同样一吨焦炭，在不同企业、不同技术和管理水平的炼钢炉上冶炼的钢产量是不相同的；规模和设备条件相仿的两家企业，其生产经营效益可以相差很大；不同行业的资源损耗与社会产出（产值、利税、劳动生产率等）也很不相同。甚至资源在存储过程中也会因自然原因和市场变化发生增值或损耗的情形，即也有一个势的问题存在。

在自然科学与技术科学中，与势有关的现象也随处可见。例如，由于原子排列方式不同，自然界的碳形成石墨和金刚石两大类，其硬度、光泽等物理化学性能是相差很远的。化工生产通常有多种生成物，反应过程也有正向逆向之分，在不同反应条件下，反应的方向和生成物的多寡比例是极不相同的。不同型号的机床的生产效率也很不相同，等等。

在这之前的系统理论认为，系统是由若干组元集合而成，形成一定的结构，这种结构决定了系统的输入输出功能，这种决定性被认为是唯一的。这就是结构决定论。结构—功能分析是系统工程的一种基本分析方法。类似的陈述在许多自然科学和社会科学的分支都存在，被作为一种普适的模式使用。最近的研究表明，系统的一定结构可以容纳多种运行态，每一种运行态都对应着一种输入输出功能，结构对功能的决定不一定是唯一的。结构—功能分析应当修改为结构—运行—功能分析。运行—功能态就是我们讲的势态，或简称为势。

为了说明这一原理，我们分析收音机的例子。一台收音机由多种组件装配而成，也是一个系统。其他组件经调试都固定在某一参数上工作，是单工作态的。而调谐组件（可变电容、可变电感或可变电阻）的参数则必须允许在一个适当范围内变动，改变参数取值就可以接收不同发射台的信号，其工作效能、质量也往往有明显差别，所以是多工作态的。很多电子组件具有多工作态，有多工作态组件参与的系统必然是多运行—功能态的。所以，一定的结构可以对应多运行—功能态是一种常见的现象，并不稀奇。以前对结构—功能单一化的理解，是由于对参数可变意义重视不足。

哲学上也有类似的情况。例如，对事物发展规律的必然性和偶然性的认识，以前认为必然性只有一种，偶然性在这单一的必然性周围波动。现在认识到，事物发展的必然规律有多种可能性，偶然性是围绕这多种必然性波动的。至于逻辑关系，多值逻辑早已是数理逻辑的普通概念了。同样，因果关系也可以是不单一的。这种对应关系的不唯一，就表明不同势态的客观存在。所以，势的概念也应当列入哲学中，而且是一个基本概念。

现在讨论与体制有关的问题。社会经济系统的子系统大半是多运行—功能态的，所以整个系统必然是多运行—功能态的。一种体制是一种系统结构形态，它为系统的运行提供了支撑框架。由上面的分析可知，一种体制可以对应多种运行—功能态。在政治体制上，社会主义和资本主义都具有多种运行—功能态。我们的任务是改善社会主义制度的运行机制，以体现对资本主义的优越性。对公有制和私有制的分析也是这样。在企业的管理体制上，一种管理体制对应多种运行—功能态的现象到处可见。所以，对应于某些体制的运行—功能态的研究就变得十分重要。改善系统的运行机制，使系统处于良好的运行—功能态上，则是管理研究的任务。

定量地研究系统的运行—功能态，即势态，需要引入势效系数的概念，并确定计算势效系数的方法。

二　势效系数

若考虑势是形（资源）发挥效能的条件，由于具体情况千差万别，是很难直接着手的。我们转向势是形发挥效能的程度这一概念上来，发现比较容易处理。

设想为了完成某一特定的经济活动，在正常的经济运行机制条件下，需使用某种资源的量为 x_0 单位，但实际上使用了 x 单位。这种差别，当然可以解释成特定的经济运行条件不同，即由于具有不同的势造成的。这时有关系：

$$x_0 = rx \tag{1-1}$$

式中，r 称为 x 的势效系数，是资源量 x 发挥效能程度的度量，可看成是一种折合系数。

对同一个 x_0，r 和 x 的取值有一个此长彼消的互补关系：

$$\mathrm{d}x_0 = r\mathrm{d}x + x\mathrm{d}r = 0$$

$$\frac{\mathrm{d}x}{x} + \frac{\mathrm{d}r}{r} = 0$$

$$\frac{\mathrm{d}x}{x} \bigg/ \frac{\mathrm{d}r}{r} = -1 \tag{1-2}$$

微分关系（1－2）式表示，在变动率很小的情况下，x 和 r 的变动率成反比。在 $\left|\frac{\mathrm{d}r}{r}\right| \leqslant 3\%$ 的情况下，（1－2）式是相当精确的。

由于通常经济活动的变动率往往大得多，我们需要和（1－2）式相当的有限增量形式。由（1－1）式可以写出：

$$(x+\Delta x)(r+\Delta r)=rx=x_0$$

$$r\Delta x+x\Delta r+\Delta r\cdot\Delta x=0$$

$$x\Delta r=-(r+\Delta r)\ \Delta x$$

$$\frac{\Delta x}{x}=-\frac{\Delta r}{r+\Delta r}=-\frac{\frac{\Delta r}{r}}{1+\frac{\Delta r}{r}}$$

$$\frac{\Delta x}{x}\bigg/\frac{\Delta r}{r}=-\frac{1}{1+\frac{\Delta r}{r}} \tag{1-3}$$

（1-3）式就是（1-2）式的有限增量形式。下面是和（1-3）式对应的一组数据：

$\frac{\Delta r}{r}$：0.05%，3%=0.03，0.07，0.15，0.25

$\frac{\Delta x}{x}$：-0.04975%，-0.029126，-0.065421，-0.130435，-0.20

显然，当$\frac{\Delta r}{r}\to 0$时，（1-2）式即为（1-3）式的极限形式。

三　势分析概念

（1-1）式表明：势效系数的引入把资源发挥效能的程度和资源的使用量提到相同的高度，在经济学和经济政策的观念上是一个重要的革新。而每一个熟知的经济量 x_0，在定量分析中将由两个量的乘积 rx 所取代，因而现有的各种定量分析方法也需要作相应的发展。

利用引入势效系数对社会经济系统的运行—功能势态进行的分析研究，我们称为势分析。从定量分析方法的角度看，势分析发展出一些新的技巧和方法，蕴涵相当丰富，已形成一个新的研究方向。

曼内斯库曾指出经济空间具有量子化特性。势分析是研究这种量子性的有力工具。[22]

第三节 本书的主要内容

第一章概要地介绍了主动性决策理论，引入了势效系数和势分析的概念，为全书建立了分析基础。

第二章讨论了势效系数的计算方法。在单变元函数的情形，计算势效系数与求反函数等价，比较简单；在多元函数的情形，需要引入分离条件才能计算出各变量的势效系数，为使分离条件建立得科学合理，我们给出了三条原则。

第三章讨论了线性函数的势分析，并从各因素贡献的分解、消费结构分析、个人收入对消费支出的长期影响和经济空间剖面分析的几个层面上进行了实证研究。

第四章讨论了 CD 生产函数的势分析，涉及经济效益指标边际值计算、部门间经济效益比较、简化的资源配置、产值与利税的构成分析、用调整弹性系数的方法改进科技进步贡献率计算方法等内容。

第五章讨论了基于线性生产函数的生产率测定模型和基于 CD 生产函数的生产率测定模型，以及经济效益系数权重的确定问题，并对中国地区工业生产率进行了实证研究。

第六章讨论了产业竞争力的测定模型，提出了显在竞争力和潜在竞争力的概念及计算方法，并对中国地区工业竞争力和制造业竞争力进行了实证研究。

第七章进一步讨论了全面修正模型参数的方法和根据计量经济模型建立势分析模型的一般方法。

势分析方法是我们创立的主动性决策理论体系的一个分支，上述工作均具有独创性。

第二章　势效系数的计算

本章讨论势效系数的计算方法。在单变元函数的情形，计算势效系数与求反函数等价，比较简单；在多元函数的情形，需要引入分离条件才能计算出各变量的势效系数，为使分离条件建立得科学合理，给出了三条原则。

势效系数是资源变量效能发挥程度的度量指标，因此它的计算需要事先确定资源发挥效能的度量方式，后者通常是描述社会经济系统运行规律的某些函数。例如，一个这样的函数形式为：

$$y = f(x_1, x_2, \cdots, x_n) \tag{2-1}$$

需要指出的是，(2-1) 式通常情况下不是恒等式，它可能仅对某些特殊值严格成立，而对 x_1，x_2，…，x_n 的一组特定取值和它们实际对应的 y 值并不真正满足 (2-1) 式，而是存在一个偏差 d。

$$y = f(x_1, x_2, \cdots, x_n) + d \tag{2-2}$$

就社会经济系统的现实情形来说，偏差 d 往往不是小到可以忽略不计，而且其取值的可重复性也未必好。所以，(2-1) 式既不能当成确定性公式使用，且 (2-2) 式中对 d 用随机理论处理效果也不尽理想。

从主动性决策理论观点看，(2-2) 式中偏差 d 的存在是由于各资源变量 x_j 发挥效能程度的不同造成的，即由于现实的 x_j 的势效系数 r_j 不正好都是 1 产生的。引入这些势效系数，则可把 (2-1) 式改造成对任一组数据均成立的恒等式：

$$y \equiv f(r_1 x_1, r_2 x_2, \cdots, r_n x_n) \tag{2-3}$$

现在的关键问题是要设法计算出每一个 r_j，$j = 1, 2, \cdots, n$。

在单变量函数的情形，(2-3) 式变成 $y = f(rx)$，势效系数的计算大体和求反函数联系在一起。

在多变量函数的情形，$n \geqslant 2$，（2－3）式为不定方程。要解出每一个 r_j，则需要给出某些分离条件。

第一节　单变元函数的势效系数的计算

一　线性函数

一般形式是：

$$y = a + bx \tag{2-4}$$

按前面的叙述，（2－4）式仅对某些特殊值 $\bar{y}$、$\bar{x}$ 成立。

$$\bar{y} = a + b\bar{x} \tag{2-5}$$

若（2－4）式是经验公式，则 x 的均值 $\bar{x}$，y 的均值 $\bar{y}$，就是一组使（2－5）式成立的特殊值。

对一般的一组样本值（x，y），（2－4）式不一定成立。这时需要引入 x 的势效系数 r，可把（2－4）式化成恒等式。

$$y = a + brx \tag{2-6}$$

由（2－6）式，立即可以解出：

$$r = \frac{y - a}{bx} \tag{2-7}$$

由（2－5）式知，有 $b = \dfrac{\bar{y} - a}{\bar{x}}$，代入（2－7）式就有：

$$r = \frac{y - a}{x} \Big/ \frac{\bar{y} - a}{\bar{x}} \tag{2-8}$$

写出（2－8）式这种形式，是为了和多元线性函数的势效系数进行比较。

二　指数函数

$$y = ax^b \qquad b > 0 \tag{2-9}$$

它仅对特殊值严格成立：

$$\bar{y} = a\bar{x}^b \tag{2-10}$$

对一般变量值，引入势效系数有：

$$y = a(rx)^b \qquad (2-11)$$

$$r = \frac{1}{x}\left(\frac{y}{a}\right)^{\frac{1}{b}} \qquad (2-12)$$

由（2－10）式可解得 $a = \frac{\overline{y}}{\overline{x}^b}$，代入（2－12）式就可得到：

$$r = \frac{y^{\frac{1}{b}}}{x} \bigg/ \frac{\overline{y}^{\frac{1}{b}}}{\overline{x}} \qquad (2-13)$$

（2－13）式留待将来和某些多元函数的情形比较。

三　倒数函数

$$y = \frac{a}{x^b} \qquad b > 0 \qquad (2-14)$$

同样，它仅对特殊值严格成立：

$$\overline{y} = \frac{a}{\overline{x}^b} \qquad (2-15)$$

对一般取值，需引入势效系数：

$$y = \frac{a}{(rx)^b} \qquad (2-16)$$

易见有：

$$r = \frac{1}{x}\left(\frac{a}{y}\right)^{\frac{1}{b}} \qquad (2-17)$$

由于从（2－15）式中可解出：$a = \overline{yx^b}$，（2－17）式还可写成：

$$r = \frac{\overline{xy^{\frac{1}{b}}}}{xy^{\frac{1}{b}}} \qquad (2-18)$$

对比（2－12）式和（2－17）式、（2－13）式和（2－18）式，可以看出若对 b 不加非负限制（但要求 $b \neq 0$），指数函数和倒数函数的势效系数，和这两个函数本身一样，是可以统一用（2－12）式和（2－13）式表示的。

四　Gompartz 曲线

$$y = Le^{-be^{-kt}} \qquad (2-19)$$

参数 L、b、$k > 0$。引入势效系数后改写为：

$$y = Le^{-be^{-krt}} \tag{2-20}$$

可解出：

$$r = \frac{-1}{kt}\ln\left[\frac{-1}{b}\ln\left(\frac{y}{L}\right)\right] \tag{2-21}$$

例 1：煤炭部门曾用（2－20）式去预测专门人才需求量。[23]其中，y 为专门人才数，t 为井形，$L = 650$，$b = 3.15828$，$k = 0.0151531$。有关的 y，t 和相应的 r 值列在表 2－1 中。

表 2－1　　专门人才预测表

t	y	r
3	25	−0.6845
6	28	0.0472
9	35	0.5711
15	65	1.3902
21	75	1.1947
30	100	1.1508
45	146	1.0984
60	183	1.0044
90	292	1.0067
120	390	1.0019
150	478	1.0250
180	524	0.9844
240	579	0.9093
300	633	1.0516

表 2－1 显示，r 值在 $t \leqslant 9$ 和 $t \geqslant 15$ 时有很大差异。这是因为井形 3、井形 6、井形 9 为手工煤井，井形 15 以上为机械化井。他们的人才需求量除大体遵守 Gompartz 曲线的共性外，还有井形不同造成的专门人才结构不同的个性。

这个例子，在单变量函数的势分析案例中，是很典型的。

以上讨论的函数类型都有单值的反函数，它们势效系数的计算比较确定。这里列举这几个例子，主要是为讨论多元函数的势效系数做准备。其他有单值反函数的类型就不再讨论了。

第二节 多变元函数的势效系数的计算

一 参照函数与分离原则

多变元函数的一般形式为：

$$y=f(x_1, x_2, \cdots, x_n) \tag{2-22}$$

它同样仅对某些特殊值才真正成立：

$$\overline{y}=f(\overline{x}_1, \overline{x}_2, \cdots, \overline{x}_n) \tag{2-23}$$

对一般的一组变量 x_j 和函数的取值 y，要在引入势效系数后才成立等式。

$$y=f(r_1x_1, r_2x_2, \cdots, r_nx_n) \tag{2-24}$$

在 $n\geqslant2$ 时，恒等式（2－24）是不定方程，势效系数 r_j 有无穷多组解，它们的准确解无从谈起。我们的办法是把（2－24）式和（2－23）式比较，再引入适当的分离条件把每一个 r_j 确定下来。在（2－23）式中，相当于每个 $\overline{x}_j$ 的势效系数都取 $r_j=1$。即把（2－23）式作为标准去计算（2－24）式中的每个 x_j 对应的 r_j 的。换句话说，这样得到的(2－24)式中的每个 r_j 都是把（2－23）式作为参照标准计算出的相对值。为叙述方便，称（2－23）式为（2－24）式的参照函数，相应的 $\overline{y}$、$\overline{x}_j$ 称为参照值，称（2－24）式为考察函数。

至于分离条件，为保证具有一定的科学合理性和适用性，要求满足以下三条原则：

第一，简明性、对称性。即要求 r_j 的计算公式尽可能简单，在同一函数中作用相当的每个变量 x_j，它们的势效系数 r_j 的表达式也应相似。

第二，逻辑一致性。多变元函数的势效系数的计算公式应是同类型单变元函数势效系数的推广。结构复杂的函数的势效系数，应是相关的简单一些的函数的势效系数的适当组合。

第三，经济含义合理。势效系数应是由某些经济参数演变而来，从而有确切的经济意义。

二　线性函数的势效系数

考察函数：

$$y = a_0 + a_1 r_1 x_1 + a_2 r_2 x_2 + \cdots + a_n r_n x_n \tag{2-25}$$

参照函数：

$$\bar{y} = a_0 + a_1 \bar{x}_1 + a_2 \bar{x}_2 + \cdots + a_n \bar{x}_n \tag{2-26}$$

分别把（2－25）式、（2－26）式改写，得到：

$$1 = a_1 \frac{\bar{x}_1}{\bar{y} - a_0} + a_2 \frac{\bar{x}_2}{\bar{y} - a_0} + \cdots + a_n \frac{\bar{x}_n}{\bar{y} - a_0} \tag{2-27}$$

$$1 = a_1 \frac{r_1 x_1}{y - a_0} + a_2 \frac{r_2 x_2}{y - a_0} + \cdots + a_n \frac{r_n x_n}{y - a_0} \tag{2-28}$$

对比（2－27）式和（2－28）式，引入分离条件为：

$$\frac{r_j x_j}{y - a_0} = \frac{\bar{x}_j}{\bar{y} - a_0} \qquad j = 1, 2, \cdots, n \tag{2-29}$$

从而得：

$$r_j = \frac{y - a_0}{x_j} \Big/ \frac{\bar{y} - a_0}{\bar{x}_j} \qquad j = 1, 2, \cdots, n \tag{2-30}$$

r_j 确实是单变元线性函数情形的推广，在实际问题中，y/x_j 是有明确含义的经济参数，r_j 是由其演变而来。这样，（2－30）式定义的势效系数满足前述原则，分离条件（2－29）式是合适的。

例 2：某市年用水量 y（单位：百万立方米）和人口 X_1（单位：万人）、工业总产值 X_2（单位：亿元）有十年统计资料如表 2－2 所示。[24]

表 2－2　　某市年用水量及相关指标

年份	y	X_1	X_2	r_1	r_2
1971	176	105	78	0.9374	1.1339
1972	180	108	80	0.9269	1.1243
1973	188	110	83	0.9404	1.1198
1974	200	112	91	0.9683	1.0708
1975	205	115	100	0.9612	0.9932

续表

年份	y	X_1	X_2	r_1	r_2
1976	224	116	100	1.0213	1.0645
1977	226	120	115	0.9942	0.9322
1978	239	121	126	1.0309	0.8895
1979	256	122	128	1.0806	0.9254
1980	270	124	135	1.1103	0.9164

已经拟合出经验公式：

$$y = -59.7450 + 1.4574x_1 + 1.0435x_2$$

由（2－30）式可知，x_1 和 x_2 的势效系数为：

$$r_1 = 0.4175\frac{y + 59.745}{x_1}$$

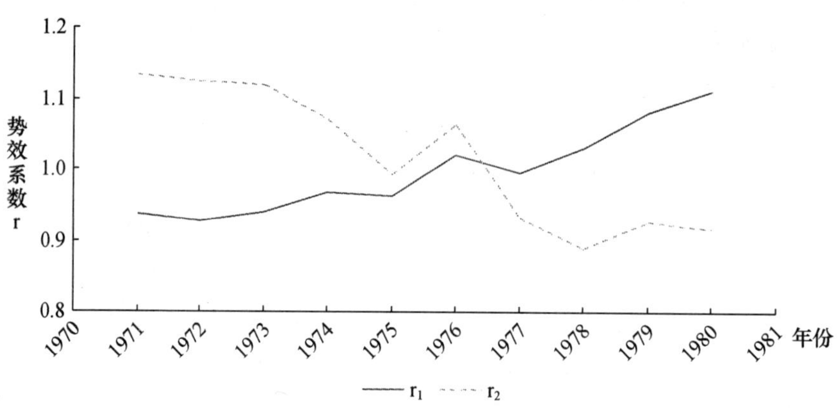

图 2－1　某市用水量势效系数

$$r_2 = 0.3752\frac{y + 59.745}{x_2}$$

对应的参照值是取均值，$\overline{y} = 216.4$，$\overline{x}_1 = 115.3$，$\overline{x}_2 = 103.6$。各年度的 r_1、r_2 的值也列在表 2－2 中。图 2－1 是历年 r_1、r_2 的取值折线图。r_1 呈上升趋势，表明人均用水逐年增加这一现实情况。r_2 呈下

降趋势，也符合工业生产中节水措施越来越起作用这一事实。r_2 的值在 1978 年以后不再下降，说明在现有技术水平下，工业的节水潜力已不大，若想大幅度节约工业用水，技术上需有新的对策。r_1 的上升一直未见缓和趋势。r_1 和 r_2 趋势合起来说明，20 世纪 80 年代，该市耗水量将会以较快的速度上升。这些情况说明，在经验公式中引入势效系数逐年作些修正是合理的、有益的，而且会为我们提供有益的信息。

例 3：某市家具销售量 y（单位：万件）和结婚登记对数 x_1（单位：万对）、住宅竣工面积 x_2（单位：万平方米）有十年统计资料列在表 2－3 中。[24]

表 2－3　　　　某市家具销售量及相关指标

年份	y	x_1	x_2	r_1	r_2
1971	13.0	3.5	15	0.8982	1.4334
1972	12.4	3.2	18	0.9582	1.1650
1973	14.0	3.4	20	0.9626	1.1192
1974	16.0	3.7	25	0.9543	0.9660
1975	17.8	3.6	28	1.0453	0.9192
1976	19.5	4.0	27	0.9957	1.0088
1977	20.2	3.9	30	1.0444	0.9285
1978	22.0	4.2	32	1.0251	0.9202
1979	24.5	4.6	33	1.0061	0.9592
1980	26.1	4.5	36	1.0743	0.9185
$\sum$	185.5	38.6	264	—	—

可以拟合出经验公式为：

$$y = -11.3538 + 5.4094x_1 + 0.3418x_2$$

x_1 的势效系数 r_1 和 x_2 的势效系数 r_2 的值也列在表 2－3 中。

$$r_1 = 0.1291\frac{y + 11.3538}{x_1}$$

$$r_2 = 0.8828\,\frac{y + 11.3538}{x_2}$$

图 2－2 是历年 r_1 和 r_2 取值的折线图。

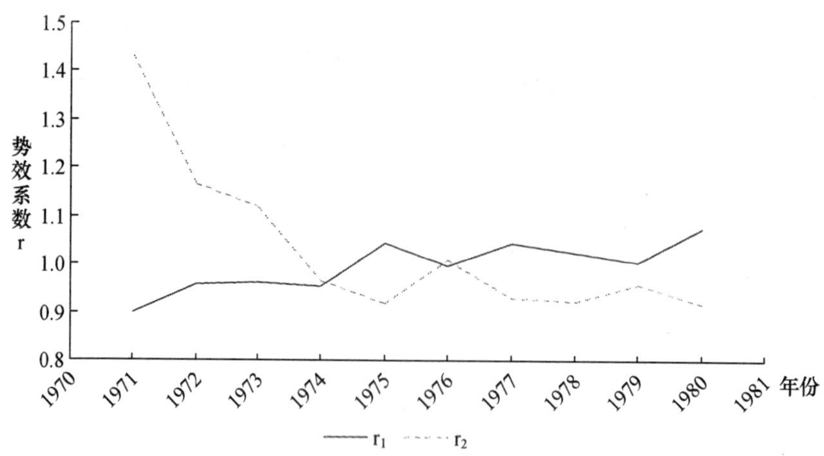

图 2－2　某市家具销售量势效系数

可以看出，r_1 大体沿一直线缓缓上升，而 r_2 则大体按负指数曲线下降。r_2 在 1976 年有个异常值，原因是当年住宅竣工面积不仅没有按正常速度增加，反而比上年减少了，从而使 x_2 的作用突出起来。r_1 的上升趋势，说明随着人民生活水平的提高，由结婚组成的新家庭购置家具数目在增加。r_2 的值在 20 世纪 70 年代初期取较高的值，反映那时群众居住条件很差，很多必备的家具由于居住面积小无处存放而不能购置，一旦分到新的住房，马上就会添置家具。这种效应，随着群众住房条件的改善，迅速下降。到 1977 年以后，r_2 折线基本平缓，可以认为这时群众的居住条件和他们对家具的消费需求大体趋于平衡。也就是说，在人均住房面积不会明显增大的情况下，家具市场将趋向饱和。

三　乘积函数的势效系数

先讨论两个变元的乘积，即 CD 生产函数类型的情况，再推广到一般多变元的情形。

考虑函数形式为：

$$y = Ax_1^{\alpha_1} x_2^{\alpha_2} \quad \alpha_1, \ \alpha_2 > 0 \tag{2-31}$$

仅对某些特殊值，等式才真正成立：

$$\bar{y} = A\bar{x}_1^{\alpha_1} \bar{x}_2^{\alpha_2} \tag{2-32}$$

各变量的几何平均值就是这样的一组特殊值。但为计算方便，我们常使用它们的算术平均值，此时，（2－32）式近似成立。

对一般变量值，则需引入势效系数，才能使等式成立：

$$y = A(r_1 x_1)^{\alpha_1}(r_2 x_2)^{\alpha_2} \tag{2-33}$$

把（2－32）式、（2－33）式变形：

$$1 = \frac{A}{\bar{y}} \bar{x}_1^{\alpha_1} \bar{x}_2^{\alpha_2} \tag{2-34}$$

$$1 = \frac{A}{y}(r_1 x_1)^{\alpha_1}(r_2 x_2)^{\alpha_2}$$

$$1 = \frac{A}{\bar{y}}\left[\left(\frac{\bar{y}}{y}\right)^{\frac{1}{\alpha_1+\alpha_2}} \frac{r_1 x_1}{\bar{x}_1}\right]^{\alpha_1} \bar{x}_1^{\alpha_1} \left[\left(\frac{\bar{y}}{y}\right)^{\frac{1}{\alpha_1+\alpha_2}} \frac{r_2 x_2}{\bar{x}_2}\right]^{\alpha_2} \bar{x}_2^{\alpha_2} \tag{2-35}$$

对比（2－34）式、（2－35）式，可引入分离条件：

$$\frac{r_1 x_1}{\bar{x}_1}\left(\frac{\bar{y}}{y}\right)^{\frac{1}{\alpha_1+\alpha_2}} = 1$$

$$\frac{r_2 x_2}{\bar{x}_2}\left(\frac{\bar{y}}{y}\right)^{\frac{1}{\alpha_1+\alpha_2}} = 1 \tag{2-36}$$

从而解出：

$$r_1 = \frac{y^{\frac{1}{\alpha_1+\alpha_2}}}{x_1} \Big/ \frac{\bar{y}^{\frac{1}{\alpha_1+\alpha_2}}}{\bar{x}_1}$$

$$r_2 = \frac{y^{\frac{1}{\alpha_1+\alpha_2}}}{x_2} \Big/ \frac{\bar{y}^{\frac{1}{\alpha_1+\alpha_2}}}{\bar{x}_2} \tag{2-37}$$

易见，r_1 是由参数$\frac{y}{x_1}$演变而来，r_2 是由参数$\frac{y}{x_2}$演变而来，r_1 和 r_2 具有对称性，和单变量指数函数的结果类似。所以，分离条件（2－36）式是合理的。

容易推出，对一般的乘积函数：

$$y = Ax_1^{\alpha_1} x_2^{\alpha_2} \cdots x_k^{\alpha_k} \qquad \alpha_1, \ \alpha_2, \ \cdots, \ \alpha_k > 0 \tag{2-38}$$

各变元的势效系数应为：

$$r_j = \frac{y}{x_j}^{\frac{1}{\alpha_1+\alpha_2+\cdots+\alpha_k}} \Bigg/ \frac{\bar{y}}{\bar{x}_j}^{\frac{1}{\alpha_1+\alpha_2+\cdots+\alpha_k}} \qquad j=1,\ 2,\ \cdots,\ k \tag{2-39}$$

这个结果还可以推广到齐次多项式的情形：

$$y = \sum_{i=1}^{l} A_i x_1^{\alpha_{i1}} x_2^{\alpha_{i2}} \cdots x_k^{\alpha_{ik}} \tag{2-40}$$

只要满足：

$$\alpha_{is} \geqslant 0,\ \alpha_{i1}+\alpha_{i2}+\cdots+\alpha_{ik}=p,\ i=1,\ 2,\ \cdots,\ l,\ s=1,\ 2,\ \cdots,\ k$$

就有：

$$r_j = \frac{y}{x_j}^{\frac{1}{p}} \Bigg/ \frac{\bar{y}}{\bar{x}_j}^{\frac{1}{p}} \qquad j=1,\ 2,\ \cdots,\ k \tag{2-41}$$

式中，$p>0$，为常数。

例4：1958—1972年中国台湾农业部门实际的生产总值 y（单位：百万新台币）、劳动投入 x_1（单位：百万人口）和资本投入 x_2（单位：百万新台币）的资料如表2-4所示。[25]

表2-4　　中国台湾农业生产总值及相关指标

年份	y	x_1	x_2	r_1	r_2	r_c
1958	16607.7	275.5	17803.7	0.8539	1.1726	0.8532
1959	17511.3	274.4	18096.8	0.8805	1.1847	0.8979
1960	20171.2	269.7	18271.8	0.9618	1.2599	1.0564
1961	20932.9	267.0	19167.3	0.9898	1.2236	1.0871
1962	20406.0	267.0	19647.6	0.9772	1.1785	1.0470
1963	20831.6	275.0	20803.5	0.9587	1.1246	0.9943
1964	24806.3	285.0	22076.6	1.0100	1.1570	1.0902
1965	26465.8	300.7	23445.2	0.9889	1.1256	1.0421
1966	27403.0	307.5	24939.0	0.9841	1.0768	1.0123
1967	28628.7	303.7	26713.7	1.0186	1.0276	1.0418
1968	29904.5	304.7	29957.8	1.0378	0.9367	1.0238
1969	27508.2	298.6	31585.9	1.0154	0.8530	0.9465
1970	29035.5	295.5	31474.5	1.0543	0.8259	0.9857
1971	29281.5	299.0	34821.8	1.0464	0.7973	0.9580
1972	31535.8	288.1	41794.3	1.1273	0.6896	0.9975

可拟合出 CD 生产函数为：

$$y = 0.0354534 {x_1}^{1.4988} {x_2}^{0.4899}$$

取均值 $\bar{y} = 24735.33$，$\bar{x}_1 = 287.43$，$\bar{x}_2 = 25506.63$ 为参照值计算出势效系数的表达式为：

$$r_1 = 1.77577 \frac{y}{x_1}^{0.502841}$$

$$r_2 = 157.5842 \frac{y}{x_2}^{0.502841}$$

称参数 $r_c = r_1^{\alpha} r_2^{\beta}$ 为综合势效系数，它表示投入与产出之间的总的效能发挥程度。式中，$\alpha = 1.4988$、$\beta = 0.4899$。

r_1、r_2 和 r_c 的值也列在表 2－4 中。可以看出 r_1 呈逐年上升趋势，这是科学技术进步促使劳动生产率提高的表现。r_2 则呈下降趋势，表明资本投入的效益缓慢下降。r_c 的取值情形则表示 1960—1968 年的资源配置比例是比较合适的，1958 年、1959 年两年情形较差。

第三节　势效系数计算的进一步讨论

一　同族函数的势效系数

第二节讨论势效系数的计算时，都是约定考察函数和参照函数为同一个函数，即它们不仅函数类型相同而且具有相同的参数，它们之间的差别仅是变量的取值不同。

在实际的应用中，由于数据取自不同的子系统或不同的时间段，数据的取值范围和变动趋势有明显的差别，但可判定其规律属于同一函数类。这时常用的办法是按子系统或按时间段，分组确定描述函数的参数，构成一个函数族，整个系统的运行规律是由这一族函数分别描述，这时就会发生参照函数和考察函数虽是同一类型但结构参数不相同的情形。

参照函数和考察函数属于结构参数不相同的同类型函数时，势效系数计算的基本思路和第二节的仍一样，只要把结构参数和变量一起变换就可以了。作为例子，我们讨论线性函数和CD生产函数的情形。其他情形，不难类比处理。

（一）线性函数的情形

设参照函数连同参照值为：

$$\bar{y} = a_0 + a_1\bar{x}_1 + \cdots + a_n\bar{x}_n \tag{2-42}$$

考察函数在引入势效系数以后的形式为：

$$y = b_0 + b_1 r_1 x_1 + \cdots + b_n r_n x_n \tag{2-43}$$

同时，将（2-42）式、（2-43）式变形：

$$1 = a_1 \frac{\bar{x}_1}{\bar{y} - a_0} + a_2 \frac{\bar{x}_2}{\bar{y} - a_0} + \cdots + a_n \frac{\bar{x}_n}{\bar{y} - a_0} \tag{2-44}$$

$$1 = b_1 \frac{r_1 x_1}{y - b_0} + b_2 \frac{r_2 x_2}{y - b_0} + \cdots + b_n \frac{r_n x_n}{y - b_0} \tag{2-45}$$

比较（2-44）式、（2-45）式可得分离条件：

$$\frac{a_j\bar{x}_j}{\bar{y} - a_o} = \frac{b_j r_j x_j}{y - b_0} \quad j = 1,\ 2,\ \cdots,\ n \tag{2-46}$$

解得：

$$r_j = \frac{y - b_0}{b_j x_j} \bigg/ \frac{\bar{y} - a_0}{a_j \bar{x}_j} \quad j = 1,\ 2,\ \cdots,\ n \tag{2-47}$$

（二）CD生产函数的情形

记参照函数为：

$$\bar{y} = A\,\bar{L}^{\alpha_1}\bar{K}^{\alpha_2} \tag{2-48}$$

考察函数在引入势效系数后的形式为：

$$y = B(r_1 L)^{\beta_1}(r_2 K)^{\beta_2} \tag{2-49}$$

将（2-48）式、（2-49）式变为：

$$1 = \frac{A}{\bar{y}}\bar{L}^{\alpha_1}\bar{K}^{\alpha_2} \tag{2-50}$$

$$1 = \frac{B}{y}(r_1 L)^{\beta_1}(r_2 K)^{\beta_2}$$

$$1 = \frac{A}{\bar{y}}\left[\left(\frac{B\bar{y}}{Ay}\right)^{\frac{1}{\beta_1+\beta_2}} \frac{r_1 L}{\bar{L}^{\frac{\alpha_1}{\beta_1}}}\right]^{\beta_1} \bar{L}^{\alpha_1} \left[\left(\frac{B\bar{y}}{Ay}\right)^{\frac{1}{\beta_1+\beta_2}} \frac{r_2 K}{\bar{K}^{\frac{\alpha_2}{\beta_2}}}\right]^{\beta_2} \bar{K}^{\alpha_2} \tag{2-51}$$

引入分离条件：

$$\left(\frac{B\bar{y}}{Ay}\right)^{\frac{1}{\beta_1+\beta_2}}\frac{r_1 L}{\bar{L}^{\frac{\alpha_1}{\beta_1}}}=1 \qquad (2-52)$$

$$\left(\frac{B\bar{y}}{Ay}\right)^{\frac{1}{\beta_1+\beta_2}}\frac{r_2 K}{\bar{K}^{\frac{\alpha_2}{\beta_2}}}=1$$

解得：

$$r_1=\frac{\bar{L}^{\frac{\alpha_1}{\beta_1}}}{L}\left(\frac{Ay}{B\bar{y}}\right)^{\frac{1}{\beta_1+\beta_2}} \qquad (2-53)$$

$$r_2=\frac{\bar{K}^{\frac{\alpha_2}{\beta_2}}}{K}\left(\frac{Ay}{B\bar{y}}\right)^{\frac{1}{\beta_1+\beta_2}}$$

二 一般分离条件

归纳前几节若干种类函数的势效系数计算的思路，可以得到一般形式函数的势效系数的计算法则。

设参照函数 $y=f(\bar{x})$，考察函数为 $y=g(x)$ 都是多元函数。其中，$\bar{x}=(\bar{x}_1, \bar{x}_2, \cdots, \bar{x}_n)$和 $\bar{y}$ 是一组特殊值，代入表达式 $\bar{y}=f(\bar{x})$ 没有误差发生。而 $x=(x_1, x_2, \cdots, x_n)$和 y 则取任意的可能值，所以，需引入势效系数才能使 $y=g(r_1x_1, r_2x_2, \cdots, r_nx_n)$成立。

现设法构造 $\bar{y}=f(\bar{x})$的等价函数：

$$F[h_1^{(1)}(\bar{x}, \bar{y}), h_2^{(1)}(\bar{x}, \bar{y}), \cdots, h_n^{(1)}(\bar{x}, \bar{y})]=a \qquad (2-54)$$

$y=g(r_1x_1, r_2x_2, \cdots, r_nx_n)$ 的等价函数：

$$F[h_1^{(2)}(r_1, x, \bar{x}, y, \bar{y}), h_2^{(2)}(r_2, x, \bar{x}, y, \bar{y}), \cdots, h_n^{(2)}(r_n, x, \bar{x}, y, \bar{y})]=a \qquad (2-55)$$

其中，函数族：

$$h_i^{(2)}(r_i, x, \bar{x}, y, \bar{y})=h_i^{(2)}(r_1^{(i)}x_1, r_2^{(i)}x_2, \cdots, r_n^{(i)}x_n, \bar{x}, y, \bar{y}) \qquad (2-56)$$

若 $i=j$，记 $r_j^{(j)}=r_j$；若 $i\neq j$，恒取 $r_j^{(i)}=1$。$i, j=1, 2, \cdots, n$。a 为一常数。

这些等价函数的构造应使随后建立的分离条件满足第一节讲的三条原则。

比较（2－54）式、（2－55）式可得分离条件：

$$h_j^{(2)}(r_j, \bar{x}, x, \bar{y}, y) = h_j^{(1)}(\bar{x}, \bar{y}) \quad j=1, 2, \cdots, n \quad (2-57)$$

由（2－57）式解出

$$r_j = r_j(x, \bar{x}, y, \bar{y}) \quad j=1, 2, \cdots, n \quad (2-58)$$

三　指定参照值的情形

在实际的经济分析与预测工作中，有时希望以变量某一组特定取值为参照值。例如，预测中希望以指定年份的取值为标准值，经济分析中可能需要指定几组有代表性的数据为参照值。这里指定的变量值，未必都能使参照函数取等式，需作某些调整。

方法之一：修改函数诸参数中的常数项，使等式得以成立。

例如，第二节例 2 的某市用水量的经验公式有：

$$y = -59.7450 + 1.4574x_1 + 1.0435x_2 \quad (2-59)$$

式中，x_1 为人口数，x_2 为工业总产值。（2－59）式对均值 $\bar{y}=216.4$，$\bar{x}_1=115.3$，$\bar{x}_2=103.6$ 是成立的。

假定现在要预测今后的用水量，希望以已有数据中时间较晚的一组为参照值。在本例中如取 80 年的数据 $y^1=270$，$x_1^1=124$，$x_2^1=135$ 为参照值，常数项应修改为：

$$a_0^1 = y^1 - a_1x_1^1 - a_2x_2^1 = -51.5901$$

（2－59）式应修改为：

$$y = -51.5901 + 1.4574x_1 + 1.0435x_2 \quad (2-60)$$

再把（2－60）式作为参照函数计算势效系数，进行分析和预测研究。其他类型函数的情形，思路同此。

方法之二：如果我们仅限定了自变量的取值，而不愿修改模型参数，则可由这一组自变量代入模型中，以计算出的函数值作为参照值。

第三章　利用线性函数的势分析

本章讨论线性函数的势分析，并从各因素贡献的分解、消费结构分析、个人收入对消费支出的长期影响和经济空间剖面分析的几个层面上进行了实证研究。

第一节　贡献的分解

设描述经济活动的运行—功能函数为：

$$y = a_0 + a_1x_1 + a_2x_2 + \cdots + a_nx_n \tag{3-1}$$

它可以是理论公式，但更多的是经验公式。对某一组实际的样本数据 $\{y_i;\ x_{i1},\ x_{i2},\ \cdots,\ x_{in}\}$，通常有：

$$y_i = a_0 + a_1x_{i1} + a_2x_{i2} + \cdots + a_nx_{in} + u_i \tag{3-2}$$

现在希望能区分每一个 x_{ij} 对产生 y_i 的贡献。比较直接的想法是把(3-2)式划分为 n 个一元线性方程：

$$y_{ij} = c_{ij} + d_{ij}x_{ij} \qquad j = 1,\ 2,\ \cdots,\ n \tag{3-3}$$

$$y_i = y_{i1} + y_{i2} + \cdots + y_{in} \tag{3-4}$$

有两种划分方式容易想到。一种是仍保留（3-2）式中的偏差值 u_i，叫不完全划分方式。另一种是引入势效系数，从而可以把偏差 u_i 消除掉，这样的划分叫完全划分方式。在这些讨论基础上，我们给出一个分解定理。

一　不完全划分方式

记：

$$A_i = a_1x_{i1} + a_2x_{i2} + \cdots + a_nx_{in}$$

取：

$$c_{ij}=\frac{a_jx_{ij}}{A_i}a_0 \qquad d_{ij}=a_j$$

就有：

$$y_{ij}=\frac{a_0}{A_i}a_jx_{ij}+a_jx_{ij}=\left(1+\frac{a_0}{A_i}\right)a_jx_{ij} \tag{3-5}$$

$$y_1=y_{i1}+y_{i2}+\cdots+y_{in}+u_i \tag{3-6}$$

第二章介绍过的城市用水量的例子，已有经验公式：

$$\hat{y}=-59.7450+1.4574x_1+1.0435x_2 \tag{3-7}$$

估计值$\hat{y}$和实际值 y 的方差为：

$$Q_1=\frac{1}{10}\sum_{i=1}^{10}(\hat{y}_i-y_i)^2=41.6661 \tag{3-8}$$

略去年度下标 i，（3－7）式的分解式可写为：

$$y=y_1+y_2$$

$$y_1=\theta a_0+a_1x_1$$

$$y_2=(1-\theta)a_0+a_2x_2$$

式中，$\theta=\dfrac{a_1x_1}{a_1x_1+a_2x_2}$

重新合并后的方差为：

$$Q_2=\frac{1}{10}\sum_{i=1}^{10}(y_{i1}+y_{i2}-y_i)^2=41.6647 \tag{3-9}$$

由于

$$A_i=a_1x_{i1}+a_2x_{i2}+\cdots+a_nx_{in}=y_i-a_0-u_i$$

所以，（3－5）式也可以写成：

$$y_{ij}=\frac{y_i-u_i}{y_i-a_0-u_i}a_jx_{ij}=\frac{a_jx_{ij}}{y_i-a_0-u_i}(y_i-u_i) \tag{3-10}$$

当 u_i 绝对值很小可以忽略时，可以进一步化简为：

$$y_{ij}=\frac{a_jx_{ij}}{y_i-a_0}y_i \tag{3-11}$$

略去时序下标 i，记 $\theta_j=\dfrac{a_jx_j}{y-a_0}$，就有：

$$y_j=\theta_jy=\theta_ja_0+a_jx_j \tag{3-12}$$

由计算势效系数的公式知，x_j 在（3－12）式中的势效系数 r_j 和在（3－1）式中的相同。

对用水这个例子，有 $y_1^{(1)}=\theta y$，$y_2^{(1)}=(1-\theta)y$，其数据列在表3－1的最后两列。对 $y_1{}^{(1)}$ 和 $y_2{}^{(1)}$ 可建立单变量的回归方程为：

$$\hat{y}_1^{(1)} = -75.103577 + 1.792846x_1 \tag{3-13}$$

$$\hat{y}_2^{(1)} = -12.388134 + 0.937998x_2 \tag{3-14}$$

其和与原 y 值的方差为：

$$Q_3 = \frac{1}{10}\sum_{i=1}^{10}(\hat{y}_{i1}^{(1)} + \hat{y}_{i2}^{(1)} - y_i)^2 = 41.8501 \tag{3-15}$$

（3－15）式与（3－8）式、（3－9）式比较，总体偏差没有大的变化。（3－11）式的简化是很成功的。

表3－1　　某市用水量的相关指标

年份	θ	c_1	c_2	y_1	y_2	$y_1{}^{(1)}$	$y_2{}^{(1)}$
1971	0.6528	－39.0009	－20.7441	114.0261	60.6484	114.8910	61.1090
1972	0.6534	－39.0395	－20.7055	118.3597	62.7745	117.6185	62.3815
1973	0.6492	－38.7890	－20.9560	121.5250	65.6645	122.0576	65.9423
1974	0.6322	－37.7714	－21.9736	125.4574	72.9849	126.4422	73.5578
1975	0.6163	－36.8203	－22.9247	130.7807	81.4253	126.3397	78.6603
1976	0.6183	－36.9425	－22.8025	132.1159	81.5475	138.5075	85.4925
1977	0.5931	－35.4324	－24.3126	139.4556	95.6899	134.0318	91.9682
1978	0.5749	－34.3458	－25.3992	141.9996	106.0818	138.3165	100.6835
1979	0.5710	－34.1163	－25.6287	143.6865	107.9393	146.1842	109.8158
1980	0.5620	－33.5737	－26.1713	147.1439	114.7012	151.7265	118.2735

注：表中 $c_1=\theta a_0$，$c_2=(1-\theta)a_0$，$\theta=\dfrac{a_1x_1}{a_1x_+a_1\times 2}$。

二　完全划分方式

引入势效系数，（3－2）式可以写成恒等式：

$$y_i = a_0 + a_1r_{i1}x_{i1} + a_2r_{i2}x_{i2} + \cdots + a_nr_{in}x_{in}$$

$$y_i - a_0 = a_1r_{i1}x_{i1} + a_2r_{i2}x_{i2} + \cdots + a_nr_{in}x_{in} \tag{3-16}$$

于是取：

$$c_{ij} = \frac{a_j r_{ij} x_{ij}}{y_i - a_0} = \theta_{ij} a_0 \qquad d_{ij} = a_j r_{ij}$$

就有分解式：

$$y_i = y_{i1} + y_{i2} + \cdots + y_{in}$$

$$y_{ij} = \frac{a_j r_{ij} x_{ij}}{y_i - a_0} a_0 + a_j r_{ij} x_{ij} = \frac{y_i}{y_i - a_0} a_j r_{ij} x_{ij} = \theta_{ij} y_i \quad j = 1, 2, \cdots, n \tag{3-17}$$

式中，$\theta_{ij} = \frac{a_j r_{ij} x_{ij}}{y_i - a_0}$。

略去时序下标 i，简写成：

$$y = y_1 + y_2 + \cdots + y_n \tag{3-18}$$

$$y_j = \frac{a_j r_j x_j}{y - a_0} a_0 + a_j r_j x_j = \frac{y}{y - a_0} a_j r_j x_j = \theta_j y \tag{3-19}$$

对城市用水这个例子，有关数据列在表3－2中。

表3－2中，$\theta = \frac{a_1 r_1 x_1}{y - a_0}$，$1 - \theta = \frac{a_2 r_2 x_2}{y - a_0}$。

对比表3－2和表3－1，表3－2中常数项的分解值 c_1 和 c_2 取值比较稳定，而不完全划分得 c_1 和 c_2 取值有明显的变动趋势。由这个角度来看，考虑势效系数的完全划分方式比较合理。

表3－2　　某市用水量的相关计算指标

年份	$\frac{a_0}{(y-a_0)}$	$\frac{y}{(y-a_0)}$	$a_1r_1x_1$	$a_2r_2x_2$	$c_1=\theta a_0$	$c_2=(1-\theta)a_0$	$y_1=\theta y$	$y_2=(1-\theta)y$
1971	-0.2534	0.7466	143.4475	92.2915	-36.3540	-23.3895	107.0935	68.9020
1972	-0.2492	0.7508	145.8933	93.8566	-36.3569	-23.3893	109.5364	70.4673
1973	-0.2412	0.7588	150.7593	96.9864	-36.3564	-23.3888	114.4029	73.5976
1974	-0.2300	0.7700	158.0544	101.6816	-36.3547	-23.3882	121.6997	78.2934
1975	-0.2257	0.7743	161.0981	103.6404	-36.3650	-23.3885	124.7431	80.2519
1976	-0.2106	0.7894	172.6593	111.0806	-36.3550	-23.3890	136.3043	87.6916
1977	-0.2091	0.7909	173.8736	111.8663	-36.3544	-23.3896	137.5192	88.4767
1978	-0.2000	0.8000	181.7945	116.9523	-36.3565	-23.3889	145.4380	93.5634
1979	-0.1892	0.8109	192.1337	123.6038	-36.3553	-23.3882	155.7784	100.2156
1980	-0.1812	0.8188	200.6508	129.0956	-36.3489	-23.3863	164.2959	105.7054

对表3－2中的 y_1 和 y_2 也可以建立一元线性回归方程：

$$\hat{y}_1^{(2)} = -206.049355 + 2.929146x_1 \quad (3-20)$$

$$\hat{y}_2^{(2)} = 24.762165 + 0.578710x_2 \quad (3-21)$$

把 $\hat{y}_1^{(2)}$ 和 $\hat{y}_2^{(2)}$ 之和与原来的 y 值比较的方差为：

$$Q_4 = \frac{1}{10}\sum_{i=1}^{10}(\hat{y}_{i1}^{(2)} + \hat{y}_{i2}^{(2)} - y_i)^2 = 45.2410 \quad (3-22)$$

（3－22）式与（3－8）式、（3－9）式、（3－15）式相比，方差 Q_4 稍大了一些。若把表3－2中的 y_1 与相应的 x_1 画出散点图，发现它们之间存在二次关系式。回归出来就是

$$\hat{y}_1^{(3)} = 1088.857784 - 19.706592x_1 + 0.098638x_1^2 \quad (3-23)$$

再用 $\hat{y}_1^{(3)}$ 和 $\hat{y}_2^{(2)}$ 之和与 y 的取值比较，其方差为：

$$Q_5 = \frac{1}{10}\sum_{i=1}^{10}(\hat{y}_{i1}^{(3)} + \hat{y}_{i2}^{(2)} - y_i)^2 = 35.9786 \quad (3-24)$$

比起（3－3）式、（3－9）式、（3－15）式来，是明显减小了。这也说明完全划分方式比不完全划分方式要合理。

由完全划分方式的讨论，引出下面的结果。

三　线性函数的分解定理

定理一：若描述经济活动规律的是线性函数：

$$y = a_0 + a_1x_1 + a_2x_2 + \cdots + a_nx_n$$

$\{\bar{y}, \bar{x}_1, \bar{x}_2, \cdots, \bar{x}_n\}$ 是一组使（3－1）式取严格等式的特殊值。则对任一组样本值 $\{y_1, x_1, x_2, \cdots, x_n\}$ 都可以有分解恒等式：

$$y = y_1 + y_2 + \cdots + y_n \quad (3-25)$$

$$y_j = \theta_j y \qquad j = 1, 2, \cdots, n \quad (3-26)$$

对每个 j 且有：

$$y_j = \theta_j a_0 + a_j r_j x_j \quad (3-27)$$

其中：

$$\theta_j = \frac{a_j\bar{x}_j}{\bar{y} - a_0} \quad (3-28)$$

证明：利用完全划分方式的关系（3－17）式和（3－19）式有：

$$r_j = \frac{a_jr_jx_j}{y - a_0} \quad (3-29)$$

$$y_j = \frac{a_j r_j x_j}{y - a_0} a_0 + a_j r_j x_j \quad (3-30)$$

利用定理给定的特殊值作参照值，计算势效系数，有：

$$r_j = \frac{y - a_0}{x_j} \Big/ \frac{\bar{y} - a_0}{\bar{x}_j} \qquad j = 1, 2, \cdots, n \quad (3-31)$$

将（3－31）式代入（3－29）式和（3－30）式，即完成了对定理的证明。

定理表明，θ_j 就是在函数 y 和常数项 a_0 形成中变量 x_j 作出的贡献的比重，所以是个极重要的结构参数。在实际的经济分析中，有时需要讨论统计上作用不显著的因素的贡献，就可以用 θ_j 来表示。

定理还表明，θ_j 实际上可选取和具体的 x_j 的取值无关，而统一为参照值 $\bar{x}_j$ 的函数。所以，参照值应当选取得有尽可能大的代表性。在多数应用领域，以均值为参照值都是较为合理的。

若写出分解式的一般形式为：

$$y_j = \theta_j a_0 + a_j x_j \qquad j = 1, 2, \cdots, n \quad (3-32)$$

再对（3－32）式引入势效系数 r'_j，使有恒等式：

$$y_j = \theta_j a_0 + a_j r'_j x_j \quad j = 1, 2, \cdots, n \quad (3-33)$$

则必有 $r'_j \equiv r_j$。这是因为：

$$\begin{aligned} r'_j &= \frac{y_j - \theta_j a_0}{x_j} \Big/ \frac{\bar{y}_j - \theta_j a_0}{x_j} \\ &= \frac{\theta_j y - \theta_j a_0}{x_j} \Big/ \frac{\theta_j UD\ \bar{y} - \theta_j a_0}{\bar{x}_j} \\ &= \frac{y - a_0}{x_j} \Big/ \frac{\bar{y} - a_0}{\bar{x}_j} \\ &= r_j \end{aligned}$$

由此得到下述定理：

定理二：对线性函数：

$$y = a_0 + a_1 x_1 + a_2 x_2 + \cdots + a_n x_n$$

引入分解式：

$$y = y_1 + y_2 + \cdots + y_n$$

$$y_j = \theta_j y \qquad j=1,\ 2,\ \cdots,\ n$$

其中：

$$\theta_j = \frac{a_j \bar{x}_j}{\bar{y} - a_0} \qquad j=1,\ 2,\ \cdots,\ n$$

若改写：

$$y_j = \theta_j a_0 + a_j x_j \qquad j=1,\ 2,\ \cdots,\ n \tag{3-34}$$

则（3－34）式中 x_j 的势效系数，和（3－1）式中计算的一样，也是：

$$r_j = \frac{y - a_0}{x_j} \bigg/ \frac{\bar{y} - a_0}{\bar{x}_j} \qquad j=1,\ 2,\ \cdots,\ n$$

定理二就是势效系数对线性函数分解的守恒定理。由定理条件知，这种守恒是建立在完全划分方式的分解上的。对不完全划分的分解，只是近似守恒。

对城市用水的这个例子，有：

$$\theta_1 = \frac{a_1 \bar{x}_1}{\bar{y} - a_0} = \frac{1.4574 \times 115.3}{216.4 + 59.745} = 0.6085$$

$$\theta_2 = \frac{a_2 \bar{x}_2}{\bar{y} - a_0} = 1 - \theta_1 = 0.3915$$

于是城市用水总量可以分解成两部分。

第一部分是市民生活用水，占总用水量的 60.85%。关系式为：

$$y_1 = -36.3557 + 1.4574 x_1 \tag{3-35}$$

第二部分为工业用水，占总用水量的 39.15%。关系式为：

$$y_2 = -23.3893 + 1.0435 x_2 \tag{3-36}$$

$\frac{y_1}{x_1}$称人均用水量，$\frac{y_2}{x_2}$称工业单位产值耗水量，这两个经济参数才是真正有经济意义的，它们和$\frac{y}{x_1}$、$\frac{y}{x_2}$的概念是不相同的。若我们只能得到总用水量 y 的统计资料，则 y_1 和 y_2 的值可由（3－35）式、（3－36）式给出。

第二节　消费结构的势分析

一　扩展的线性支出系统模型[26-34]

在消费结构分析中，用得比较成功的是扩展的线性支出系统模型，它的一般形式为：

$$p_iq_i = p_iv_i + \beta_i^* \left(y - \sum_{j=1}^{n} p_jv_j\right) \qquad i = 1, 2, \cdots, n \qquad (3-37)$$

式中，y 为人均收入水平，p_i 为第 i 个消费项目（商品或劳务）的单价，q_i 为第 i 个项目的人均消费数量，$U_i = p_iq_i$ 则为第 i 个项目的人均消费水平。ν_i 为第 i 个消费项目的人均最低消费量。共有 n 个消费项目，所以，$\sum_{j=1}^{n} p_j\nu_j$ 表示总的人均最低消费水平，$(y - \sum_{j=1}^{n} p_j\nu_j)$ 是人均收入超出最低消费水平的部分。

β_i^* 为边际消费倾向，当 $(y - \sum_{j=1}^{n} p_j\nu_j) > 0$ 时，则按 β_i^* 的比例分摊用于第 i 个项目的消费。

$$\beta_i^* > 0 \qquad \sum_{i=1}^{n} \beta_1^* \leqslant 1 \qquad (3-38)$$

当人均收入正好等于总人均消费水平，即：

$$y = \sum_{i=1}^{n} p_iq_i = \sum_{i=1}^{n} U_i \qquad (3-39)$$

时，当有 $\sum_{i=1}^{n} \beta_i^* = 1$。

若再定义 $U_{l_o} = p_i\nu_j$，则（3-37）式可改写成：

$$U_i = V_{i_0} + \beta_i^* \left(y - \sum_{j=1}^{n} V_{j_o}\right) \qquad j = 1, 2, \cdots, n \qquad (3-40)$$

（3-40）式在不涉及价格因素的场合，用起来更方便一些。

二　模型的识别[35-51]

我们讨论模型

$$U_i = V_{i_0} + \beta_i^* \left(y - \sum_{j=1}^{n} V_{j0}\right) \qquad i = 1, 2, \cdots, n \qquad (3-41)$$

的识别问题，在此基础上只要引入价格因素就能识别（3－37）式对应的模型了。

引入关系式：

$$a_i = V_{i_0} - \beta_i^* \left(\sum_{j=1}^{n} V_{j0} \right) \qquad i = 1,\ 2,\ \cdots,\ n$$

（3－40）式即可化成易于识别的形式：

$$U_i = a_i + \beta_i^* y \qquad i = 1,\ 2,\ \cdots,\ n \tag{3-42}$$

设有 m 组数据，各组按人均收入水平划分。第 ℓ 组的人均收入为 y_l，用于第 i 项消费的支出（消费水平）为 $U_{\ell i}$，$i=1,\ 2,\ \cdots,\ n,\ \ell=1,\ 2,\ \cdots,\ m$。对每一个确定的消费项目 i，用数据 $\{y_l,\ U_{li},\ l=1,\ 2,\ \cdots,\ m\}$ 即可回归确定（3－42）式对应的一组（a_i，β_i^*）的取值。依次求出（a_1，β_1^*），（a_2，β_2^*），…，（a_n，β_n^*），再把（3－41）式展开成方程组。

$$(1-\beta_1^*)\ U_{1_0} - \beta_1^* U_{2_0} - \cdots - \beta_1^* U_{n_0} = a_1$$

$$-\beta_2^* U_{n_0} + \ (1-\beta_2^*)\ U_{2_0} - \cdots - \beta_2^* U_{n_0} = a_2$$

……　……

……　……

$$-\beta_n^* U_{1_0} - \beta_n^* U_{2_0} - \cdots + \ (1-\beta_n^*)\ U_{n_0} = a_n \tag{3-43}$$

由（3－43）式就可以解出各消费项目的最低人均消费水平 $\{U_{1_0},\ U_{2_0},\ \cdots,\ U_{n_0}\}$。

有时由于原始统计数据填报中存在较大的失真，则由（3－43）式解出的 $\{U_{1_0},\ U_{2_0},\ \cdots,\ U_{n_0}\}$ 可能会不符合实际情况。这时，可以先确定总的最低消费水平，然后按比例分摊计算各项目的最低消费水平。

三　势效系数的引入

为了研究扩展的线性支付系统（3－40）式或（3－42）式中边际消费倾向 β_i^* 是否随收入 y 的增减有所变化，需要引入势效系数。由线性函数的势效系数的计算公式知道，若在（3－40）式中对（$y-\sum_{j=1}^{n} V_{j0}$）引入势效系数，则会在 $y=\sum_{j=1}^{n} U_{j_0}$ 处出现歧点。所以，我们改对（3－42）式中的 y 引入势效系数。由于考虑对人均收入变化的影响，需在（3－42）式中引入收入分组序号 ℓ，加上势效系数变成恒等式：

$$U_{\ell i}=a_i+\beta_i^* r_{\ell i} y_\ell \qquad i=1,\ 2,\ \cdots,\ n;\ \ell=1,\ 2,\ \cdots,\ m \quad (3-44)$$

其中，势效系数计算式为：

$$r_{\ell i}=\frac{U_{\ell i}-a_i}{y_\ell}\Big/\frac{U_i-a_i}{y} \quad (3-45)$$

并取 $U_i=\frac{1}{m}\sum_{\ell=1}^{m}U_{\ell i}$ 为第 i 个消费项目总的人均消费水平，以及 $y=\frac{1}{m}\sum_{\ell=1}^{m}y_\ell$ 为总的人均收入水平。

四　1984 年的湖南农民消费[52－53]

据农村调查资料，消费项目合并为 6 项：（1）食品，（2）衣着，（3）住房，（4）燃料，（5）用品，（6）非商品。收入分组情况是：人均收入 100 元以下为第一组，以后每组人均收入间隔都是 50 元，650 元以上为最后一组，共计 13 组，各收入组用于各项消费的开支，列于表 3－3。

表 3－3　　消费支出项目表（1984 年）　　单位：元

编号	收入分组	人均收入	食品支出	衣着支出	住房支出	燃料支出	用品支出	非商品支出
1	100 以下	70.00	81.25	6.25	—	3.50	9.25	—
2	100—150	132.44	104.53	8.79	3.48	8.30	11.50	3.82
3	150—200	178.29	131.28	14.14	9.60	10.99	12.01	4.69
4	200—250	225.65	148.34	17.49	10.95	11.11	13.63	4.69
5	250—300	276.71	168.47	22.37	15.59	13.27	19.14	6.33
6	300—350	324.52	185.64	27.99	21.38	14.86	23.07	7.69
7	350—400	372.49	201.79	31.41	29.35	14.90	26.22	7.13
8	400—450	425.37	221.16	35.13	38.20	13.66	32.24	8.83
9	450—500	475.09	238.67	38.97	40.28	16.98	36.57	10.30
10	500—550	524.00	238.58	47.71	52.94	16.49	43.32	10.18
11	550—600	572.35	251.68	53.74	55.26	17.68	49.48	12.37
12	600—650	623.68	263.94	37.98	59.16	15.81	36.75	9.82
13	650 以上	791.63	327.13	55.78	116.90	20.76	58.70	12.41

对一元线性方程组（3－42）式回归的结果和由（3－43）式计算的各项消费的最低人均消费水平，列于表3－4。

表3－4　　消费支出系数表

项目	α_i	β_i^*	U_{i_0}
食品	71.4082	0.3273	129.49
衣着	2.2479	0.0738	15.35
住房	－20.6265	0.1445	5.01
燃料	6.2867	0.0193	9.72
用品	0.7888	0.0724	13.64
非商品	1.3732	0.0161	4.23

在表3－3中，第一组的消费支出总额为100.25元，第二组为140.42元，第三组为182.71元，都超出了同组的人均实际收入。由表3－4算得人均最低消费总水平为177.44元，所以，确定人均收入200元为最低收入线，低于此水平的人家为贫困户。

由（3－45）式，可得食品在各收入组中的势效系数为：

$$r_{\ell 1}=\frac{U_{\ell 1}-71.4082}{y_\ell}\Big/\frac{U_1-71.4082}{y}$$

将 $U_1=185.38$，$y=348.20$ 代入，就得：

$$r_{\ell 1}=3.0551\frac{U_{\ell 1}-71.4082}{y_\ell}\qquad \ell=1,2,\cdots,13 \tag{3-46}$$

类似地，得出衣着、住房、燃料、用品和非商品的势效系数为：

$$r_{\ell 2}=13.5475\frac{U_{\ell 2}-2.2479}{y_\ell}$$

$$r_{\ell 3}=6.9202\frac{U_{\ell 3}+20.6265}{y_\ell}$$

$$r_{\ell 4}=51.7900\frac{U_{\ell 4}-6.2867}{y_\ell}$$

$$r_{\ell 5}=13.8113\frac{U_{\ell 5}-0.7888}{y_\ell}$$

$$r_{\ell 6}=62.1032\,\frac{U_{\ell 6}-1.3732}{y_{\ell}}$$

$$\ell=1,\ 2,\ \cdots,\ 13 \qquad (3-47)$$

势效系数 r_{li} 的数据列在表 3－5 中。

表 3－5　　势效系数表

收入分组 ℓ	$r_{\ell 1}$	$r_{\ell 2}$	$r_{\ell 3}$	$r_{\ell 4}$	$r_{\ell 5}$	$r_{\ell 6}$
1	0.4295	0.7745	—	－2.0618	1.6694	—
2	0.7640	0.6692	1.2596	0.7873	1.1170	1.1473
3	1.0259	0.9036	1.1732	1.3662	0.8693	1.1553
4	1.0416	0.9151	0.9684	1.1070	0.7860	0.9128
5	1.0716	0.9852	0.9057	1.3070	0.9160	1.1125
6	1.0754	1.0746	0.8958	1.3682	0.9483	1.2088
7	1.0694	1.0606	0.9285	1.1977	0.9429	0.9598
8	1.0756	1.0473	0.9570	0.8977	1.0212	1.0087
9	1.0756	1.0472	0.8872	1.1657	1.0402	1.1669
10	0.9747	1.1754	0.9716	1.0085	1.1210	1.0438
11	0.9623	1.2188	0.9175	1.0309	1.1750	1.1932
12	0.9431	0.7762	0.8853	0.7908	0.7964	0.8411
13	0.9869	0.9161	1.2022	0.9469	1.0104	0.8658

由（3－44）式，我们得：

$$\beta_{\ell i}=\beta_i^{*}\,r_{\ell i} \qquad \ell=1,\ 2,\ \cdots,\ 13 \quad i=1,\ 2,\ \cdots,\ 6$$

$\{\beta_{\ell i}\}$ 就是相应各收入组的对各项消费的边际消费倾向。其值列在表 3－6 中。

表 3－6　　边际消费倾向表

编号	收入分组（元）	组中值	$\beta_{\ell 1}$	$\beta_{\ell 2}$	$\beta_{\ell 3}$	$\beta_{\ell 4}$	$\beta_{\ell 5}$	$\beta_{\ell 6}$	合计
1	100 以下	75	0.1406	0.0572	—	－0.0398	0.1209	—	—
2	100—150	125	0.2501	0.0494	0.182	0.0152	0.0809	0.0185	0.5961

续表

编号	收入分组（元）	组中值	$\beta_{\ell 1}$	$\beta_{\ell 2}$	$\beta_{\ell 3}$	$\beta_{\ell 4}$	$\beta_{\ell 5}$	$\beta_{\ell 6}$	合计
3	150—200	175	0. 3358	0. 0667	0. 1695	0. 0264	0. 0629	0. 0186	0. 6799
4	200—250	225	0. 3406	0. 0675	0. 1399	0. 0214	0. 0569	0. 0145	0. 6408
5	250—300	275	0. 3507	0. 0727	0. 1309	0. 0252	0. 0663	0. 0179	0. 6637
6	300—350	325	0. 3520	0. 0793	0. 1294	0. 0264	0. 0687	0. 0195	0. 6753
7	350—400	375	0. 3500	0. 0783	0. 1342	0. 0231	0. 0683	0. 0154	0. 6693
8	400—450	425	0. 3520	0. 0773	0. 1383	0. 0173	0. 0739	0. 0175	0. 6763
9	450—500	475	0. 3520	0. 0773	0. 1282	0. 0225	0. 0753	0. 0188	0. 6741
10	500—550	525	0. 3190	0. 0867	0. 1404	0. 0195	0. 0812	0. 0168	0. 6636
11	550—600	575	0. 3150	0. 0899	0. 1326	0. 0199	0. 0851	0. 0192	0. 6617
12	600—650	625	0. 3087	0. 0573	0. 1279	0. 0153	0. 0577	0. 0135	0. 5804
13	650 以上	675	0. 3230	0. 0676	0. 1737	0. 0183	0. 0732	0. 0139	0. 6697

图 3－1 画出了各同一消费项目在各收入组的边际消费倾向（略去收入组下标 l，简记为 β_i）的折线图。由折线图和表 3－6 看出，食品的边际消费倾向在人均收入高于 500 元以后确有下降趋势，这是符合恩格尔定律的。衣着和用品的边际消费倾向在人均 600 元以上时，也明显下降。其他项目的边际消费倾向在人均收入超过 200 元以后一直比较稳定。另外，衣着和用品的边际消费倾向折线一直比较接近，变化趋势也相似；燃料和非商品的边际消费倾向折线也很接近。这些结果，对研究消费结构都是很有用的。

总的看来，排除一些随机波动之后，边际消费倾向在各收入组间可以认为无大的变化，可以用 β_i^* 代替。

以上六项消费支出在人均收入中的比重，按 β_i^* 计算为 $\sum_{\ell=1}^{6}\beta_i^* =$ 0. 6534。按收入组区分开的比重列在表 3－6 的最后一栏，其平均值为 0. 6542。除去人均收入最高的一组和收入较少的几组外，消费支出占人均收入的比重呈现随收入增加而下降的趋势。

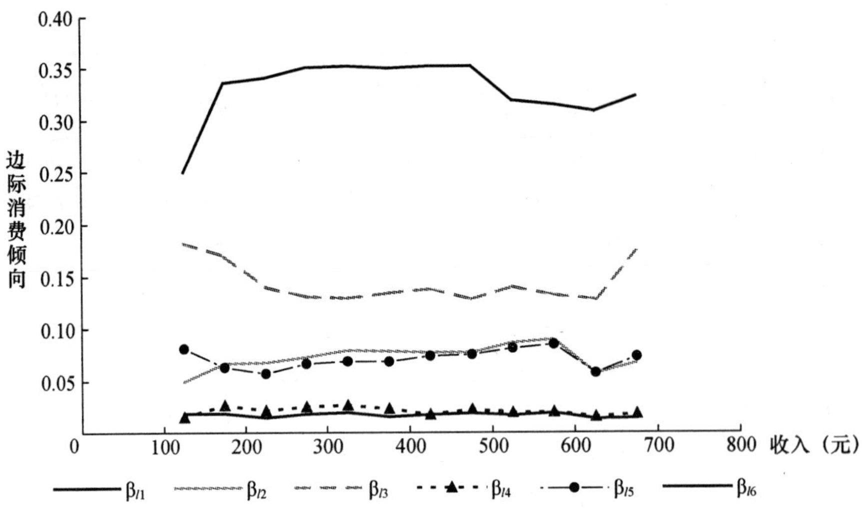

图 3－1　湖南农民边际消费倾向

第三节　个人收入对消费支出的长期影响

一　一个长期边际消费分析的案例[54-65]

一本很流行的介绍当代西方经济学说的著作，在说明可支配个人收入对消费支出水平的长期影响时，引用了美国 1929—1976 年的统计资料（见表 3－7，单位：10 亿，1972 年美元），除去 1941—1946 年因第二次世界大战的影响经济运行不正常的六年数据，得到一个拟合程度很高的线性回归方程：

表 3－7　　美国可支配个人收入及相关指标

年份	可支配个人收入（y）（单位：10 亿）	个人消费支出（C）	势效系数（r）	边际消费倾向（β^*）
1929	229.8	215.6	0.9832	0.8749
1930	210.6	200.0	0.9896	0.8806

续表

年份	可支配个人收入（y）（单位：10 亿）	个人消费支出（C）	势效系数（r）	边际消费倾向（β^*）
1931	210. 7	192. 1	0. 9470	0. 8427
1932	173. 4	174. 1	1. 0341	0. 9202
1933	169. 7	170. 7	1. 0341	0. 9202
1934	179. 7	177. 2	1. 0172	0. 9052
1935	196. 6	188. 1	0. 9921	0. 8828
1936	220. 7	206. 8	0. 9790	0. 8712
1937	227. 8	214. 3	0. 9854	0. 8769
1938	212. 8	209. 2	1. 0280	0. 9148
1939	230. 1	220. 3	1. 0049	0. 8942
1940	244. 3	230. 4	0. 9929	0. 8836
1941	278. 1	244. 1	0. 9276	0. 8255
1942	317. 3	241. 7	0. 8045	0. 7159
1943	332. 2	248. 7	0. 7921	0. 7049
1944	343. 9	255. 7	0. 7880	0. 7012
1945	338. 6	271. 4	0. 8525	0. 7586
1946	332. 4	301. 4	0. 9698	0. 8630
1947	318. 8	306. 2	1. 0281	0. 9149
1948	335. 5	312. 8	0. 9990	0. 8890
1949	336. 1	320. 0	1. 0213	0. 9088
1950	361. 9	338. 1	1. 0047	0. 8941
1951	371. 6	342. 3	0. 9912	0. 8820
1952	382. 1	350. 9	0. 9892	0. 8803
1953	397. 5	364. 2	0. 9885	0. 8797
1954	402. 1	370. 9	0. 9959	0. 8863
1955	425. 9	395. 1	1. 0041	0. 8936
1956	444. 9	406. 3	0. 9895	0. 8806
1957	453. 9	414. 7	0. 9907	0. 8816
1958	459. 0	419. 0	0. 9902	0. 8812
1959	477. 4	441. 5	1. 0050	0. 8944

续表

年份	可支配个人收入（y）（单位：10亿）	个人消费支出（C）	势效系数（r）	边际消费倾向（β^*）
1960	487.3	453.0	1.0111	0.8998
1961	500.6	462.2	1.0049	0.8943
1962	521.6	482.9	1.0091	0.8979
1963	539.2	501.4	1.0147	0.9029
1964	577.3	528.7	1.0009	0.8906
1965	612.4	558.1	0.9974	0.8876
1966	643.6	586.1	0.9980	0.8881
1967	699.8	603.2	0.9876	0.8789
1968	695.2	633.4	1.0004	0.8902
1969	712.3	655.4	1.0111	0.8997
1970	741.6	668.9	0.9916	0.8824
1971	769.0	691.9	0.9898	0.8808
1972	801.3	733.0	1.0076	0.8966
1973	854.7	767.7	0.9903	0.8812
1974	842.0	760.7	0.9958	0.8862
1975	857.3	775.1	0.9970	0.8872
1976	890.3	821.3	1.0183	0.9062

$$C = 15.9 + 0.89y \tag{3-48}$$

式中，C 为个人消费支出，y 为可支配个人收入，边际消费倾向 $\beta = 0.89$。

若数据按年度分为四组处理，就得到1929—1940年为：

$$C_1 = 33.9 + 0.80y \tag{3-49}$$

1947—1956年为：

$$C_2 = 41.2 + 0.82y \tag{3-50}$$

1957—1966年为：

$$C_3 = 15.3 + 0.89y \tag{3-51}$$

1967—1976年为：

$$C_4 = 8.0 + 0.90y \tag{3-52}$$

由（3－49）式至（3－52）式，四个阶段的边际消费倾向依次为：

$\beta_1 = 0.80$，$\beta_2 = 0.82$，$\beta_3 = 0.89$，$\beta_4 = 0.90$。

于是，该书作者得出结论说，虽然（3－48）式说明除去受战争影响的几年外，1929—1976 年的 40 多年间，可支配个人收入对个人消费支出的影响是稳定的线性关系，但是，（3－49）式至（3－52）式又说明在这期间边际消费倾向是呈逐步上升趋势的。并据此阐述了与此有关的几种学说。

为检验上述的关于长期的边际消费倾向随收入水平的增长而增长的论断是否真正成立，我们重新验算了（3－48）式至（3－52）式，并取较多的有效数字以保证精度。结果是：

1929—1940 年和 1947—1976 年总的情况为：$n = 42$，$\sum y = 19388.4$，$\sum y^2 = 10978915.74$，$\sum c = 17863.8$，$\sum cy = 10051709.45$。

$$C = 14.5367 + 0.8899y \tag{3-53}$$

1929—1940 年的情况为：$n = 12$，$\sum y = 2506.2$，$\sum y^2 = 529877.86$，$\sum c = 2398.80$，$\sum cy = 506074.19$。

$$C_1 = 35.4583 + 0.7874y \tag{3-54}$$

1947—1956 年的情况为：$n = 10$，$\sum y = 3776.4$，$\sum y^2 = 1441232.96$，$\sum c = 3506.80$，$\sum cy = 1336693.27$。

$$C_2 = 41.2041 + 0.8195y \tag{3-55}$$

1957—1966 年的情况为：$n = 10$，$\sum y = 5272.3$，$\sum y^2 = 2818011.83$，$\sum c = 4847.60$，$\sum cy = 2589898.08$。

$$C_3 = 15.3393 + 0.8904y \tag{3-56}$$

1967—1976 年的情况为：$n = 10$，$\sum y = 7833.80$，$\sum y^2 = 6189793.09$，$\sum c = 7110.60$，$\sum cy = 5619043.91$。

$$C_4 = -6.8096 + 0.9164y \tag{3-57}$$

（3－53）式与（3－48）式相比，可以认为是很一致的。（3－

54）式至（3－57）式与（3－49）式至（3－52）式相比，虽或多或少有些计算误差，但仍保留了 $\beta_1=0.7874<\beta_2=0.8195<\beta_3=0.8904<\beta_4=0.9164$ 这种边际消费倾向递增的趋势。

若我们冷静地考虑一下这些线性方程涉及的数据的分布规律，就会想到，这些数据整体上拟合成一条直线（3－48）式，分段拟合成若干条直线（3－49）式至（3－52）式。分段直线与总直线（3－48）式相交的夹角逐步增加，这种情况不可能是普遍规律。如果改变数据分组的方式，必然会有新的分段直线，它们与直线（3－48）式的夹角变动趋势与（3－49）式至（3－52）式代表的直线相反。

具体到本例的情况，目前这种分组方式使边际消费倾向呈现递增趋势。若调整分组方式，一定会有相邻的分组中边际消费倾向下降的情况。即边际消费倾向的增减应当具有波浪形，有增也有减。若总是增，或总是减，整体上就不会是线性关系（3－48）式。

现在，我们把数据改为分成八组，各组重新拟合成直线得到的结果是：

1929—1935 年，$n_1=7$，$\sum y=1370.50$，$\sum y^2=271364.19$，$\sum c=1317.80$，$\sum cy=260120.38$

$$C_1=52.1051+0.6954y \tag{3-58}$$

1936—1940 年，$n_2=5$，$\sum y=1135.70$，$\sum y^2=258513.67$，$\sum c=1081$，$\sum cy=245953.81$

$$C_2=44.8589+0.7543y \tag{3-59}$$

1947—1951 年，$n_3=5$，$\sum y=1723.90$，$\sum y^2=596215.07$，$\sum c=1619.40$，$\sum cy=559670.03$

$$C_3=75.2390+0.7212y \tag{3-60}$$

1952—1956 年，$n_4=5$，$\sum y=2052.50$，$\sum y^2=845017.89$，$\sum c=1887.40$，$\sum cy=77023.24$

$$C_4=32.5670+0.8404y \tag{3-61}$$

1957—1961 年，$n_5=5$，$\sum y=2378.20$，$\sum y^2=1132678.62$，$\sum c=2190.40$，$\sum cy=1043449.65$

$$C_5=-67.8378+1.0637y \tag{3-62}$$

1962—1966 年，$n_6=5$，$\sum y=2894.10$，$\sum y^2=1685333.21$，$\sum c=2657.20$，$\sum cy=1546448.43$

$$C_6=52.9191+0.8267y \tag{3-63}$$

1967—1971 年，$n_7=5$，$\sum y=3587.90$，$\sum y^2=2580637.93$，$\sum c=3252.80$，$\sum cy=2339331.80$

$$C_7=33.5008+0.8599y \tag{3-64}$$

1972—1976 年，$n_8=5$，$\sum y=4245.60$，$\sum y^2=3609155.16$，$\sum c=3857.80$，$\sum cy=3279712.11$

$$C_8=-45.8433+0.9626y \tag{3-65}$$

在新的分组里，$\beta_1=0.6954$，$\beta_2=0.7543$，$\beta_3=0.7212$，$\beta_4=0.8404$，$\beta_5=1.0637$，$\beta_6=0.8267$，$\beta_7=0.8599$，$\beta_8=0.9626$。总体上，边际消费倾向仍呈上升趋势，但也出现了不规则的情况：$\beta_5>1$ 和 $\beta_6<\beta_5$，$\beta_6<\beta_4$。

这个例子说明，不同的分组方式将可能导致很不相同的分析结果。这是传统研究方法的一个重大缺陷。

二 势分析对边际消费倾向分析方法的改进

引入势效系数，可以把（3－53）式修改成恒等式：

$$C=14.5367+0.8899ry \tag{3-66}$$

$$r=\frac{c-14.5367}{0.8899y} \tag{3-67}$$

因而可以导出每一组数据对应的边际消费倾向的估计值：

$$\beta^*=\beta\cdot r=\frac{c-14.5367}{y} \tag{3-68}$$

历年的势效系数 r 和边际消费倾向 β^* 的值也列在表 3－7 中。自然，这里的边际消费倾向 β^* 的值是在（3－66）式常数项不变的条件下导出的，和前面分组回归计算的不相同。但分组回归方法根本无法计算每一个时点上的边际消费倾向数值。而且不同的分组方式又会给出各不相同的本质上也仍是近似值的计算结果。利用势效系数导出的边际消费倾向，不仅可以逐时点计算，而且是唯一确定的。这就给经济分析工作带来极大的方便。

把每一年的可支配个人收入 y 和边际消费倾向 β^* 对应的坐标点（y，β^*）按时间顺序连接起来，就得到折线图 3－2。

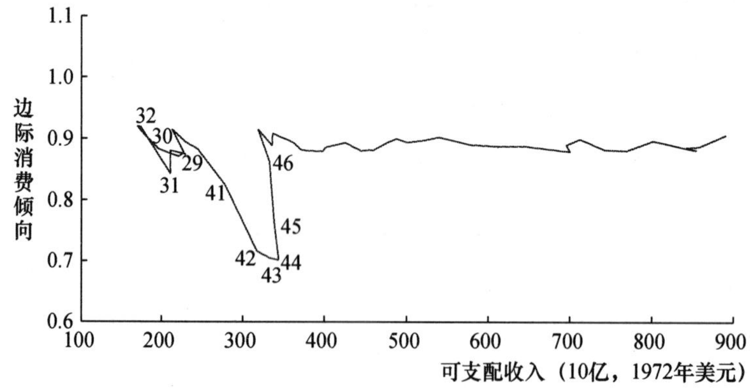

图 3－2　美国边际消费倾向

1941—1946 年的折线是一个巨大的凹陷，这是战争造成的消费品供应匮乏的结果。

1929—1940 年战前这一段的折线形成起伏回环复杂图像，引人注目。这一时期，美国在国际市场上的地位受到大力推行用武力夺取殖民地和国际市场的法西斯国家德国、意大利、日本和力图巩固既得的巨大殖民版图和国际市场的老牌帝国主义国家英国、法国、葡萄牙、荷兰、比利时的排挤和限制，经济发展主要受国内市场的制约。20 年代末和 30 年代初的经济危机对美国也有很大影响。压缩生产规模增加失业人数，降低总的可支配个人收入，可刺激边际消费倾向的回升；扩大就业，提高可支配个人收入的水平就会拉动边际消费倾向的下降。而且一般来说，经济回升期的边际消费倾向折线位于经济萎缩期边际消费倾向折线的下方，这在折线图上表现得很清楚，只有 1931 年的情况有些特殊，可以作为例外。

第二次世界大战对美国造成的损失不大，战后美国在国际政治经济舞台上成为资本主义世界的首领。它的经济活动已是世界性的，国内的经济困难可以转嫁给别国特别是第三世界国家，它的经济规模一直是发展的。所以，边际消费倾向折线虽有起伏，但变化的幅度不如战前那样大，也没有出现回环。研究战后的美国经济运行机制，已不能再套用战前的模式。总括起来，美国 1929—1940 年和 1947—1976 年，可支配个人收入对个人消费支出的影响由（3－53）式为中心的一束直线族所决定。这族直线在纵轴（个人消费支出）上的截距为 14.5367，斜率（边际消费倾向）的中心值为$\beta=0.8899$，下限为$\beta^{(1)}=0.8427$（1931 年），上限为$\beta^{(2)}=0.9202$（1933 年），斜率的标准差为$\sigma=0.0144$。

第四节　经济空间的剖面研究

一　经济空间的不均匀性

西方宏观经济理论有一条前提假设，即资源的利用是充分的，在此假设的基础上去研究经济总量（如国民收入、个人收入、价格水平、失业率等）之间的相互关系。而资源如何充分利用，则认为是微观经济研究所应解决的任务。

但是，现实的经济活动中，资源的利用程度具有相对性。技术水平和管理水平参差不齐的企业同时并存，在各行业都是司空见惯的现象。这就决定了资源的利用程度是有很大差别的。所以，资源充分利用假设是一条相当粗疏的假设，在这一假设基础上建立的宏观经济理论是需要仔细用经济实践活动来检验的。把西方的经济理论搬到我国社会主义建设的现实中来，矛盾尤其显得突出。

势概念的提出，就是对资源利用程度不同的承认。它的客观存在，说明我们所处的包括时间坐标在内的经济空间是不均匀的。势效系数就是对这种不均匀性的一种刻画。

势效系数是分离计算的。根据某一经济因素的取值水平，可以把经济空间作一解剖。在这个因素水平上的各经济量的势效系数的连线组合成一个经济剖面。经济剖面也可以按某一经济因素对应的坐标轴展开。在这些剖面上，各经济量的势效系数曲线生动地描绘了经济系统的运行状态。

经济空间的剖面也可以由若干经济因素的一组取值水平决定或按它们的坐标展开。这样的剖面都是经济空间的子空间。

n 种经济因素的组合关系共有 2^n-1 种。若经济系统由 n 个变量 m 个方程的函数组描述，则它们的势效系数所能产生的剖面可达 $2^{m+n}-2$ 种。所以，势分析方法所能提供的信息量是十分巨大的。当然，在现实的经济活动中真正有意义的组合剖面数目会比这个数目少一些。

我们以前介绍的案例，也都可以看成是剖面研究的例子。

二　一个简化的农产品市场模型[53]

考虑一种农产品，它的可供量为 D，市场需求量为 S，P 为价格，y 为个人收入水平，R 为该地区的年降雨量。有 15 年的资料列在表 3-8 中，它们满足下列方程组

$$D=167380.54+50.31P-498.85R \tag{3-69}$$

$$S=150.68-19.85P+46.90y \tag{3-70}$$

$$S=D \tag{3-71}$$

（3-69）式为生产函数，（3-70）式为消费函数，（3-71）式为均衡条件，它们合起来构成一个简单的市场经济模型。

我们不去研究这个模型表明的经济运行机制，而是观察模型和数据说明的经济系统的剖面情况。

由（3-69）式计算降雨量 R 的势效系数，由（3-70）式计算个人收入 y 的势效系数，价格 P 的势效系数则由（3-70）式计算。由（3-69）式也可以计算一组价格的势效系数，但由均衡条件（3-71）式可知，由（3-69）式计算的价格 P 的势效系数会和由（3-70）式计算的有相同的变化规律。

图 3 - 3 画出了在时序剖面上的价格 P，个人收入 y 和降雨量 R 的势效系数 r_p、r_y 和 r_R 的折线图。可以明显看出，r_y 和 r_R 呈下降趋势，而 r_P 在时序 T=6 和 T=8 间有极值。

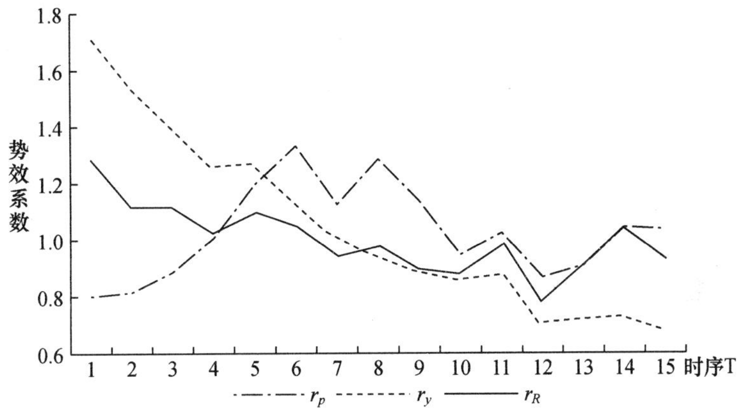

图 3 - 3 某农产品市场供求势效系数

如果有充足的数据，还可以考虑在时序和雨量二维平面上画出各种势效系数的等值线图和其他类型的剖面图。那将会给我们提供更多的直观信息。

表 3 - 8 某农产品市场相关数据

时序 T	供求（D）（吨）	价格（P）（元/吨）	r_p	收入（y）（百万元）	r_y	降雨量（R）（毫米/年）	r_R
1	12917	2260	0. 8008	1089	1. 7093	100	1. 2682
2	17920	2150	0. 8146	1169	1. 5408	110	1. 1155
3	18475	1970	0. 8857	1281	1. 4008	110	1. 1114
4	28180	1620	1. 0068	1335	1. 2566	112	1. 0204
5	26330	1380	1. 1976	1338	1. 2704	105	1. 1029
6	31029	1200	1. 3314	1452	1. 1317	107	1. 0462
7	41430	1310	1. 1266	1516	1. 0012	110	0. 9401
8	48924	1080	1. 2852	1536	0. 9294	100	0. 9725
9	52739	1180	1. 1384	1558	0. 8868	105	0. 8964

续表

时序 T	供求（D）（吨）	价格（P）（元/吨）	r_p	收入（y）（百万元）	r_y	降雨量（R）（毫米/年）	r_R
10	55009	1390	0.9473	1587	0.8533	105	0.8787
11	50100	1340	1.0255	1625	0.8698	98	0.9825
12	67559	1350	0.8664	1693	0.7106	105	0.7805
13	61986	1360	0.9081	1774	0.716	95	0.9108
14	55986	1250	1.0442	1826	0.7352	88	1.0393
15	60311	1210	1.0368	1899	0.6795	95	0.9253
均值	41926	1470	—	1551.9	—	103	—

第四章　利用 CD 生产函数的势分析

作为一种常用的非线性模型，本章讨论了一个省级工业结构利用 CD 生产函数（Cobb - Douglas 生产函数）的势分析案例，涉及经济效益指标边际值计算、部门间经济效益比较、简化的资源配置、产值与利税的构成分析、用调整弹性系数的方法改进科技进步贡献率计算方法等内容。

提起生产函数，西方数理经济学派把它定义为在资源投入与系统所能达到的最大产出之间关系的函数。根据这个定义，生产函数描述的生产过程中资源必定是充分利用了的，或者说资源发挥效能的程度是最高的。这是一种极其简化了的对实际生产活动的抽象。在第一章中我们已经说明，真实的生产活动中资源发挥效能的程度（或被利用程度）实际上是千差万别的，真正满足上述生产函数定义的生产过程是极为罕见的。为了讨论方便，我们称满足上述定义条件的生产函数为理论生产函数，而描述实际生产过程的生产函数称为经验生产函数，不论后者是用什么方法建立的，本章涉及的生产函数都是经验生产函数。[66 - 90]

我们的讨论利用了 1985 年河北省工业普查的资料，由河北省工业普查办公室提供。后来补充了其他几个年度的资料，也采用工业普查的统计口径，资料由河北省统计局工业处提供。

工业部门的划分，遵照国家统计局关于工业普查的分类标准，划分为 38 个大部门，资料包括乡镇以上全民及集体所有制企业，按当年现价计算。为研究方便，我们又按 1987 年产值大小，把 38 个部门分为四个组。

第一组包括 7 个部门，1987 年产值都在 20 亿元以上，7 个部门合计占全省工业产值的59.06%，这些部门及其序号为：12 纺织工业，33 机械工业，30 黑色金属冶炼及压延加工业，29 建材及非金属矿物制造业，24 化学工业，8 食品制造业，21 电力蒸汽热水供应业。组内先后顺序，按产值先大后小排列。

第二组有9个部门，1987 年产值在10 亿—20 亿元，合计占全省工业产值的24.62%，它们是：1 煤炭采选业，2 石油天然气开采业，32 金属制品业，25 医药工业，34 交通运输设备制造业，22 石油加工业，34 电气机械及器材制造业，17 造纸及纸制品业，13 缝纫业。

第三组有 13 个部门，1987 年产值在2 亿—10 亿元，合计占全省工业产值的13.78%，这些部门是：9 饮料制造业，10 烟草加工业，28 塑料工业，27 橡胶制品业，36 电子及通信设备制造业，3 黑色金属矿采选业，14 皮革及皮毛制品业，20 工艺美术品制造业，18 印刷业，31 有色金属冶炼及压延加工业，26 化学纤维工业，16 家具制造业，23 炼焦煤气煤制品业。

第四组包括余下的9个部门，1987 年产值都在2 亿元以下，合计占全省工业产值的2.54%。它们是：37 仪器仪表及其他计量器具制造业，4 有色金属矿采选业，11 饲料工业，5 建材及非金属矿采选业，6 采盐业，38 其他工业，15 木材加工业，7 自来水生产及供应业，19 文教体育用品制造业。

第一节　基本模型

一　几个模型的参数确定

众所周知，CD 生产函数的基本模型是公式：

$$Y = AL^{\alpha}K^{\beta} \tag{4-1}$$

式中，Y 为产值，我们还考虑了以利税额为产出项的模型，那时用 Q 记利税额代替（4-1）式中 Y 的位置。L 为活劳动投入，分别采用职工人数 L_1 和工资额 L_2 表示。K 为资金投入，在我们的模型中都用当年全部资金投入表示。产值、利税、资金、工资额单位都是千元，职工数单位为人年。我们用 1985 年 38 个工业部门的横断面资料回归出（4－1）式中 A、α、β 对应的参数值。其结果是：

$$y = A_1 L_1^{\alpha_1} K^{\beta_1} \qquad (4-2)$$

其中，$A_1 = 1.8843$，$\alpha_1 = 0.1427$，$\beta_1 = 0.8378$

α_1 与 β_1 的比值大约是 1∶6，说明产值的增加值主要依靠增加资金投入换取，经济运行机制不良，以后几年也没有得到有效纠正造成由过热转向滑坡的严重后果。

$$y = A_2 L_2^{\alpha_2} K^{\beta_2} \qquad (4-3)$$

其中，$A_2 = 1.9450$，$\alpha_2 = 0.0783$　$\beta_2 = 0.88842$。

α_2 变得更小了，说明工资增加对生产几乎无推动作用。

$$Q = A_3 L_1^{-\alpha_3} K^{\beta_3} \qquad (4-4)$$

其中，$A_3 = 0.3401$，$\alpha_3 = 0.2831$　$\beta_3 = 1.1791$。

$$Q = A_4 L_2^{-\alpha_4} K^{\beta_4} \qquad (4-5)$$

其中，$A_4 = 0.2299$，$\alpha_4 = 0.3687$　$\beta_4 = 1.2764$。

（4－4）式与（4－5）式的一个突出问题是，当把利税额作为产出项时，职工数与工资数额的弹性系数均为负值，即增加职工数或增加工资额不仅不能增加利税收入，反而会引起利税额的下降。由于利税额是生产活动创造的财富的基本标志，（4－4）式与（4－5）式反映的矛盾要比(4－2)式与（4－3）式表现出来的严重得多。

由于劳动投入的弹性系数为负，（4－4）式和（4－5）式都不再是通常意义下的生产函数，好在它们都是经验公式，反映了工业生产中某些规律性的东西，仍有必要对它们作若干研究。

若用劳动生产率 $P_1 = \frac{y}{L_1}$ 代替（4－4）式中的 L_1 作为劳动投入项，用工资产值率 $P_2 = \frac{y}{L_2}$ 代替（4－5）式中的 L_2 作为劳动投入项，则它们的弹性系数都改为正值。这种结果，在本章稍后部分介绍。

（4－2）式是我们要集中讨论的模型，为处理方便暂时将公式中的下标 1 略去，若涉及其他模型时，再另作说明。

二　CD 生产函数族

同样，我们也可以对 1986 年和 1987 年的横断面资料建立该两年度和（4－2）式类似的 CD 生产函数。我们这里是利用（4－2）式中已算出的参数，作了一些修改，以适应 1986 年和 1987 年的情况，修改方法留在本章第三节介绍。

于是得到这三年的 CD 生产函数族，其参数值如表 4－1 所示。

可以看出，1986 年的 α 和 β 的取值都比 1985 年有明显改善，而 1987 年的 β 值又明显下降。对应的实际情况是，1986 年抓治理整顿，经济效益得到改善，而 1987 年固定资产投资增长过快，造成当年经济效益下降。

表 4－1　　参数值

年份	α	β
1985	0.1426966	0.8378389
1986	0.1432690	0.8421830
1987	0.1451821	0.8339860

图 4－1 的横轴是劳动投入，纵轴是资金投入，画出了 1985 年、1986 年、1987 年三个年度的 CD 生产函数曲线，和第一、第二组 16 个工业部门的资源配置变动折线。1985 年和 1986 年的 CD 生产函数曲线是贴得很近的。OA 是坐标原点经由 1985 年各部门资源投入的平均值坐标点的射线，OB 是 1987 年的同样的射线。一般来说，在 OA 或 OB 下方的工业部门是劳动较密集的产业，而位于两射线上方的部门则是资金投入较密集的产业。

从图 4－1 可以看出，从 1985—1987 年，这 16 个部门都大幅度增加了资金的投入量，三条生产函数也呈上移趋势。但总的来说，图上只画出了生产函数双曲线的下半条，说明河北省的工业部门基本上是劳动密集型的，技术构成比重不大。

三　生产函数的分解

记 $q_1 = A^{\frac{\alpha}{\alpha+\beta}}L^{\alpha}$　　（4－6）

$q_2 = A^{\frac{\beta}{\alpha+\beta}}K^{\beta}$　　（4－7）

则（4－2）式可表示成：

$$Y = q_1 q_2 \qquad (4-8)$$

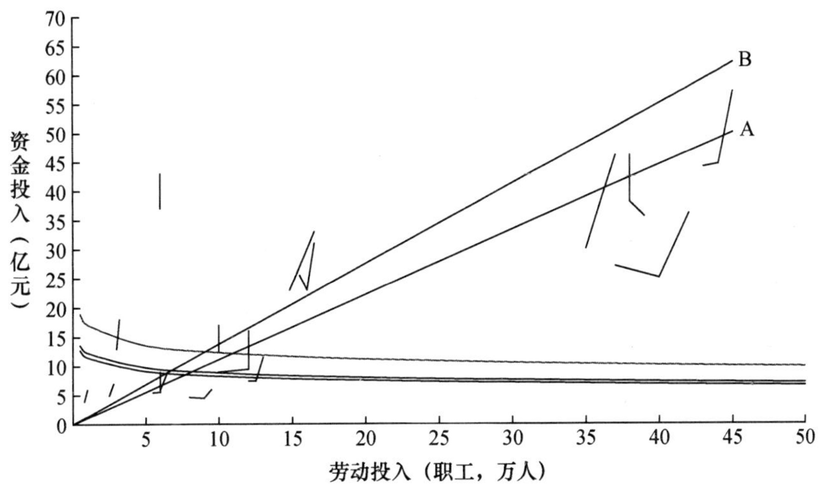

图 4－1　生产函数曲线

q_1 和 q_2 都是单变元的指数函数，图 4－2 和图 4－3 分别画出了这两个函数在 1985 年的曲线，还标出了各部门在 1985 年的（L，q_1）和（K，q_2）在两幅图上的坐标点，它们共同的特点都是生产规模较小的行业的坐标点更靠近函数曲线一些。

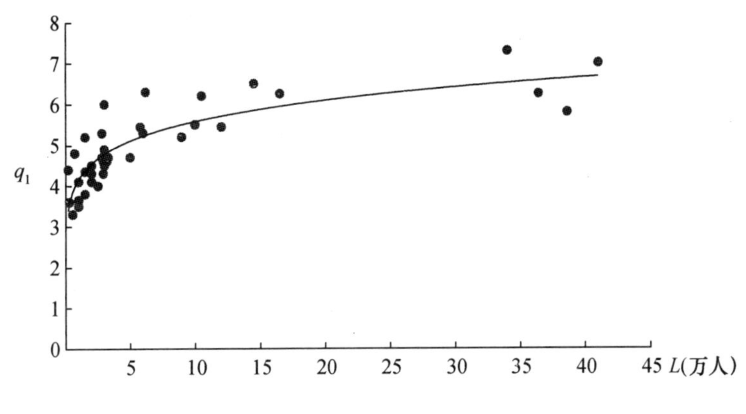

图 4－2　q_1 与 L 相关图

从图 4－2 来看，生产规模较小的行来集中在曲线（4－6）式的下半段两侧，曲线在这段比较陡，说明生产规模较小的行业技术构成也比较低，其产出效益依赖劳动的投入较明显。生产规模大的行业则分布在曲线较平缓的右半段，它们的技术构成较高，对劳动投入不那么敏感。

图 4－3 的曲线总体上都比较陡，说明各行业对资金投入的依赖性都较大。在曲线的后半段，生产规模大的行业到曲线的距离拉得很开，说明它们的固定资金的使用效益差别很大，纺织业在高高的上方，煤炭业则在比较低的下方，代表了轻重工业的两种极端的情形。

当然，也可以画出各年度的 q_1 和 q_2 的函数族和各工业部门坐标点逐年变动的折线图，作更多的分析研究。

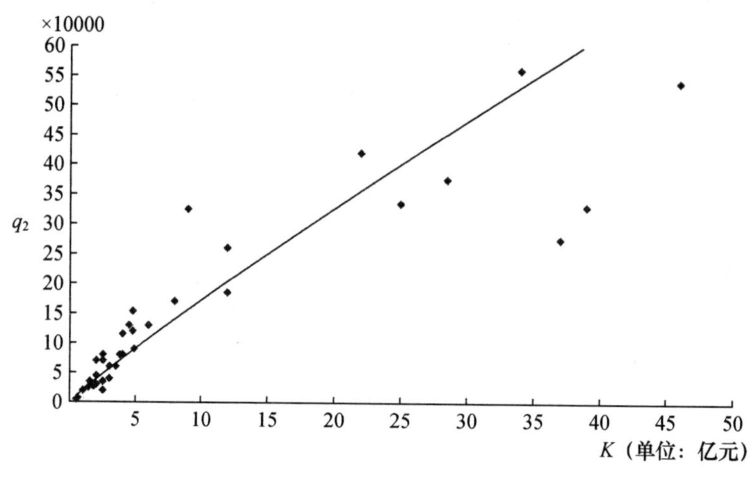

图 4－3　q_2 与 K 相关图

第二节　势效系数

一　三种势效系数

在第一节已经说过，（4－2）式反映了河北省工业系统 1985 年总的投入产出关系，它仅对某些特殊值才严格成立，对一般工业部门的数据有明显的偏差值。显然，几何均值 $\bar{y}=907422$ 千元，$\bar{K}=890661$ 千元，$\bar{L}=77662$ 人，能使（4－2）式取等式，我们就把这一组数据取作参照值，并按第二章已导出的公式计算各部门数据的势效系数。

$$r_l=\frac{y^{\frac{1}{\alpha+\beta}}}{L}\bigg/\frac{\bar{y}^{\frac{1}{\alpha+\beta}}}{\bar{L}}=0.0651322\ \frac{y^{1.01985}}{L} \tag{4－9}$$

$$r_k=\frac{y^{\frac{1}{\alpha+\beta}}}{K}\bigg/\frac{\bar{y}^{\frac{1}{\alpha+\beta}}}{\bar{K}}=0.7475415\ \frac{y^{1.01985}}{K} \tag{4－10}$$

引入势效系数以后，对各部门的数据均有恒等式：

$$y=A\ (r_lL)^{\alpha}\ (r_kK)^{\beta} \tag{4－11}$$

容易看出，r_l 是由劳动生产率 $p_l=\frac{y}{L}$ 演变而来，r_k 是由资金产值率 $p_k=\frac{y}{K}$ 演变而来，由它们象征活劳动投入 L 和资金投入 K 发挥效能的程度是合理的。

第二章还介绍了第三种势效系数——综合势效系数。它的一般定义为：

$$\gamma_c=\frac{y_{实际值}}{y_{理论值}} \tag{4－12}$$

表示整个经济系统或部门全部资源投入发挥效能的程度。具体到（4－2）式和（4－11）式的情形，自然认为 Y 的实际值应由（4－11）式表示，而当 $r_l=r_k=1$ 时为其理论值，代入（4－12）式就有：

$$r_c=r_l^{\alpha}r_k^{\beta} \tag{4－13}$$

该式表明，r_c 等于 r_l 和 r_k 的加权几何平均数，它通常在 r_l 和 r_k 之间取值。由于 β 远大于 α，所以 r_c 很接近 r_k，一般 r_c 和 r_k 有相类似的变动趋势。

若将各部门其他年份的数据代入（4－9）式、（4－10）式，算得相应的 r_l 和 r_k 的值，也能使（4－11）式严格成立，所以势效系数 r_l 和 r_k 计算公式的适用范围远远超出了建立经验（4－2）式时所用到的样本数据的取值范围（时间、部门划分），r_c 的情况也是这样。我们把1980年以后几年河北省工业各部门的上述三种势效系数的计算值分别列在表4－2、表4－3和表4－4中，供进一步分析研究使用。

表4－2　　工业各部门近年 r_l 的取值

部门	1980年	1984年	1985年	1986年	1987年	1987年名次
1	0.320937	0.312725	0.378878	0.410374	0.43808	37
2	6.502493	5.276954	4.318034	3.461253	0.717421	3
3	0.41594	0.579442	0.633799	0.677299	0.749173	29
4	0.393365	0.412785	0.510295	0.569162	0.726424	31
5	0.243533	0.262656	0.282118	0.33765	0.365885	38
6	1.184849	1.069674	0.938441	1.140911	0.620988	34
7	0.56985	0.614863	0.735867	0.875998	0.985995	21
8	1.54916	1.768702	1.681533	1.643742	1.896096	11
9	0.925899	1.201596	1.175709	1.236105	1.574803	16
10	5.111479	5.735039	5.714133	7.272337	9.261621	1
11	0.99013	1.256192	1.623573	1.980472	2.427102	6
12	1.320495	1.327756	1.524214	1.490514	1.598783	15
13	0.811752	0.747711	0.798122	0.827626	0.915313	25
14	0.620981	0.588181	0.768987	0.84911	0.967868	22
15	0.36608	0.504153	0.585044	0.614453	0.765007	28
16	0.825512	0.46437	0.528608	0.590942	0.734335	30
17	0.457637	0.867854	0.917269	1.006708	1.209946	19
18	0.334626	0.503363	0.566201	0.633821	0.802906	26
19	0.334626	0.377925	0.421714	0.543331	0.615238	35
20	0.349769	0.310262	0.689795	0.554532	0.58684	36
21	2.129913	2.589689	2.840989	2.75509	2.992108	4
22	1.783771	5.182331	5.233064	7.147445	8.106217	2
23	1.696104	1.699475	1.974878	2.175759	2.008677	9
24	0.916408	1.194797	1.132446	1.290696	1.735192	13
25	1.493724	1.881224	1.897059	2.220484	2.765926	5
26	1.012192	1.067071	1.309159	1.401417	1.835796	12
27	1.088194	1.242432	1.293773	1.403289	1.635053	14

续表

部门	1980 年	1984 年	1985 年	1986 年	1987 年	1987 年名次
28	0. 681786	0. 82289	0. 889924	0. 931328	1. 234553	18
29	0. 408199	0. 480149	0. 561532	0. 645952	0. 722978	32
30	1. 07683	1. 381777	1. 63807	1. 752201	1. 969649	10
31	1. 000655	1. 545198	1. 610001	1. 787791	2. 409864	7
32	0. 455142	0. 654737	0. 720398	0. 792396	0. 927105	24
33	0. 400095	0. 632089	0. 765198	0. 805399	0. 956321	23
34	0. 467341	0. 703417	0. 953204	0. 81718	1. 039414	20
35	0. 610584	0. 823109	1. 014343	1. 128126	1. 273143	17
36	0. 582724	0. 955834	1. 019948	1. 188636	2. 098147	8
37	0. 277833	0. 490753	0. 540499	0. 680268	0. 794177	27
38	0. 506327	0. 442118	0. 453534	0. 495586	0. 684194	33

表 4－3　　　　工业各部门近年 r_k 的取值

部门	1980 年	1984 年	1985 年	1986 年	1987 年	1987 年名次
1	0. 487825	0. 456919	0. 460130	0. 467278	0. 417070	37
2	1. 785189	1. 849814	1. 171472	0. 942168	0. 766342	29
3	0. 520582	0. 687663	0. 768261	0. 868820	0. 670818	33
4	0. 460434	0. 505151	0. 571063	0. 619739	0. 692105	32
5	0. 545626	0. 521870	0. 519231	0. 762655	0. 734141	30
6	1. 532537	0. 890743	0. 683886	0. 922684	0. 424439	36
7	0. 340192	0. 288542	0. 262903	0. 280898	0. 260812	38
8	2. 776361	2. 506204	2. 211129	2. 250256	1. 532773	6
9	1. 366444	0. 911121	0. 855485	0. 929195	0. 810773	26
10	3. 085330	2. 041363	1. 731534	2. 272711	1. 285360	2
11	1. 621935	1. 162091	1. 436362	2. 303182	1. 633682	3
12	2. 763785	1. 898003	1. 995456	1. 984177	1. 469330	12
13	2. 696068	1. 808807	1. 809573	2. 036374	1. 542404	5
14	1. 430688	0. 844753	1. 064824	1. 313501	0. 859480	25
15	1. 106216	0. 699482	0. 784461	0. 881634	0. 916391	22
16	1. 105931	1. 039488	1. 083052	1. 159913	1. 018507	18

续表

部门	1980 年	1984 年	1985 年	1986 年	1987 年	1987 年名次
17	1. 219599	1. 159583	1. 225229	1. 373788	1. 211016	9
18	1. 293327	1. 169815	1. 141669	1. 194546	0. 946219	20
19	1. 088935	0. 996523	1. 020739	1. 491286	0. 986316	19
20	1. 297238	0. 818926	1. 811260	1. 768680	1. 174037	10
21	0. 556592	0. 552549	0. 560030	0. 523202	0. 537954	35
22	2. 026762	1. 699733	1. 694466	2. 362471	1. 916748	1
23	1. 191773	1. 181452	1. 251490	1. 636182	1. 114016	13
24	0. 825772	0. 980643	0. 845565	1. 060586	1. 091736	14
25	1. 697019	1. 865837	1. 601674	1. 817245	1. 551208	4
26	0. 589963	0. 817951	1. 076299	0. 872976	0. 913527	23
27	1. 719267	1. 497436	1. 476369	1. 742775	1. 365841	8
28	1. 303755	1. 112709	1. 072791	1. 211519	1. 052278	17
29	0. 941850	0. 896636	0. 846099	1. 187829	0. 918881	21
30	0. 881045	1. 056566	1. 208538	1. 230226	1. 127675	12
31	1. 016374	0. 717370	0. 772709	0. 793376	0. 767285	28
32	1. 108752	1. 213116	1. 228521	1. 471028	1. 154340	11
33	0. 512607	0. 710749	0. 803790	0. 862742	0. 779051	27
34	0. 518576	0. 695859	0. 830459	0. 681774	0. 654590	34
35	0. 858563	1. 024221	1. 171432	1. 368625	1. 069558	16
36	0. 840418	1. 021281	0. 805540	0. 857200	0. 888106	24
37	0. 426272	0. 669730	0. 670749	0. 801692	0. 694321	31
38	1. 361480	1. 192650	1. 170165	1. 530060	1. 077004	15

表 4－4　　　　工业各部门近年 r_c 的取值

部门	1980 年	1984 年	1985 年	1986 年	1987 年	1987 年名次
1	0. 466077	0. 439503	0. 454361	0. 465543	0. 427216	37
2	2. 122273	2. 122716	1. 406823	1. 135718	0. 965020	21
3	0. 510623	0. 675973	0. 751301	0. 840787	0. 686793	34
4	0. 457055	0. 497370	0. 568120	0. 617984	0. 701911	32
5	0. 492067	0. 479194	0. 482055	0. 682533	0. 668707	35

续表

部门	1980 年	1984 年	1985 年	1986 年	1987 年	1987 年名次
6	1. 465062	0. 916378	0. 720774	0. 952554	0. 455662	36
7	0. 373582	0. 329307	0. 312517	0. 338683	0. 323670	38
8	2. 504306	2. 342346	2. 093816	2. 117934	1. 566932	5
9	1. 285326	0. 949538	0. 897917	0. 969203	0. 944921	22
10	3. 243868	2. 332941	2. 031334	2. 640490	2. 277946	2
11	1. 497475	1. 171644	1. 451429	2. 217791	1. 712185	3
12	2. 438586	1. 781298	1. 894554	1. 879572	1. 476044	6
13	2. 228220	1. 576288	1. 591596	1. 766233	1. 419694	7
14	1. 261231	0. 804862	1. 015256	1. 227691	0. 876751	28
15	0. 961314	0. 672209	0. 755868	0. 839418	0. 894601	26
16	0. 942672	0. 925880	0. 976163	1. 050457	0. 971709	20
17	1. 149086	1. 109408	1. 170929	1. 306077	1. 206359	11
18	1. 109561	1. 034024	1. 030288	1. 087489	0. 925296	23
19	0. 918667	0. 867820	0. 899415	1. 281182	0. 922324	24
20	1. 070512	0. 715788	1. 560028	1. 482345	1. 060109	16
21	0. 681800	0. 608343	0. 714085	0. 671578	0. 695550	33
22	1. 962983	1. 972342	1. 969958	2. 720855	2. 325034	1
23	1. 249051	1. 240333	1. 329845	1. 687844	1. 209238	10
24	0. 841264	1. 009060	0. 884441	1. 089476	1. 164369	12
25	1. 649333	1. 845484	1. 625854	1. 848347	1. 670321	4
26	0. 643782	0. 852909	1. 105221	0. 936449	1. 010969	17
27	1. 593741	1. 446658	1. 437871	1. 671548	1. 392880	8
28	1. 182436	1. 063604	1. 043132	1. 162541	1. 075474	15
29	0. 836900	0. 821927	0. 800621	1. 085295	0. 889436	27
30	0. 908876	1. 096634	1. 257492	1. 288699	1. 218232	9
31	1. 013795	0. 805570	0. 997553	0. 894920	0. 908074	25
32	0. 974502	1. 106751	1. 133873	1. 336653	1. 115668	13
33	0. 501275	0. 703613	0. 801567	0. 856775	0. 808087	29
34	0. 517507	0. 701869	0. 850025	0. 704864	0. 705030	31
35	0. 820235	0. 992303	1. 144080	1. 323292	1. 095051	14
36	0. 800335	1. 011260	0. 836643	0. 900830	1. 006345	19
37	0. 407725	0. 645683	0. 655475	0. 786498	0. 712806	30
38	1. 175177	1. 031633	1. 025735	1. 291997	1. 008030	18

二 初步分析

第一组 7 个工业部门的近几年的 r_l 和 r_k 的取值分别用折线连接画在图 4 -4 和图 4 -5 中。

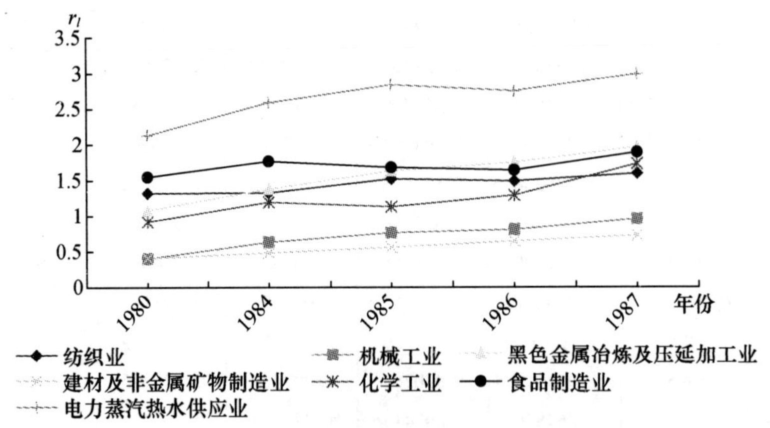

图 4 -4 第一组 7 个工业部门 r_l 值比较

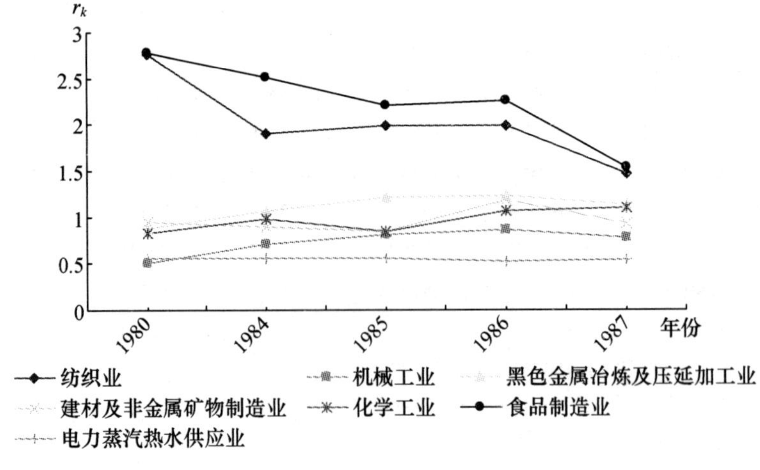

图 4 -5 第一组个 7 工业部门 r_k 值比较

可以看出，r_l 折线都呈上升趋势，这反映了各行业都由于科学技术的进步使活劳动的投入效能在明显提高。技术密集的电力部门和黑

色冶金部门的 r_l 折线位于最上方，手工劳动比重较大的建材及非金属矿物制造业的 r_l 折线位于最下方，说明 r_l 的取值很大程度上由部门的技术装备水平决定。食品制造业和纺织业的 r_l 值也很高，反映了轻纺工业有较高的劳动投入效能。在 r_k 折线图上食品制造业和纺织业的 r_k 折线位于最上方，说明这两个部门资金投入的效益较高。1980 年以来，它们又都呈下降趋势，反映了当时各地方都大力发展食品工业、大力发展轻纺工业，平均的技术水平下降，造成总体上投资效益下降的事实。电力部门 r_k 折线位于下方，主要是由于电价过低造成的。

在 r_l 和 r_k 的折线图上机械工业的折线都很低，主要反映了河北省在和天津分开后省内机械工业基础太差，技术水平和管理水平都较落后的现状。1980 年以后，机械工业的状况有所改善，它的 r_l 和 r_k 折线都呈上升趋势。

图 4－6（*a*）、（*b*）、（*c*）、（*d*）分别画出了四个组各工业部门的 r_c 折线图，使我们对全省工业系统的运行状况有一个较全面的了解。

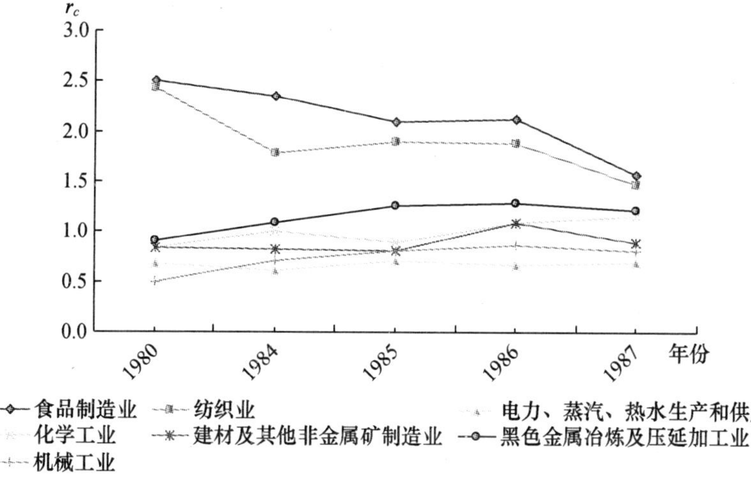

图 4－6（a） 第一组 7 个部门 r_c 值比较

由于 r_c 接近 r_k 的值，所以图 4－6（a）和图 4－5 的结构走向类似。在余下的三组中，较好的部门有石油加工业、医药工业和烟草加工业等。煤炭开采业和黑色金属矿物采选业是河北省重要的基础工业部门，但它们的 r_c 折线都很低，基本原因是价格规定上的原因，对河北省的经济造成很大的压力。

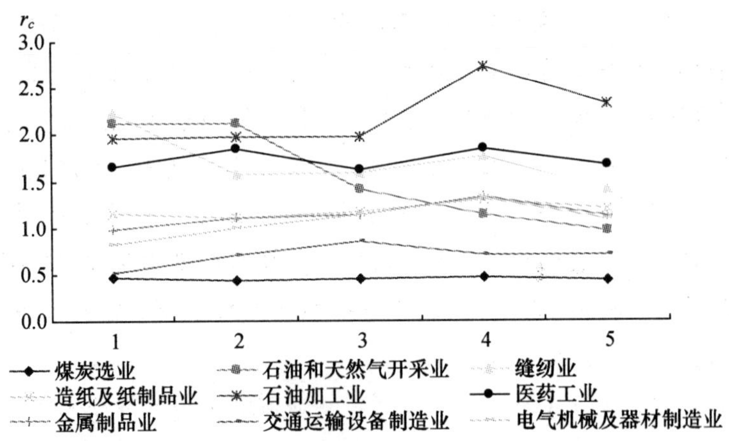

图 4－6（b） 第二组 9 个部门 r_c 值比较

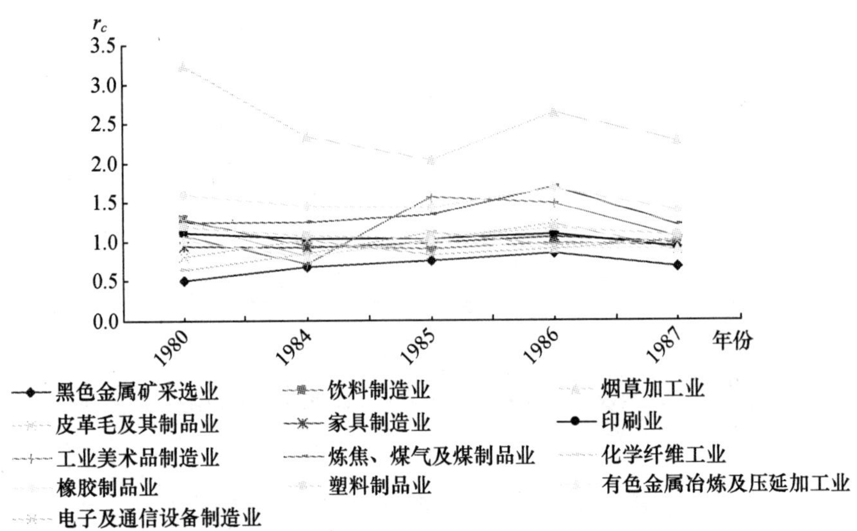

图 4－6（c） 第三组 13 个部门 r_c 值比较

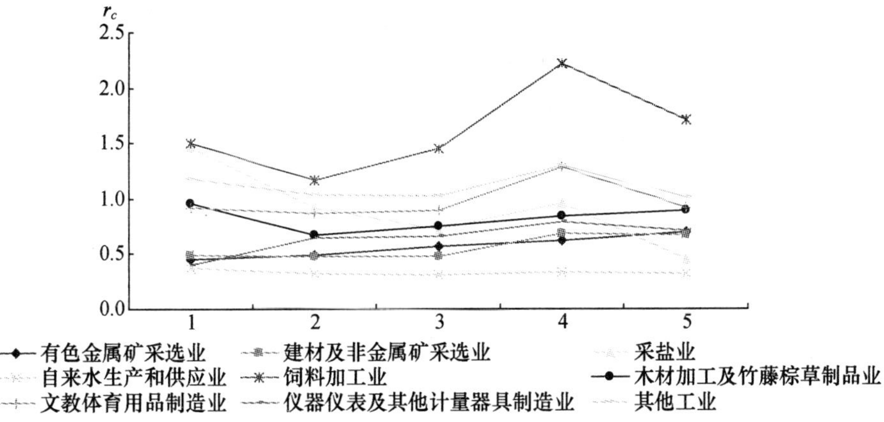

图 4-6（d）　第四组 9 个部门 r_c 值比较

石油天然气开采业和采盐业也是河北省重要的工业原料产业，但它们的 r_c 折线急剧下降，对河北省的石油加工业和化学工业的发展极不利。石油天然气开采业的 r_c 折线下降，是由于华北油田的地质构造复杂，储量估计不准，产量波动过大造成的。

三　r_k 折线走向与行业规模的关系

我们把各部门每年的全部资金投入额 K 与 1985 年 38 个部门全部资金投入额的平均值 $\bar{K}=890661$ 千元的比值 $x=\dfrac{K}{\bar{K}}$ 作为横坐标，r_k 作为纵坐标，把第一、第二组 16 个部门历年的 r_k 值连线画在图 4-7 中，发现 r_k 的折线随 x 的增大而下降，并且这 16 个部门的 r_k 折线有向负指数曲线：

$$r_k=0.8+e^{0.764398-1.288059x} \qquad (4-14)$$

收敛的趋势。r_k 折线走向下降是经济过热投资效益下降的表现，r_k 折线向负指数曲线（4-14）式收敛是市场调节机制起作用所致。

除去这些共性之外，进一步研究图 4-7，还可以发现各部门在 r_k 折线的走向上实际上可以区分为几个层次。8 食品制造业和 12 纺织业明显地收敛于（4-14）式上方的另一条负指数曲线，而 35 电气机械及器材制造业、34 交通运输设备制造业、21 电力蒸汽热水供应业和 1

煤炭开采业则收敛于位于（4 - 14）式下方的又一条负指数曲线。我们还检查了第三、第四组各部门的 r_k 折线走向，发现它们也分别收敛于更下方的另外几条负指数曲线。

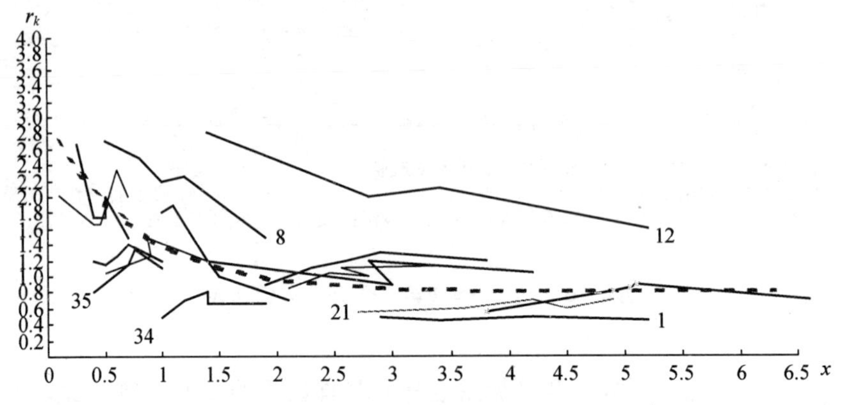

图 4 - 7　各部门资金规模、速度、效益

即工业系统各部门的 r_k 折线随着 x 值的增大都呈下降趋势，但分别收敛于不同的负指数曲线，这些负指数曲线构成一个曲线族，反映了工业系统运行机制上深层次的结构性的规律。

从资金使用的额度看，机械工业、煤炭开采业、纺织业、电力工业、建材工业、黑色冶金工业、化学工业是当年河北省投资的重点行业。提高这些行业的资金使用效益，对改善河北省工业系统的运行机制是至关重要的。

图 4 - 7 全面反映了工业各部门规模的大小，发展速度的快慢、效益的高低及其在整个工业系统中的地位，是一种很有价值的结构分析图。

第三节　经济效益指标的边际值

一　弹性系数的修正

对上一节的恒等式（4 - 11）式：

$y = A(r_l L)^{\alpha}(r_k K)^{\beta}$

引入 $\ell_1 = \frac{\ln r_l}{\ln L}$，$\ell_2 = \frac{\ln r_k}{\ln K}$，可以把一般性的弹性系数 α 和 β 修改为对每个部门任一年度都适用的弹性系数。

$$\alpha^* = \alpha\ (1 + \ell_1) \tag{4-15}$$

$$\beta^* = \beta\ (1 + \ell_2) \tag{4-16}$$

（4-11）式也可以修改为：

$$y = AL^{\alpha^*}K^{\beta^*} \tag{4-17}$$

（4-17）式自然也是恒等式，它可以看作以（4-2）式为总的平均状态的各部门每一年度的具体 CD 生产函数。所以（4-17）式实际上对应着一个函数族，每一个部门也有一个子函数族。可以援用第一节的方法作相应的分析研究。

注意到函数族（4-17）式中，常数 A 始终没有修改，修改的只是 α^* 和 β^*，这样便于在不同部门间和同一部门的不同年度进行比较，这一观点，请参阅本书参考文献［14］。

1987 年各部门的 α^* 和 β^* 的值列在表 4-5 中。

表 4-5　　1987 年各部门的 α^*、β^* 和劳动生产率、资金产值率及其边际值

部门	α^*	β^*	$\frac{y}{L}$	$\frac{y}{K}$	$S_l = \alpha^* \frac{y}{L}$	$S_k = \beta^* \frac{y}{K}$
1	0.1335	0.7901	5.0460	0.4186	0.6738	0.3307
2	0.1607	0.8224	43.0720	0.7736	6.9209	0.6362
3	0.1389	0.8131	8.8631	0.6915	1.2314	0.5622
4	0.1381	0.8130	8.7751	0.7284	1.2118	0.5922
5	0.1287	0.8163	4.4491	0.7778	0.5726	0.6349
6	0.1357	0.7806	7.5527	0.4498	1.0249	0.3511
7	0.1425	0.7481	12.1026	0.2789	1.7242	0.2087
8	0.1505	0.8628	21.7191	1.5298	3.2690	1.3199
9	0.1488	0.8250	18.4767	0.8288	2.7492	0.6838

续表

部门	α^*	β^*	$\frac{\gamma}{L}$	$\frac{\gamma}{K}$	$S_l=\alpha^*\frac{\gamma}{L}$	$S_k=\beta^*\frac{\gamma}{K}$
10	0. 1788	0. 8771	108. 7743	1. 8711	19. 4441	1. 6412
11	0. 1573	0. 8736	29. 3461	1. 7210	4. 6166	1. 5035
12	0. 1479	0. 8588	17. 9673	1. 4387	2. 6577	1. 2356
13	0. 1416	0. 8650	10. 6810	1. 5682	1. 5124	1. 3565
14	0. 1423	0. 8283	11. 4603	0. 8864	1. 6303	0. 7340
15	0. 1386	0. 8316	9. 3266	0. 9734	1. 2929	0. 8094
16	0. 1385	0. 8391	8. 7988	1. 0633	1. 2185	0. 8922
17	0. 1451	0. 8496	14. 1190	1. 2313	2. 0491	1. 0461
18	0. 1398	0. 8343	9. 5441	0. 9800	1. 3338	0. 8176
19	0. 1350	0. 8368	7. 5796	1. 0587	1. 0236	0. 8859
20	0. 1358	0. 8484	6. 9661	1. 2144	0. 9460	1. 0301
21	0. 1567	0. 8039	34. 3295	0. 5378	5. 3807	0. 4323
22	0. 1745	0. 8789	94. 3976	1. 9448	16. 4757	1. 7093
23	0. 1537	0. 8453	24. 1737	1. 1681	3. 7144	0. 9874
24	0. 1492	0. 8428	19. 7642	1. 1006	2. 9492	0. 9276
25	0. 1566	0. 8651	32. 1936	1. 5731	5. 0399	1. 3609
26	0. 1518	0. 8318	21. 9579	0. 9520	3. 3339	0. 7919
27	0. 1494	0. 8579	19. 2562	1. 4015	2. 8777	1. 2024
28	0. 1455	0. 8460	14. 5372	1. 0796	2. 1153	0. 9134
29	0. 1372	0. 8332	8. 2337	0. 9118	1. 1302	0. 7597
30	0. 1507	0. 8445	22. 3779	1. 1163	3. 3727	0. 9427
31	0. 1561	0. 8207	28. 7243	0. 7968	4. 4826	0. 6540
32	0. 1418	0. 8464	10. 7485	1. 1660	1. 5239	0. 9870
33	0. 1422	0. 8244	10. 8281	0. 7686	1. 5378	0. 6336
34	0. 1432	0. 8131	12. 1002	0. 6639	1. 7325	0. 5399
35	0. 1458	0. 8419	14. 8473	1. 0868	2. 1645	0. 9150
36	0. 1532	0. 8304	24. 7509	0. 9128	3. 7919	0. 7580
37	0. 1394	0. 8134	9. 5769	0. 7295	1. 3348	0. 5933
38	0. 1370	0. 8433	8. 3365	11. 5480	1. 1422	9. 7382

二　边际劳动生产率和边际资金产值率

对（4-17）式微分可得：

$$dy = \alpha^* \frac{y}{L}\mathrm{d}L + \beta^* \frac{y}{K}\mathrm{d}K \qquad (4-18)$$

（4-18）式是产值增量 dy 的构成公式。

我们已知道，$p_l = \frac{y}{L}$是劳动生产率，表示人均的产值水平，$p_k = \frac{y}{K}$是资金产值率，表示每单位资金投入可创产值的平均值。这两个经济参数是现在经济分析工作中常用的。

称 $s_l = \alpha^* \frac{y}{L}$为边际劳动生产率，表示在现有的生产条件下再增加一个单位的劳动投入可以指望得到的产值增量。同样，称 $s_k = \beta^* \frac{y}{K}$为边际资金产值率，表示在现有生产条件下再增加一个单位资金投入可能得到的产值增量。

很明显，劳动生产率和资金产值率是静态经济参数，而边际劳动生产率和边际资金产值率则是动态经济参数。在安排计划和组织生产活动时，后者更重要一些。

由于 α^* 远小于 1，边际劳动生产率的值远小于劳动生产率的值。β^* 也明显小于 1，所以边际资金产值率和资金产值率相比较也有明显差别。这样，单独计算出 α^* 和 β^* 的值来，就是很有意义的工作了。

1987 年各部门的劳动生产率和资金产值率以及它们的边际值也列在表 4-5 中，下节进行部门的比较分析时要用到这些资料。

三　有限增量意义下的边际经济参数

（4-18）式是微分公式，它和由它导出的边际劳动生产率和边际资金产值率理论上只在一个很小的微分变动率（即$\frac{\mathrm{d}y}{y}$、$\frac{\mathrm{d}L}{L}$和$\frac{\mathrm{d}K}{K}$的绝对值都很小）的范围内成立。实际经济活动的变动率通常都不能看成是无穷小量，我们需要研究有限增量的相应关系式，并借以估计（4-18）式和由它导出的边际经济参数的精确度。

α^* 和 β^* 的取值在相邻年度间变化很小，由下面的近似恒等式出发：

$$\Delta y = A\ (L + \Delta L)^{\alpha *}\ (K + \Delta K)^{\beta *} - AL^{\alpha *}K^{\beta *} = \left(1 + \frac{\Delta L}{L}\right)^{\alpha *}\left(1 + \frac{\Delta K}{K}\right)^{\beta *} y - y \tag{4-19}$$

为陈述方便，下面在书写时把 β 和 α 的上标星花略去，只要心中明确以后用到的 β 和 α 都对应各部门各年度的取值就可以了。

将 $\left(1 + \frac{\Delta L}{L}\right)^{\alpha}$ 和 $\left(1 + \frac{\Delta K}{K}\right)^{\beta}$ 按台劳级数展开：

$$\left(1 + \frac{\Delta L}{L}\right)^{\alpha} = 1 + \alpha\frac{\Delta L}{L} + \frac{\alpha(\alpha - 1)}{2}\left(\frac{\Delta L}{L}\right)^{2} + \frac{\alpha(\alpha - 1)(\alpha - 2)}{6}\left(\frac{\Delta L}{L}\right)^{3} + \cdots$$

$$\left(1 + \frac{\Delta K}{K}\right)^{\beta} = 1 + \beta\frac{\Delta K}{K} + \frac{\beta(\beta - 1)}{2}\left(\frac{\Delta K}{K}\right)^{2} + \frac{\beta(\beta - 1)(\beta - 2)}{6}\left(\frac{\Delta K}{K}\right)^{3} + \cdots$$

取上述展开式的前两项，代入（4－19）式就有：

$$\Delta y = \alpha\frac{\Delta L}{L}y + \beta\frac{\Delta K}{K}y + \frac{\alpha\ (\alpha - 1)}{2}\left(\frac{\Delta L}{L}\right)^{2}y + \frac{\beta\ (\beta - 1)}{2}\left(\frac{\Delta K}{K}\right)^{2}y + \alpha\beta\frac{\Delta L}{L}\frac{\Delta K}{K}y \tag{4-20}$$

（4－20）式中一次项部分为：

$$H_1 = \alpha\frac{y}{L}\Delta L + \beta\frac{y}{K}\Delta K \tag{4-21}$$

就是在（4－18）式中把 dL 修改为 ΔL，把 dK 修改为 ΔK 的结果，所以 H_1 就是 ΔY 的一次近似估计值。

（4－20）式中的二次部分为：

$$H_2 = \left[\frac{\alpha\ (\alpha - 1)}{2}\left(\frac{\Delta L}{L}\right)^{2} + \frac{\beta\ (\beta - 1)}{2}\left(\frac{\Delta K}{K}\right)^{2} + \alpha\beta\left(\frac{\Delta L}{L}\right)\left(\frac{\Delta K}{K}\right)\right]y \tag{4-22}$$

我们若取 $\alpha = 0.1427$，$\beta = 0.8378$，并令 $\frac{\Delta L}{L} = \frac{\Delta K}{K} = d$，代入（4－22）式就得：

$$H_2 = -0.009559875d^2y \tag{4-23}$$

同样，这一组数据代入（4－21）式，就有：

$$H_1 = 0.9805dy \tag{4-24}$$

$$\left|\frac{H_2}{H_1}\right| = 0.00975 | d |$$

由于$|d|$的取值通常远小于 1，Δy 主要由 H_1 体现，所以，（4－18）式的适用范围还是比较广的。

前面已经介绍了边际劳动生产率和边际资金产值率的一次估计值为：

$$s_l = \alpha \frac{y}{L} \tag{4-25}$$

$$s_k = \beta \frac{y}{K} \tag{4-26}$$

为写出 s_l 和 s_k 的二次估计值公式，将（4－22）式改写为：

$$H_2 = \alpha \left(\frac{\alpha - 1}{2} \times \frac{\Delta L}{L} + \frac{\alpha\beta}{\alpha + \beta} \times \frac{\Delta K}{K}\right) \frac{y}{L} \times \Delta L + \beta \left(\frac{\beta - 1}{2} \times \frac{\Delta K}{K} + \frac{\alpha\beta}{\alpha + \beta} \times \frac{\Delta L}{L}\right) \frac{Y}{K} \times \Delta K \tag{4-27}$$

所以，s_l 和 s_k 的二次估计式为：

$$s_l = \alpha \left(1 + \frac{\alpha - 1}{2} \times \frac{\Delta L}{L} + \frac{\alpha\beta}{\alpha + \beta} \times \frac{\Delta K}{K}\right) \frac{y}{L} \tag{4-28}$$

$$s_k = \beta \left(1 + \frac{\beta - 1}{2} \times \frac{\Delta K}{K} + \frac{\alpha\beta}{\alpha + \beta} \times \frac{\Delta L}{L}\right) \frac{y}{K} \tag{4-29}$$

为了对 s_l 和 s_k 的修正系数：

$$m_l = 1 + \frac{\alpha - 1}{2} \times \frac{\Delta L}{L} + \frac{\alpha\beta}{\alpha + \beta} \times \frac{\Delta K}{K} \tag{4-30}$$

$$m_k = 1 + \frac{\beta - 1}{2} \times \frac{\Delta K}{K} + \frac{\alpha\beta}{\alpha + \beta} \times \frac{\Delta L}{L} \tag{4-31}$$

的数量级有个感性认识，我们仍取$\frac{\Delta L}{L} = \frac{\Delta K}{K} = d$，$\alpha$ 和 β 的取值同之前的取值一样，列出一组计算结果。

表 4-6　　m_l 和 m_k 的值

d	0.01	0.03	0.05	0.10	0.15	0.20
m_l	0.996933	0.990799	0.984665	0.969328	0.953992	0.938656
m_k	0.999592	0.998775	0.997958	0.995915	0.993873	0.991830

第四节　部门间经济效益的比较

由于生产要素投入不同的生产部门发挥效能的程度不同，在资源有限的情况下，就要考虑生产要素投向各部门的优先顺序，其重要性在计划工作中是不言自明的。

这一节先以资金投入为例，讨论部门间经济效益的比较方法，劳动投入的类似结果，稍后也给出。

部门间经济效益的比较常用部门间的替代关系来表示。[91-101]

一　部门间的替代关系——微分形式

我们把部门间的替代关系区分为两种，相当替代和相抵替代。为条理清楚，仅讨论两部门间的替代关系，这两个部门的序号简记为部门 1 和部门 2。

（一）相当替代

设部门 1 增加投资 dk_1 引起的产值增量为 dy_1，部门 2 增加投资 dk_2 引起的产值增量为 dy_2，当 $dy_1 = dy_2$ 时，比值 $\frac{dk_2}{dk_1}$ 称为此二部门间投资增量的相当替代关系。

由（4-18）式，$dy_1 = s_{k_1} \times dk_1$，$dy_2 = s_{k_2} \times dk_2$，由 $dy_1 = dy_2$，导出：

$$\frac{dk_2}{dk_1} = \frac{s_{k_1}}{s_{k_2}} \tag{4-32}$$

（二）相抵替代

称总产值不变条件下，两部门投资的此长彼消的替代关系为相抵替代，即若令 $dy = dy_1 + dy_2 = 0$，当有 $s_{k_1}dk_1 + s_{k_2}dk_2 = 0$，于是有：

$$\frac{d\mathrm{k}_2}{d\mathrm{k}_1} = -\frac{\mathrm{s}_{\mathrm{k}_1}}{\mathrm{s}_{\mathrm{k}_2}} \tag{4-33}$$

（4－33）式和（4－32）式仅相差一个负号，表4－7是第一组，七个工业部门1987年投资的微分形式相当替代关系。

（4－32）式和（4－33）式都是微分关系式，通常在变动率不大的情况下适用，往往不能满足实际工作的需要，我们下面给出有限增量形式下的两种替代关系的表达式，这时，两种替代关系有重大的差异。

表4－7　　1987年工业部门边际替代关系$\frac{\mathbf{d}k_2}{\mathbf{d}k_1}=\frac{s_{k_1}}{s_{k_2}}$

部门	8	12	21	24	29	30	33
8	1	0.9361	0.3275	0.7027	0.5755	0.7142	0.4800
12	1.0681	1	0.7383	0.7506	0.6148	0.7629	0.5128
21	3.0531	1.3543	1	2.1456	1.7572	2.1807	1.4657
24	1.4229	1.3321	0.4660	1	0.8189	1.0163	0.6831
29	1.7374	1.6265	0.5690	1.2210	1	1.2409	0.8340
30	1.4006	1.3106	0.4585	0.9839	0.8058	1	0.6721
33	2.0830	1.9500	0.6822	1.4638	1.1989	1.4878	1

二　部门间的替代关系——有限增量形式

（一）相当替代

此时，两个部门的弹性系数 α 和 β 都带下标。

$$\Delta y_1 = AL_1^{\alpha_1}\ (k_1+\Delta k_1)^{\beta_1} - AL_1^{\alpha_1}K_1^{\beta_1} = y_1\left[\left(1+\frac{\Delta k_1}{k_1}\right)^{\beta_1} - 1\right] \tag{4-34}$$

$$\Delta y_2 = y_2\left[\left(1+\frac{\Delta k_2}{k_2}\right)^{\beta_2} - 1\right] \tag{4-35}$$

由 $\Delta y_1 = \Delta y_2$ 导出：

$$y_1\left[\left(1+\frac{\Delta k_1}{k_1}\right)^{\beta_1} - 1\right] = y_2\left[\left(1+\frac{\Delta k_2}{k_2}\right)^{\beta_2} - 1\right]$$

$$\frac{\Delta k_2}{\Delta k_1} = \frac{k_2}{\Delta k_1}\left[\left\{1+\frac{y_1}{y_2}\left[\left(1+\frac{\Delta k_1}{k_1}\right)^{\beta_1} - 1\right]\right\}^{\frac{1}{\beta_2}} - 1\right] \tag{4-36}$$

用洛必达法则易证有极限。

$$\lim_{\Delta k_1 \to 0} \frac{\Delta k_2}{\Delta k_1} = \frac{\beta_1 \dfrac{y_1}{k_1}}{\beta_2 \dfrac{y_2}{k_2}} = \frac{s_{k_1}}{s_{k_2}}$$

正好是（4－32）式的结果。

（二）相抵替代

由 $\Delta y = \Delta y_1 + \Delta y_2 = 0$ 导出：

$$y_1 \Big[\Big(1 + \frac{\Delta k_1}{k_1}\Big)^{\beta_1} - 1 \Big] + y_2 \Big[\Big(1 + \frac{\Delta k_2}{k_2}\Big)^{\beta_2} - 1 \Big] = 0$$

$$\frac{\Delta k_2}{\Delta k_1} = \frac{k_2}{\Delta k_1} \Big[1 - \frac{y_1}{y_2} \Big[\Big(1 + \frac{\Delta k_1}{k_1}\Big)^{\beta_1} - 1 \Big] \Big\}^{\frac{1}{\beta_2}} - 1 \Big] \tag{4-37}$$

同样，可以证明极限关系：

$$\lim_{\Delta k_1 \to 0} \frac{\Delta k_2}{\Delta k_1} = -\frac{s_{k_1}}{s_{k_2}}$$

正是（4－33）式的结果。

（4－36）式和（4－37）式是有重大差别的，这是我们把替代关系区分为两类的原因。

三　劳动投入的相应结果

只要改变相应符号，就可以得到和资金投入类似的关系式，微分形式下的相当替代关系为：

$$\frac{dL_2}{dL_1} = \frac{s_{L_1}}{s_{L_2}} \tag{4-38}$$

相抵替代关系为：

$$\frac{dL_2}{dL_1} = -\frac{s_{L_1}}{s_{L_2}} \tag{4-39}$$

有限增量形式下的相当替代关系为：

$$\frac{\Delta L_2}{\Delta L_1} = \frac{L_2}{\Delta L_1} \Big[\Big\{ 1 + \frac{y_1}{y_2} \Big[\Big(1 + \frac{\Delta L_1}{L_1}\Big)^{\alpha_1} - 1 \Big] \Big\}^{\frac{1}{\alpha_2}} - 1 \Big] \tag{4-40}$$

相抵替代关系为：

$$\frac{\Delta L_2}{\Delta L_1}=\frac{L_2}{\Delta L_1}\left[\left\{1-\frac{y_1}{y_2}\left[\left(1+\frac{\Delta L_1}{L_1}\right)^{\alpha_1}-1\right]\right\}^{\frac{1}{\alpha_2}}-1\right] \tag{4-41}$$

同样可证明，当 ΔL_1 趋于零时，（4－40）式和（4－41）式分别以（4－38）式和（4－39）式为极限。

表 4－8 列出了 1987 年第一组，七个工业部门活劳动投入的微分形式下的相当替代关系的数值。

表 4－8　　1987 年工业部门边际替代关系 $\frac{dL_2}{dL_1}=\frac{s_{L_1}}{s_{L_2}}$

部门	8	12	21	24	29	30	33
8	1	0.8129	1.6459	0.9021	0.3457	1.0317	0.4704
12	1.2300	1	2.0246	1.1096	0.4252	1.2690	0.5786
21	0.6075	0.4939	1	0.5481	0.2100	0.6268	0.2858
24	1.1084	0.9011	1.8244	1	0.3832	1.1436	0.5214
29	2.8923	2.3514	4.7606	2.6093	1	2.9810	1.3606
30	0.9692	0.7879	1.5953	0.8744	0.3351	1	0.4559
33	2.1257	1.7282	3.4989	1.9177	0.7349	2.1931	1

第五节　资源配置问题

这一节讨论一种结构最简单的资源配置问题。由于过于简单，自然不能做出多少把握程度很大的结论，但也确实发现了一些很有意思的现象。这就使我们增强了信心，即可以用势分析工具去研究更加贴近实际情况的资源配置模型。[102－110]

一　基本模型

考虑如下数学模型：

$$\max y = AL^{\alpha}K^{\beta} \tag{4-42}$$

满足约束条件 $L+K=C$

式中，L 为全部劳动投入，表现为工资支付，K 为全部资金投入，

y 为总产值。都以千元为单位。

A 是结构参数，α、β 分别为 L 和 K 的弹性系数，利用1985年工业普查统计数据计算得：

$A = 1.944996284$，$\alpha = 7.8332853 \times 10^{-2}$，$\beta = 0.888415983$

理论上看，生产函数反映生产要素最佳配置时的投入产出关系，但实际上（4－42）式只能由统计资料确定其参数，即为经验公式。若把实际数据代入（4－42）式，等式关系并非成立，而存有一偏差额，即 $y = AL^{\alpha}K^{\beta} + d$。$d$ 可解释为：在各个部门具体生产条件下，生产要素中的工资投入 L 和资金投入 K 发挥效能的程度不尽相同。

只要引入势效系数 r_l、r_k 作为 L 和 K 发挥效能的度量，就可以使（4－42）式化为恒等式。

$$y = A(r_l L)^{\alpha}(r_k L)^{\beta} = AL^{\alpha^*}K^{\beta^*} \tag{4-43}$$

式中，$\alpha^* = \alpha\ (1 + \ell_1)$，$\ell_1 = \frac{\ln r_l}{\ln L}$，$\beta^* = \beta\ (1 + \ell_2)$，$\ell_2 = \frac{\ln r_k}{\ln K}$，则资源最佳配置的数学模型是：

$$\max y = AL^{\alpha^*}K^{\beta^*} \tag{4-44}$$

$$L + K = C$$

建立拉格朗日函数：

$$\varphi = AL^{\alpha^*}K^{\beta^*} + \lambda(L + K - C) \tag{4-45}$$

将 φ 对 L、K 和 λ 求偏导数，并使其为0，可求得（4－44）式最优解为：

$$L^* = \frac{\alpha^*}{\alpha^* + \beta^*}C,\ K^* = \frac{\beta^*}{\alpha^* + \beta^*}C \tag{4-46}$$

这就是解等式约束的拉格朗日乘子法。

从各部门各年度资金最优配置 L^*，K^* 和最优产值 y^* 为基准计算相应的新的势效系数（可以称为第二类势效系数）r_l^*，r_k^*：

$$r_l^* = \frac{y^{\frac{1}{\alpha^* + \beta^*}}}{L} \Big/ \frac{y^{*\frac{1}{\alpha^* + \beta^*}}}{L^*}$$

$$r_k^* = \frac{y^{\frac{1}{\alpha^* + \beta^*}}}{K} \Big/ \frac{y^{*\frac{1}{\alpha^* + \beta^*}}}{K^*} \tag{4-47}$$

r_l^*、r_k^* 满足关系：

$$r_l^{*\alpha^*} \times r_k^{*\beta^*} \equiv 1 \tag{4-48}$$

这是因为已有 $y \equiv AL^{\alpha^*}K^{\beta^*}$，$y^* \equiv AL^{*\alpha^*}K^{*\beta^*}$，所以 $r_\ell^{*\alpha^*} \times r_k^{*\beta^*} = \frac{A}{A}$ $=1$。

（4－48）式表明，（4－47）式定义的 r_l^*、r_k^* 之间有严格的此长彼消的依存关系。这和由（4－9）式和（4－10）式定义的第一类势效系数 r_l、r_k 有很大区别。由第二节我们知道，第一类势效系数 $r_c = r_l^\alpha r_k^\beta$ 为综合势效系数，是反映整个系统效能的一个可变动的量。

二　初步分析意见

通过大量的计算及图表分析，经最佳选择的 L^*，K^* 与实际值 L、K 略有增减，相应的目标函数——总产值 y^* 为最优值。这是我们希望得到的结果。同时 L^*，K^* 的势效系数 r_l^*，r_k^* 与原 r_l 与 r_k 有着不同的性状。

第一，尽管 L^* 与 L，K^* 与 K 有很大变动，，但由于全部资金投入额未变，所以在优化过程中出现 L 的增加（减少），势必造成 K 同步的减少（增加），即 $L^* + K^* = L + K$ 成立。由于 $\beta > \alpha$，也有 $\beta^* > \alpha^*$，两者相差一个数量级。由（4－48）式对各部门各年度的数据计算，r_k^* 的变化范围是 1 ± 0.02，即 $r_k^* \approx 1$，而 r_l^* 的变化范围却大得多。这一点表明，讨论问题的思路是投资总额不变的条件下，分析 r_l^* 的变化趋势可得出有益的决策依据。

第二，当 r_l^* 折线全部落在 r_k^* 折线下方时表明：在满足约束条件中缩减 L 值（$L^* < L$）时，使总产值可达到最大化（即 $y^* > y$），而且 r_l^* 的变化趋势越远离 r_k^*，表明工资投入 L 缩减幅度越大；反之，r_l^* 从下方逼近 r_k^* 时，表明 L 缩减幅度越小。例如煤炭开采业、黑色金属矿采选业、金属制品业、纺织业、缝纫业、印刷业等行业，均属于取最佳资源配置 L^*、K^* 时，势效系数 r_l^* 位于 r_k^* 下方，这类部门应调整企业结构，对于能耗大，人员素质低，又不是国民经济所必需的企业，若能适当停、转，减少工资投入而用于增加生产投资，可取得较好的经济效益。

其中，金属制品业的数据表4－9，折线图略去。

表4－9　　　　金属制品业　　　　单位：千元

年份	实际工资投入（L）	理想工资投入（L^*）	工资投入变化率	实际资金投入（K）	理想资金投入（K^*）	实际总产值（y）	理想总产值（y^*）
1980	54406	38395	-0.29	434370	450381	496579	498804
1985	99845	68725	-0.31	774299	805419	967901	973206
1986	119853	67771	-0.43	754340	806422	1125710	1143751
1987	132787	105872	-0.20	1197800	1224715	1396680	1398142

第三，当 r_l^* 折线全部落在 r_k^* 折线上方时，表示在全部投资额不变的条件下，应当增加劳动投入，即增加工资额（$L^* > L$），可使总产值达到最大化（$y^* > y$），而 r_l^* 上升趋势表明 L 值应增大的程度。具体地说，如石油加工业、化学工业、医药工业、黑色金属冶炼及压延加工业、交通运输设备制造业、采盐业、自来水生产和供应业等部门，从数据及图表中势效系数变化趋势，明显看出，这些部门可以考虑压缩资金投入，而发展技术条件具备的地方小企业，略增加劳动投入后可有明显经济效益。如石油加工业从表4－10对应的折线图可说明同样结果。

表4－10　　　　石油加工业　　　　单位：千元

年份	实际工资投入（L）	理想工资投入（L^*）	工资投入变化率	实际资金投入（K）	理想资金投入（K^*）	实际总产值（y）	理想总产值（y^*）
1980	6066	7664	0.26	85368	83770	182027	182211
1985	11130	32535	19.2	351656	33025	611850	635745
1986	15099	34445	12.8	376160	356814	905430	927823
1987	18210	52977	19.0	574510	539743	1117290	1160788

第四，有些部门各年度工资投入变化很大，相应的势效系数 r_l^* 出现在 r_k^* 附近，上下摆动。这种情况，一般出现在生产总规模不大

的行业，例如炼焦、煤气及煤制品工业、橡胶制品业、食品制造业、电气机械及器材制造业、塑料制品业等部门。由于资金周转差，技术设备等因素的影响，出现各年度劳动投入额都有增减，问题较复杂有待进一步研究，但从势效系数 r_l^* 的变化趋势，可得到一些直观明确的描述。

例如，炼焦煤气及煤制品工业见表 4 – 11。

表 4 – 11 **炼焦煤气及煤制品工业** 单位：千元

年份	实际工资投入（L）	理想工资投入（L^*）	工资投入变化率	实际资金投入（K）	理想资金投入（K^*）	实际总产值（y）	理想总产值（y^*）
1980	4207	8394	0.99	92370	88183	116814	118709
1985	7821	11607	0.48	129877	126091	171173	171991
1986	12178	9461	–0.22	106790	109507	183750	184070
1987	15507	16068	0.036	182320	181759	212970	212699

资源最佳配置的势效系数 r_l^* 也能反映该部门资金投入不足，或使用不当等信息，可供决策部门进行定量分析参考。

从势效系数折线图中，还可看到一个有趣的规律，多数部门 r_l^* 的变化趋势为上升的，r_k^* 的变化趋势为下降的；反之亦然。故从图面上可见 r_l^* 与 r_k^* 近似成为对称图形（见表 4 – 12）。

表 4 – 12 **橡胶制品业** 单位：千元

年度	实际工资投入（L）	理想工资投入（L^*）	工资投入变化率	实际资金投入（K）	理想资金投入（K^*）	实际总产值（y）	理想总产值（y^*）
1980	14820	15326	0.034	172516	172010	308720	308325
1985	26722	25941	–0.029	293124	293905	447141	446563
1986	33072	24826	–0.25	279400	287646	501960	503306
1987	37601	39954	0.062	451810	449457	633220	632479

三　最优性与调整方向的判据

前面我们提到，当 $r_l^* < r_k^*$ 时，应当减少 L 增大 K；而当 $r_l^* > r_k^*$ 时，应相反方向调整，即增大 L 或减少 K。

由于

$$r_l^* = \frac{L^*}{L} \times \left(\frac{y}{y^*}\right)^{\frac{1}{\alpha^* + \beta^*}}$$

$$r_k^* = \frac{K^*}{K} \times \left(\frac{y}{y^*}\right)^{\frac{1}{\alpha^* + \beta^*}}$$

于是有如下等价关系：

$$r_l^* > (<) r_k^* \Leftrightarrow \frac{L^*}{L} > (<) \frac{K^*}{K} \Leftrightarrow \frac{K}{L} > (<) \frac{K^*}{L^*}$$

再由（4－46）式$\frac{K^*}{L^*} = \frac{\beta^*}{\alpha^*}$于是我们得到简化的判别条件：

第一，若$\frac{K}{L} < \frac{\beta^*}{\alpha^*}$则应减少 L 或增大 K；

第二，若$\frac{K}{L} > \frac{\beta^*}{\alpha^*}$则应增大 L 或减少 K；

第三，若$\frac{K}{L} = \frac{\beta^*}{\alpha^*}$资源配置已是最优比例。

处在第一、第二两种情况时，还应由（4－46）式计算出最优的资源配置比例。

表 4－13 为各年度，各部门的$\frac{\beta^*}{\alpha^*}$值供参考。

表 4－13　　各部门的$\frac{\beta^*}{\alpha^*}$值

序号	部门	$\frac{\beta^*}{a^*}$			
		1980 年	1985 年	1986 年	1987 年
1	煤炭采选业	11.8286	11.9410	12.0637	11.9270
2	石油和天然气开采业	9.8282	10.2574	10.4906	10.3325
3	黑色金属矿采选业	11.5642	11.7577	11.9419	11.6969

续表

序号	部门	$\frac{\beta^*}{a^*}$			
		1980 年	1985 年	1986 年	1987 年
4	有色金属矿采选业	11.5202	11.7917	11.9818	11.9175
5	建材及非金属矿采选业	11.9784	12.0948	12.6871	12.6088
6	采盐业	11.2294	11.1426	10.7728	10.8849
7	自来水生产和供应业	10.5486	10.5020	10.7301	10.6798
8	食品制造业	11.2788	11.1967	11.5751	11.2312
9	饮料制造业	11.2437	10.8705	10.9806	10.7881
10	烟草加工业	10.0161	9.8164	9.5094	9.4003
11	饲料加工业	11.0542	10.6881	11.2865	10.7983
12	纺织业	11.5119	11.3601	11.5942	11.4147
13	缝纫业	11.9236	11.8416	12.0299	11.7540
14	皮革毛皮及其制品业	11.6423	11.4343	11.7374	11.2227
15	木材加工及竹藤棕草制品业	12.0338	11.5319	12.0610	11.8138
16	家具制造业	12.1066	11.9275	11.9515	11.6835
17	造纸及纸制品业	11.2462	11.4423	11.5695	11.3614
18	印刷业	11.9720	11.9098	11.9460	11.6071
19	文教体育用品制造业	12.3878	12.1958	12.5811	11.9128
20	工艺美术品制造业	12.1504	11.7688	12.2271	12.0090
21	电力、蒸汽、热水生产和供应业	9.9892	10.1357	10.3090	10.3977
22	石油加工业	10.9308	10.1508	10.3538	10.1882
23	炼焦、煤气及煤制品业	10.5061	10.8636	11.5747	11.3116
24	化学工业	10.9451	11.0180	11.2796	11.1988
25	医药工业	11.0185	11.1456	11.2436	11.0350
26	化学纤维工业	10.5758	11.0693	11.2955	11.1663
27	橡胶制品业	11.2237	11.3298	11.5863	11.2494
28	塑料制品业	11.4078	11.3034	11.5869	11.2917
29	建材及其他非金属矿制造业	11.8455	11.6767	11.9376	11.6791
30	黑色金属冶炼及压延加工业	11.0197	11.1546	11.2424	11.1832
31	有色金属冶炼及压延加工业	10.9768	10.5902	10.7194	10.5305
32	金属制品业	11.7302	11.7194	11.8993	11.5679

续表

序号	部门	$\frac{\beta^*}{a^*}$			
		1980 年	1985 年	1986 年	1987 年
33	机械工业	11.3321	11.4002	11.5917	11.4705
34	交通运输设备制造业	11.2752	11.3338	11.1026	10.8608
35	电气机械及器材制造业	11.2922	11.3836	11.3909	11.0967
36	电子及通信设备制造业	11.3247	11.0599	10.8258	10.3553
37	仪器仪表及其他计量器具制造业	11.6491	11.6870	11.4342	11.1452
38	其他工业	11.8898	12.2250	13.0439	11.9974

第六节　一个非标准 CD 生产函数模型的分析

本节讨论（4－5）式的模型：

$$Q = A_4 L_2^{-\alpha_4} K^{\beta_4}$$

式中，Q 为利税总额，L_2 为工资总额，K 仍为全部资金投入。为讨论方便，在本节中将 A_4、α_4、β_4 的下标 4 略去，即将（4－5）式改写为：

$$Q = AL_2^{-\alpha} K^{\beta} \qquad (4-49)$$

第一节已经说明，利用 1985 年的资料，计算得到：$A = 0.22994360$，$\alpha = 0.36870594$，$\beta = 1.27643440$。

（4－49）式或（4－5）式中，活劳动投入 L_2 的弹性系数为负值，是不符合 CD 生产函数的规格的。在第一节已说明，我们仅把它们看成是经验生产函数，弹性系数为负不过是资料所揭示的客观现实的一种反映，是可以以此为基础进行经济活动分析的。

一　几种参数的计算

利用 1985 年统计资料，各经济变量的平均值分别为：

$\bar{Q} = 155254$ 千元，$\bar{L}_2 = 76371$ 千元，$\bar{K} = 890661$ 千元，

算得：

$$r_l=\frac{\bar{Q}^{\frac{1}{\alpha+\beta}}\bar{L}_2}{Q^{\frac{1}{\alpha+\beta}}L_2}=\frac{109220975.5}{L_2Q^{0.60785088}} \tag{4-50}$$

$$r_k=\frac{Q^{\frac{1}{\alpha+\beta}}}{K}\Big/\frac{\bar{Q}^{\frac{1}{\alpha+\beta}}}{\bar{K}}=622.7777432\frac{Q^{0.60785088}}{K} \tag{4-51}$$

由于 L_2 的弹性系数为负，所以（4－49）式是个分式函数，作为劳动投入代表项的工资额 L_2 的势效系数 r_l 的计算公式是和普通 CD 生产函数不同的。同样，综合势效系数应修改为：

$$r_c=\frac{r_k^{\beta}}{r_l^{\alpha}} \tag{4-52}$$

将 r_l 和 r_k 引入（4－49）式，可得恒等式：

$$Q=A\ (r_lL_2)^{-\alpha}\ (r_kK)^{\beta} \tag{4-53}$$

和普通的 CD 生产函数一样，引入 $\ell_1=\frac{\ln r_l}{\ln L_2}$，$\ell_2=\frac{\ln r_K}{\ln K_2}$

则弹性系数可修改为：

$$\alpha^*=\alpha\ (1+\ell_1)$$

$$\beta^*=\beta\ (1+\ell_2) \tag{4-54}$$

恒等式（4－53）可修改成：

$$Q=AL^{-\alpha^*}K^{\beta^*} \tag{4-55}$$

由（4－55）式出发，可以计算各部门各年度的工资利税率$\frac{Q}{L_2}$和边际工资利税率 $q_l=-\alpha^*\frac{Q}{L_2}$，资金利税率$\frac{Q}{K_2}$和边际资金利税率 $q_k=\beta^*\frac{Q}{K}$。

值得注意的是，尽管平均意义下的工资利税率$\frac{Q}{L_2}$总是取正值，但它的弹性系数为负，所以边际工资利税率 $q_l=-\alpha^*\frac{Q}{L_2}$总取负值。即工资的增加不仅没有明显促进生产增加利税收入，反而直接导致利税的下降。这种情况，在整个 20 世纪 80 年代是普遍存在的，说明工业系统的运行机制极不理想。

1985 年各部门上述各种参数列在表 4－14 中，供研究参考。其他年度，由于整理数据困难未予计算。

表 4-14　　1985 年各部门有关参数

部门	A	B	C	D	E	F	G	H	I
1	0. 19899	0. 17921	0. 202071	0. 323324	1. 131124	0. 174753	0. 02546	0. 056502	0. 028794
2	1. 46027	0. 92972	0. 792459	0. 381941	1. 269833	6. 871793	0. 19888	2. 624619	0. 252542
3	1. 78826	1. 28294	1. 10929	0. 388195	1. 300681	1. 501425	0. 18025	0. 582846	0. 234444
4	10. 2153	1. 69241	3. 83091	0. 454859	1. 331721	1. 37642	0. 15219	0. 626077	0. 209471
5	10. 2637	1. 41977	0. 662861	0. 453328	1. 313353	0. 803665	0. 11184	0. 364324	0. 146884
6	12. 564	1. 28926	0. 543985	0. 464678	1. 302514	1. 764121	0. 1171	0. 819748	0. 152528
7	48. 7013	1. 15883	0. 288076	0. 532968	1. 291872	2. 669966	0. 08377	1. 423006	0. 108223
8	1. 18026	0. 81677	0. 726542	0. 374134	1. 257608	1. 493296	0. 12682	0. 558693	0. 159494
9	3. 61282	1. 36337	0. 925009	0. 415095	1. 306546	3. 787714	0. 20221	1. 572261	0. 264197
10	10. 8854	4. 66039	2. 957374	0. 470367	1. 435407	37. 28596	0. 9226	17. 53799	1. 324309
11	162. 015	2. 86754	0. 587902	0. 604213	1. 400518	2. 747482	0. 15554	1. 660014	0. 217837
12	0. 09922	0. 75682	1. 642537	0. 301121	1. 252608	2. 484287	0. 24338	0. 748071	0. 304864
13	1. 62005	1. 34369	1. 220426	0. 38467	1. 305392	1. 198364	0. 18304	0. 460975	0. 238938
14	5. 14177	1. 40697	0. 845446	0. 427317	1. 310849	1. 665154	0. 15669	0. 711549	0. 205397
15	54. 9051	1. 71476	0. 454505	0. 532542	1. 336902	1. 01557	0. 095	0. 540834	0. 127009
16	9. 322	1. 58311	0. 789222	0. 449776	1. 324902	0. 924636	0. 13211	0. 415879	0. 175032
17	1. 76593	1. 5007	1. 361324	0. 388082	1. 315847	2. 430253	0. 23789	0. 943836	0. 313024
18	5. 85957	1. 47123	1. 057599	0. 431842	1. 334079	1. 209526	0. 17374	0. 522324	0. 231787
19	129. 255	3. 70419	0. 885924	0. 580834	1. 438374	1. 103913	0. 16997	0. 64119	0. 24448
20	7. 8735	1. 95454	1. 099204	0. 443914	1. 34717	1. 34438	0. 18621	0. 596789	0. 250855
21	0. 39082	0. 60754	0. 74849	0. 337902	1. 234407	9. 481107	0. 19388	3. 203685	0. 239321
22	7. 33428	2. 36956	1. 442701	0. 447555	1. 362664	12. 50144	0. 39567	5. 595081	0. 53917
23	21. 6268	3. 09636	1. 362451	0. 495134	1. 39896	2. 123261	0. 32314	1. 051229	0. 452066
24	0. 36388	0. 50893	0. 612981	0. 33738	1. 217906	1. 894303	0. 11158	0. 6391	0. 135895
25	1. 94602	2. 51044	2. 53305	0. 392306	1. 367124	6. 301601	0. 49022	2. 472156	0. 670193
26	13. 5833	2. 66702	1. 336748	0. 471706	1. 380653	4. 286807	0. 29515	2. 022113	0. 407504
27	4. 10321	2. 11639	1. 547171	0. 419772	1. 352454	3. 204625	0. 29214	1. 345212	0. 395109
28	5. 00328	1. 2877	0. 762697	0. 426342	1. 301689	1. 743358	0. 14599	0. 743267	0. 190034
29	0. 10844	0. 67913	1. 384268	0. 304298	1. 243139	1. 592782	0. 19176	0. 48468	0. 238378
30	0. 21257	0. 86261	1. 46565	0. 321158	1. 263541	3. 437763	0, 24935	1. 104065	0. 315068
31	23. 6489	1. 49225	0. 519237	0. 49674	1. 318076	3. 157062	0. 13388	1. 568239	0. 176469
32	0. 80441	1. 09377	1. 214892	0. 361735	1. 285494	1. 431278	0. 18456	0. 517744	0. 237253
33	0. 08674	0. 44044	0. 864822	0. 298788	1. 208092	1. 445523	0. 12825	0. 431905	0. 154939
34	0. 64094	0. 77504	0. 851056	0. 354535	1. 253315	1. 766999	0. 14552	0. 626456	0. 182382
35	1. 61085	1. 24434	1. 108765	0. 384789	1. 297386	2. 125589	0. 19521	0. 817903	0. 253256

续表

部门	A	B	C	D	E	F	G	H	I
36	7.45328	1.50066	0.800523	0.443613	1.31782	2.69847	0.17173	1.197076	0.226311
37	11.2268	1.92479	0.945713	0.45963	1.34572	1.70189	0.17813	0.78224	0.239711
38	70.1928	3.52403	1.041168	0.546426	1.427936	1.134476	0.18892	0.619907	0.269767

注：A 代表 r_l，B 代表 r_k，C 代表 $r_c=\frac{r_k^{\beta}}{r_\ell^{a}}$，$D$ 代表 $a^*=a(1+\ell_1)$，E 代表 $\beta^*=a(1+\ell_2)$，F 代表 $\frac{Q}{L_2}$，G 代表 $\frac{Q}{K}$，H 代表 $-q_\ell=a^*\frac{Q}{L_2}$，I 代表 $q_k=\beta^*\frac{Q}{K}$。

二　临界值 W

由于边际工资利税率 $q_e<0$，在工资总额增长 $\Delta L_2>0$ 的条件下，资金投入增加额 $\Delta K>0$ 并不能保证使利税额增加，投资效益要被工资增量吃掉一部分，所以存在一个临界值 W，只有比值 $\frac{\Delta K}{\Delta L_2}>W$ 时，利税额才会增加，下面我们计算临界值 W 的值。

（一）微分形式

由（4－55）式出发，计算全微分：

$$\mathrm{d}Q=-a^*\frac{Q}{L_2}dL_2+\beta^*\frac{Q}{K}dK=q_\ell dL_2+q_k dK$$

由 $\mathrm{d}Q=0$，导出：

$$W=-\frac{q_\ell}{q_k}=\frac{|q_\ell|}{q_k}=\frac{a^*K}{\beta^*L_2} \tag{4-56}$$

只有 $\frac{dK}{dL_2}>W=\frac{\alpha^*K}{\beta^*L_2}$ 时，利税才会增加。

例如，1985 年纺织业的 $W_{12}=2.4538$，即只有投资增长额超过工资增长额的 2.4538 倍时，纺织业的利税才会增加。纺织业的边际资金利税率为 $s_{K_{12}}=0.304864$，煤炭采选业的边际资金利税率仅为 $s_{K_1}=0.028794$，远低于纺织业的水平，但它的临界值 $W_1=1.9623$，比纺织业的小得多。所以，临界值 W 在计划工作中有不可替代的作用。

（二）有限增量形式

若要求：

$$\Delta Q=A(L_2+\Delta L_2)^{-a^*}(K+\Delta K)^{\beta^*}-AL_2{}^{-a^*}K^{\beta^*}>0$$

就等价地要求：

$$\left(1-\frac{\Delta L_2}{L_2}\right)^{-\alpha^*}\left(1+\frac{\Delta K}{K}\right)^{\beta^*}>1$$

$$\left(1+\frac{\Delta K}{K}\right)^{\beta^*}>\left(1+\frac{\Delta L_2}{L_2}\right)^{\alpha^*}$$

$$\frac{\Delta K}{K}>\left[\left(1+\frac{\Delta L_2}{L_2}\right)^{\frac{\alpha^*}{\beta^*}}-1\right]$$

$$\frac{\Delta K}{\Delta L_2}>\frac{K}{\Delta L_2}\left[\left(1+\frac{\Delta L_2}{L_2}\right)^{\frac{\alpha^*}{\beta^*}}-1\right]$$

所以应有：

$$W=\frac{K}{\Delta L_2}\left[\left(1+\frac{\Delta L_2}{L_2}\right)^{\frac{\alpha^*}{\beta^*}}-1\right] \tag{4-57}$$

（4－57）式是严格的，在实际计算中，对给定的ΔK和ΔL_2方案，W值即可算出。它比（4－56）式要精确。

用洛必达法则，容易证明对公式（4－57）定义的W有极限：

$$\lim_{\Delta L_2\to 0}W=\frac{\alpha^* K}{\beta^* L_2}$$

正是（4－56）式的结果。

模型（4－49）的其他应用研究，例如部门间的替代关系和普通的CD生产函数的相似，本节不再赘述。

第七节　产值与利税的构成分析

一　产值的构成

前面我们已得到产值的生产函数：

$$y=AL^{\alpha}K^{\beta} \tag{4-58}$$

经引入势效系数后，（4－58）式可修改成恒等式：

$$y=A(r_lL)^{\alpha}(r_kK)^{\beta} \tag{4-59}$$

将r_l和r_k分别用劳动生产率$P_1=\frac{y}{L}$和资金产值率$P_2=\frac{y}{K}$代换：

$$r_l = \frac{1}{c_1}\frac{y}{L}^{\frac{1}{\alpha+\beta}} = \frac{1}{c_1}y^{\frac{1}{\alpha+\beta}-1}p_1 = \frac{1}{c_1}y^{\frac{1-(\alpha+\beta)}{\alpha+\beta}}p_1 \tag{4-60}$$

$$r_k = \frac{1}{c_2}\frac{y}{K}^{\frac{1}{\alpha+\beta}} = \frac{1}{c_2}y^{\frac{1-(\alpha+\beta)}{\alpha+\beta}}p_2 \tag{4-61}$$

式中，$c_1 = \frac{\frac{1}{\overline{y}\alpha+\beta}}{\overline{L}}$，$c_2 = \frac{\frac{1}{\overline{y}\alpha+\beta}}{\overline{K}}$。

将（4－60）式、（4－61）式代入（4－59）式，并注意到 $A = \frac{\overline{y}}{\overline{L}^{\alpha}\ \overline{K}^{\beta}} =$

$c_1^{\alpha}c_2^{\beta}$

就有：

$$y = y^{1-(\alpha+\beta)}p_1^{\alpha}L^{\alpha}p_2^{\beta}K^{\beta}$$

$$y^{\alpha+\beta} = p_1^{\alpha}L^{\alpha}p_2^{\beta}K^{\beta}$$

$$y = p_1^{\alpha_0}L^{\alpha_0}p_2^{\beta_0}K^{\beta_0} = p_1^{\alpha_0}p_2^{\beta_0}L^{\alpha_0}K^{\beta_0} \tag{4-62}$$

（4－62）式中，$\alpha_0 = \frac{\alpha}{\alpha+\beta}$，$\beta_0 = \frac{\beta}{a+\beta}$，即（4－62）式是满足规模报酬不变条件的。将 $a = 0.1426966$，$\beta = 0.8378389$ 代入，算得：

$a_0 = 0.14552936$，$\beta_0 = 0.85447075$，α_0，β_0 不再随部门变化。

（4－62）式表明，在规模报酬不变条件下，劳动生产率 p_1 可视为劳动投入 L 的势效系数，资金产值率 p_2 为资金投入 K 的势效系数。在不满足规模报酬不变条件下时，势效系数才用一般的表达式计算。

由于（4－62）式仅由人们熟知的四个经济量及它们的弹性系数表示，消除了需经计算才能得到的结构参数 A 和通常意义下的势效系数，而且是对任一部门的任一年的数据均成立的恒等式，所以是一个理想的产值构成公式。

对（4－62）式取对数并微分，得微分恒等式：

$$\frac{\mathrm{d}y}{y} = a_0\frac{\mathrm{d}p_1}{p_1} + \beta_0\frac{\mathrm{d}p_2}{p_2} + a_0\frac{\mathrm{d}L}{L} + \beta_0\frac{\mathrm{d}K}{K} \tag{4-63}$$

（4－63）式是产值增量百分比的构成表达式，它由四个子项构成，劳动投入和劳动生产率的增量百分比的弹性系数都是 α_0，资金投入和资金产值率的增量百分比的弹性系数都是 β_0。

在实际应用中，可将微分形式换成有限增量形式。通常，（4－63）式仍是一个较好的近似公式。

由于比值$\frac{\beta_0}{\alpha_0}=5.8715$接近于6，说明20世纪80年代在河北省的工业生产的产值形成中，资金投入和资金产值率的作用比劳动投入和劳动生产率的作用要大得多，即工业生产基本上是粗放经营的，较高的发展速度是靠增加投资扩大外延支撑的，表面繁荣蕴藏着日后生产大滑坡的危机。

1985—1987年三年中，各部门（4－63）式右端各项所占百分比重列在表4－15中。

（4－62）式中的$p_1^{\alpha_0}p_2^{\beta_0}$可视为我们以前讲的综合势效系数$r_c$，它表征各部门资源投入发挥效能总的情况，学术界现在流行的评价部门总的效能的指标是全要素生产率，即劳动生产率和资金产值率的乘积，用我们的符号表示就是p_1p_2，从产值的构成的公式看，$r_c=p_1^{\alpha_0}p_2^{\beta_0}$考虑了给予$p_1$和$p_2$不同的加权指数，所以比$p_1p_2$更准确一些。各部门在1985—1987年间的这两组数据，列在表4－16中，供分析比较。

二　利税的构成

依照（4－58）式，我们也可以建立利税生产函数，在第一章已经说过，若直接把职工数或工资额作为劳动投入项时，它们的弹性系数都是负值。为克服这一缺点，改用劳动生产率$p_1=\frac{y}{L}$作为劳动投入项。这样建立的利税形成的CD生产函数为：

$$Q=A_2P_1^{\alpha_2}K^{\beta_2} \tag{4－64}$$

利税、产值和资金的单位仍为千元。利用1985年资料，计算得$A_2=0.26239456$，$\alpha_2=0.37266277$，$\beta_2=0.89814235$，统计检验表明拟合程度很高。

计算势效系数：

$$r_k=\frac{Q^{\frac{1}{\alpha_2+\beta_2}}}{K}\bigg/\frac{\bar{Q}^{\frac{1}{\alpha_2+\beta_2}}}{\bar{K}} \tag{4－65}$$

$$r_p=\frac{Q^{\frac{1}{\alpha_2+\beta_2}}}{p_1}\bigg/\frac{\bar{Q}^{\frac{1}{\alpha_2+\beta_2}}}{\bar{p}_1}=\frac{LQ^{\frac{1}{\alpha_2+\beta_2}}}{y}\bigg/\frac{\bar{Q}^{\frac{1}{\alpha_2+\beta_2}}}{\bar{p}_1} \tag{4－66}$$

引入记号$\frac{Q}{P_1}=\frac{Q}{y}L$，仿照产值构成的处理方式可得：

$$Q=\left(\frac{Q}{y}L\right)^{\frac{\alpha_2}{\alpha_2+\beta_2}}p_1^{\frac{\alpha_2}{\alpha_2+\beta_2}}\left(\frac{Q}{K}\right)^{\frac{\beta_2}{\alpha_2+\beta_2}}K^{\frac{\beta_2}{\alpha_2+\beta_2}} \tag{4-67}$$

以$R_1=\frac{Q}{y}$表示产值利税率，$R_2=\frac{Q}{k}$表示资金利税率，以及劳动生产率$p_1=\frac{y}{L}$代入（4－67）式，得到：

$$Q=R_1^{\frac{\alpha_2}{\alpha_2+\beta_2}}y^{\frac{\alpha_2}{\alpha_2+\beta_2}}R_2^{\frac{\beta_2}{\alpha_2+\beta_2}}K^{\frac{\beta_2}{\alpha_2+\beta_2}} \tag{4-68}$$

以产值构成（4－62）式代入（4－68）式，有关弹性系数及其取值改写为：

$\alpha_2^0=\frac{\alpha_2}{\alpha_2+\beta_2}=0.293249$，$\beta_2^0=\frac{a_2}{a_2+\beta_2}=0.706751$，$\alpha_3=\alpha_1^0\alpha_2^0=0.042676$，$\alpha_4=\beta_1^0\alpha_2^0=0.250573$，$\beta_3=\alpha_4+\beta_2^0=0.957324$

它们之间的关系为：$\alpha_1^0+\beta_1^0=1$，$\alpha_2^0+\beta_2^0=1$，$\alpha_3+\beta_3=1$。于是（4－68）式改写为

$$Q=p_1^{\alpha_3}p_2^{\alpha_4}R_1^{\alpha_2^0}R_2^{\beta_2^0}L^{\alpha_3}K^{\beta_3} \tag{4-69}$$

（4－69）式就是利税构成的公式，它完全由人们熟知的经济量和经济参数表示，也是恒等式。

对于（4－69）式取对数并微分，得微分恒等式：

$$\frac{dQ}{Q}=\alpha_3\frac{dp_1}{p_1}+\alpha_4\frac{dp_2}{p_2}+\alpha_2^0\frac{dR_1}{R_1}+\beta_2^0\frac{dR_2}{R_2}+\alpha_3\frac{dL}{L}+\beta_3\frac{dK}{K} \tag{4-70}$$

由（4－69）式、(4－70）式看出，在利税形成中资金投入和资金利税率是主要组成部分，产值利税率和资金产值率也占有相当的比重，劳动投入和劳动生产率起的作用很小。粗放型经营的弊端暴露得比产值构成中更为突出。由于利税是生产活动的“净产出”，是维持简单再生产和扩大社会生产力水平，维系社会运转的主要经济承担者，利税又严重地依赖资金投入，所以，在调整时期，银根全面过紧的收缩必然造成工业生产的滑坡，牵动整个经济形势逆转。这种关系，是值得极端重视的。

表 4－17 列出了 1986 年各工业部门（4－70）式右端各项的比重，供分析研究。

表 4 – 15　　工业部门产值增长百分比构成

序号	部门	1985 年				1986 年				1987 年			
		$a^0\frac{\Delta p_1}{p_1}$	$\beta^0\frac{\Delta p_2}{p_2}$	$a^0\frac{\Delta L}{L}$	$\beta^0\frac{\Delta K}{K}$	$a^0\frac{\Delta p_1}{p_1}$	$\beta^0\frac{\Delta p_2}{p_2}$	$a^0\frac{\Delta L}{L}$	$\beta^o\frac{\Delta K}{K}$	$a^0\frac{\Delta p_1}{p_1}$	$\beta^0\frac{\Delta p_2}{p_2}$	$a^0\frac{\Delta L}{L}$	$\beta^0\frac{\Delta K}{K}$
0	综合	0.0752	-0.0121	0.0612	0.8513	0.0749	0.7100	0.0694	0.1455	0.0483	-0.2311	0.0145	0.7060
1	煤炭采选业	0.1296	0.0117	0.0086	0.8499	0.1629	0.1658	-0.0203	0.6522	0.0335	-0.3252	0.0068	0.6342
2	石油和天然气开采业	-0.0440	-0.5277	0.0005	0.4275	-0.1395	-0.8082	0.0096	0.0425	0.0198	-0.3082	0.0169	0.6549
3	黑色金属矿采选业	0.0365	0.2771	0.1093	0.5769	0.0452	0.5068	-0.0357	-0.4121	0.0188	-0.2528	0.0271	0.7011
4	有色金属矿采选业	0.1273	0.4060	0.0219	0.4446	0.1533	0.6575	-0.0059	0.1839	0.1073	0.2575	0.0387	0.5962
5	建材及非金属矿采选业	0.1175	-0.0623	0.0084	0.8115	0.0509	0.7230	0.0168	-0.2091	0.1559	-0.4052	-0.1663	0.2723
6	采盐业	-0.0568	-0.6395	-0.0163	0.2872	0.0779	0.7459	0.0089	-0.1672	-0.0937	-3.6589	0.0027	0.2446
7	自来水生产和供应业	0.0632	-0.1786	0.0175	0.7406	0.1377	0.2763	0.0112	0.5746	0.0555	-0.1992	0.0218	0.7233
8	食品制造业	0.0199	-0.2727	0.0724	0.6348	-0.0403	0.1604	0.1752	0.6239	0.0235	-0.2959	0.0037	0.6767
9	饮料制造业	0.0116	-0.1775	0.0975	0.7133	0.0397	0.4027	0.1067	0.4506	0.0520	-0.1544	0.0273	0.7660
10	烟草加工业	-0.0018	-0.4728	-0.0032	0.5220	0.1452	0.7674	0.0027	0.0845	0.0387	-0.2311	0.0161	0.7140
11	饲料加工业	0.0531	0.2489	0.0901	0.6051	0.0515	0.8553	0.0806	0.0124	0.0296	-0.2346	0.0140	0.7216
12	纺织业	0.0908	0.1709	0.0533	0.6848	-0.3271	-0.1209	-0.0236	-0.5283	0.0138	-0.3059	0.0163	0.6637
13	缝纫业	0.0543	-0.0131	0.0823	0.8479	0.0324	0.6627	0.0261	-0.2787	0.0230	-0.3202	0.0056	0.6510
14	皮革毛皮及其制品业	0.0902	0.4465	0.0559	0.4073	0.0584	0.7839	0.0471	-0.1104	0.0190	-0.2857	0.0075	0.6875
15	木材加工及竹藤棕草制品业	0.1074	0.4739	0.0392	0.3799	0.0532	0.7889	0.0594	-0.0983	0.0993	0.0812	0.0415	0.7778
16	家具制造业	0.0903	0.1496	0.0530	0.7069	0.1493	0.5211	-0.0006	0.3288	0.0800	-0.2451	-0.0194	0.3552
17	造纸及纸制品业	0.0370	0.2156	0.1084	0.6388	0.0742	0.5463	0.0709	0.3085	0.0496	-0.1838	0.0249	0.7416
18	印刷业	0.0669	-0.0905	0.0444	0.7981	0.0867	0.1877	0.0572	0.6682	0.0497	-0.2375	0.0039	0.7087
19	文教体育用品制造业	0.3056	0.0700	0.0434	0.5808	0.0833	0.7881	0.0185	-0.1100	0.0133	-0.2169	0.0289	0.7407

续表

序号	部门	1985年				1986年				1987年			
		$a^0\frac{\Delta p_1}{p_1}$	$\beta^0\frac{\Delta p_2}{p_2}$	$a^0\frac{\Delta L}{L}$	$\beta^0\frac{\Delta K}{K}$	$a^0\frac{\Delta p_1}{p_1}$	$\beta^0\frac{\Delta p_2}{p_2}$	$a^0\frac{\Delta L}{L}$	$\beta^o\frac{\Delta K}{K}$	$a^0\frac{\Delta p_1}{p_1}$	$\beta^0\frac{\Delta p_2}{p_2}$	$a^0\frac{\Delta L}{L}$	$\beta^0\frac{\Delta K}{K}$
20	工业美术品制造业	0.1220	0.7092	0.0239	0.1447	-0.3465	-0.2386	0.3712	-0.0435	0.0066	-0.2501	0.0295	0.7137
21	电力、蒸汽、热水生产和供应业	0.0830	0.0561	0.0466	0.7917	-0.0414	-0.5321	0.0165	0.4099	0.0850	0.1528	0.0588	0.7032
22	石油加工业	0.0144	-0.0463	0.1162	0.8229	0.1143	0.7244	0.0295	0.1316	0.0291	-0.2536	0.0208	0.6964
23	炼焦、煤气及煤制品业	0.1059	0.2175	0.0393	0.6371	0.0338	0.6056	-0.0081	-0.3523	-0.0125	-0.2956	0.0406	0.6512
24	化学工业	-0.0321	-0.5022	0.0137	0.4518	0.0637	0.6866	0.0000	-0.2495	0.1201	0.0468	0.0218	0.8112
25	医药工业	0.0029	-0.3548	0.0263	0.6158	0.1131	0.5210	0.0338	0.3319	0.0509	-0.1901	0.0190	0.7398
26	化学纤维工业	0.0969	0.7970	0.0151	-0.0908	0.0203	-0.3325	0.0101	0.6370	0.1124	0.0863	0.0298	0.7713
27	橡胶制品业	0.0332	-0.0839	0.0831	0.7996	0.0627	0.6987	0.0285	-0.2099	0.0309	-0.2501	0.0169	0.7019
28	塑料制品业	0.0399	-0.1195	0.0622	0.7783	0.0322	0.5542	0.1145	0.2989	0.0718	-0.1811	0.0049	0.7421
29	建材及其他非金属矿制造业	0.0543	-0.1202	0.0431	0.7822	0.0458	0.7375	0.0310	-0.1855	0.0258	-0.2990	0.0095	0.6655
30	黑色金属冶炼及压延加工业	0.0890	0.4017	0.0568	0.4523	0.0555	0.0721	0.0867	0.7855	0.0461	-0.1959	0.0301	0.7278
31	有色金属冶炼及压延加工业	0.4506	0.2678	0.0597	0.2216	0.0707	0.0887	0.0708	0.7696	0.0681	-0.0504	0.0447	0.8366
32	金属制品业	0.0733	0.0405	0.0677	0.8184	0.0668	0.7867	0.0418	-0.1046	0.0332	-0.2585	0.0130	0.6951
33	机械工业	0.1214	0.4370	0.0269	0.4145	0.0931	0.7703	0.0510	0.0854	0.0683	-0.2191	0.0026	0.7098
34	交通运输设备制造业	0.1281	0.4029	0.0226	0.4462	-0.1087	-0.8060	-0.0404	-0.0448	0.1050	-0.1034	0.0042	0.7872
35	电气机械及器材制造业	0.0930	0.3322	0.0526	0.5219	0.1300	0.6984	0.0570	0.1144	0.0270	-0.2822	0.0130	0.6775
36	电子及通信设备制造业	0.0154	-0.3024	0.0203	0.6617	0.1629	0.3617	-0.0156	0.4601	0.1164	0.0205	0.0195	0.8435
37	仪器仪表及其他计量器具制造业	0.1109	-0.0057	0.0302	0.8530	0.1486	0.6522	0.0018	0.1942	0.0448	-0.2231	0.0188	0.7131
38	其他工业	0.0168	-0.0465	0.0104	0.8260	0.0140	0.0491	0.1445	0.5365	0.0630	-0.2926	0.0285	0.6157

注：表4－13和表4－15各栏的比重，是根据公式中各项的绝对值之和作分母计算的。这种做法是为了避免分母各项正负相削，计算的单项比重太大而失真。

表 4－16　　工业部门的效率评价指标值

序号	部门	1985 年		1986 年		1987 年	
		p_1p_2	$p_1^{\alpha_0}p_2^{\beta_0}$	p_1p_2	$p_1^{\alpha_0}p_2^{\beta_0}$	p_1p_2	$p_1^{\alpha_0}p_2^{\beta_0}$
0	综合	11. 9121	2. 08338	13. 3394	2. 2169	13. 4579	2. 0980
1	煤炭采选业	2. 0269	0. 8948	2. 2234	0. 9248	2. 1120	0. 8685
2	石油和天然气开采业	58. 9888	3. 5410	38. 3384	2. 8566	33. 3222	2. 5144
3	黑色金属矿采选业	5. 9953	1. 5383	7. 2424	1. 7107	6. 1284	1. 4609
4	有色金属矿采选业	3. 7692	1. 1997	4. 5438	1. 3098	6. 3922	1. 5113
5	建材及非金属矿采选业	1. 9039	0. 9450	3. 3156	1. 3011	3. 4604	1. 2970
6	采盐业	8. 1504	1. 6145	13. 2565	2. 1039	3. 3969	1. 0286
7	自来水生产和供应业	2. 5772	0. 7836	3. 2509	0. 8604	3. 3757	0. 8426
8	食品制造业	42. 9086	4. 1853	42. 5604	4. 2032	33. 2248	3. 3304
9	饮料制造业	12. 3212	1. 9845	13. 9770	2. 1279	15. 3133	2. 0597
10	烟草加工业	121. 5676	5. 2009	212. 5622	6. 8394	203. 5305	6. 1591
11	饲料加工业	30. 6231	3. 2576	58. 7874	4. 7761	50. 5056	3. 9536
12	纺织业	33. 6263	3. 7017	32. 7330	3. 6648	25. 8498	3. 0166
13	缝纫业	17. 2626	2. 9712	20. 0938	3. 2602	16. 7500	2. 7525
14	皮革毛皮及其制品业	10. 1316	2. 0556	13. 7052	2. 4462	10. 1554	1. 8771
15	木材加工及竹藤棕草制品业	6. 0402	1. 5766	7. 1015	1. 7336	9. 0785	1. 8884
16	家具制造业	7. 2366	1. 8838	8. 6267	2. 0387	9. 3556	1. 9760
17	造纸及纸制品业	13. 5715	2. 3614	16. 5864	2. 6222	17. 3842	2. 5178
18	印刷业	8. 0965	1. 9860	9. 4147	2. 1119	9. 3531	1. 9103
19	文教体育用品制造业	5. 8443	1. 7523	10. 8672	2. 4524	8. 0246	1. 8856
20	工业美术品制造业	15. 4824	2. 9005	12. 1675	2. 6768	8. 4585	2. 0267
21	电力、蒸汽、热水生产和供应业	18. 3333	1. 8479	16. 6222	1. 7460	18. 4613	1. 8194
22	石油加工业	107. 3041	4. 9537	201. 1816	6. 8119	183. 5816	6. 0717
23	炼焦、煤气及煤制品业	31. 4599	3. 0817	45. 1868	3. 8264	28. 2375	2. 8402
24	化学工业	11. 0306	1. 8877	15. 6890	2. 2963	21. 4136	2. 5387
25	医药工业	36. 5855	3. 5264	48. 1987	1. 5469	50. 6441	3. 8125
26	化学纤维工业	17. 8733	2. 4512	15. 4571	2. 1524	20. 9045	2. 3896
27	橡胶制品业	23. 4039	3. 0017	29. 8284	3. 4486	26. 9878	3. 0220
28	塑料制品业	11. 7560	2. 1517	13. 7932	2. 3677	15. 6942	2. 3142
29	建材及其他非金属矿制造业	5. 4509	1. 5343	8. 7232	2. 0226	7. 5073	1. 7384

续表

序号	部门	1985 年		1986 年		1987 年	
		p_1p_2	$p_1^{\alpha_0}p_2^{\beta_0}$	p_1p_2	$p_1^{\alpha_0}p_2^{\beta_0}$	p_1p_2	$p_1^{\alpha_0}p_2^{\beta_0}$
30	黑色金属冶炼及压延加工业	22. 5771	2. 6940	24. 4253	2. 7735	24. 9800	2. 6890
31	有色金属冶炼及压延加工业	15. 8272	2. 0637	17. 9012	2. 1595	22. 8888	2. 2799
32	金属制品业	10. 5165	2. 1864	13. 7682	2. 5460	12. 5331	2. 2366
33	机械工业	6. 9395	1. 6067	7. 8155	1. 7121	8. 3220	1. 6694
34	交通运输设备制造业	9. 3631	1. 7959	6. 6432	1. 4989	8. 0339	1. 5553
35	电气机械及器材制造业	14. 2796	2. 3505	18. 4238	2. 6972	16. 1355	2. 3395
36	电子及通信设备制造业	10. 2855	1. 8442	12. 6878	2. 0101	22. 5928	2. 4025
37	仪器仪表及其他计量器具制造业	4. 6752	1. 3651	6. 9693	1. 6489	6. 9864	1. 5521
38	其他工业	7. 0864	1. 9552	9. 8605	2. 3936	9. 5315	2. 0473

表 4 - 17　　1986 年利税增长百分比中各构成成分所占的比重

序号	部门	$a_3\frac{\Delta p_1}{p_1}$	$a_4\frac{\Delta p_2}{p_2}$	$a_2^0\frac{\Delta R_1}{R_1}$	$\beta_2^0\frac{\Delta R_2}{R_2}$	$a_3\frac{\Delta L}{L}$	$\beta_3\frac{\Delta K}{K}$
0	综合	0. 0278	- 0. 2653	- 0. 1679	0. 3088	0. 0257	0. 2062
1	煤炭采选业	0. 0063	0. 0064	- 0. 2636	- 0. 6261	- 0. 0007	0. 0966
2	石油和天然气开采业	- 0. 0237	- 0. 1353	- 0. 1462	- 0. 6662	0. 0016	0. 0272
3	黑色金属矿采选业	0. 0138	0. 1548	- 0. 2083	- 0. 1310	- 0. 0109	- 0. 4810
4	有色金属矿采选业	0. 0221	0. 0955	- 0. 2905	- 0. 4888	- 0. 0008	0. 1021
5	建材及非金属矿采选业	0. 0175	0. 2492	- 0. 0993	0. 3526	0. 0058	- 0. 2753
6	采盐业	0. 0225	0. 2153	- 0. 0145	0. 5605	0. 0025	- 0. 1844
7	自来水生产和供应业	0. 0304	0. 0611	- 0. 1570	- 0. 2657	0. 0024	0. 4857
8	食品制造业	- 0. 0054	0. 0217	0. 1676	0. 4718	0. 0237	0. 3095
9	饮料制造业	0. 0120	0. 1219	- 0. 0195	0. 2928	0. 0323	0. 5212
10	烟草加工业	0. 0350	0. 1850	0. 0433	0. 6580	0. 0006	0. 0778
11	饲料加工业	0. 0150	0. 2492	- 0. 0016	0. 6966	0. 0234	0. 0138
12	纺织业	0. 0994	- 0. 0367	0. 1021	0. 1411	- 0. 0071	- 0. 6133
13	缝纫业	0. 0096	0. 1975	- 0. 0524	0. 4151	0. 0077	- 0. 3173
14	皮革毛皮及其制品业	0. 0199	0. 2679	- 0. 1039	0. 4476	0. 1613	- 0. 1442
15	木材加工及竹藤棕草制品业	0. 0109	0. 1616	- 0. 3225	- 0. 4157	0. 0121	- 0. 0769
16	家具制造业	0. 0496	0. 1731	- 0. 2371	- 0. 1223	- 0. 0002	0. 4174

续表

序号	部门	$a_3\frac{\Delta p_1}{p_1}$	$a_4\frac{\Delta p_2}{p_2}$	$a_2^0\frac{\Delta R_1}{R_1}$	$\beta_2^0\frac{\Delta R_2}{R_2}$	$a_3\frac{\Delta L}{L}$	$\beta_3\frac{\Delta K}{K}$
17	造纸及纸制品业	0.0542	0.1773	-0.0813	0.2812	0.0230	0.3827
18	印刷业	0.0276	0.0597	-0.0574	0.0241	0.0182	0.8127
19	文教体育用品制造业	0.0260	0.2460	-0.0411	0.5498	0.0057	0.1311
20	工业美术品制造业	-0.0359	-0.0024	0.2841	0.5993	0.0385	-0.0172
21	电力、蒸汽、热水生产和供应业	-0.0123	-0.1589	0.2472	0.1086	3.0049	0.4678
22	石油加工业	0.0359	0.2275	0.0311	0.5380	0.0092	0.1580
23	炼焦、煤气及煤制品业	0.5112	0.0850	0.0168	0.2509	-0.0095	-0.1786
24	化学工业	0.0170	0.1839	0.0062	0.5374	0.0000	-0.2553
25	医药工业	0.0377	0.1738	-0.0790	0.2748	0.0113	0.4231
26	化学纤维工业	0.0057	0.0935	0.0535	-0.1596	0.0028	0.6847
27	橡胶制品业	0.0196	0.2193	-0.1116	0.3886	0.0089	-0.2517
28	塑料制品业	0.0084	0.1445	-0.2497	-0.2694	0.0298	0.2979
29	建材及其他非金属矿制造业	0.0164	0.2638	0.0296	0.4254	0.0111	0.2524
30	黑色金属冶炼及压延加工业	0.0102	0.0133	-0.1283	-0.2761	0.0160	0.5557
31	有色金属冶炼及压延加工业	0.0188	0.0236	-0.0669	-0.0982	0.0189	0.7733
32	金属制品业	0.0285	0.3357	-0.2662	0.1810	0.0178	-0.1706
33	机械工业	0.0178	0.1477	-0.3289	-0.4330	0.0097	0.0625
34	交通运输设备制造业	0.0128	0.0953	-0.2001	-0.6665	-0.0047	-0.0202
35	电气机械及器材制造业	0.0614	0.3301	-0.3082	0.0664	0.0269	0.2066
36	电子及通信设备制造业	0.0096	0.0213	-0.2600	-0.6044	0.0009	0.1036
37	仪器仪表及其他计量器具制造业	0.0293	0.1293	-0.3117	-0.5291	0.0003	0.1465
38	其他工业	0.0037	0.0827	0.0385	0.2793	0.0391	0.5559

第八节　弹性系数调整和贡献率算法的改进

一　索洛余值法

到目前为止，适用的计算科技进步贡献率的算法都是建立在如下形式的柯布—道格拉斯生产函数（CD 生产函数）基础上的：

$$Y = AK^{\alpha}L^{\beta} \tag{4-71}$$

式中，Y 为产值，K 为资金投入，L 为劳动投入，α 和 β 分别为 K 和 L 的弹性系数，取非负值，A 为结构参数。

索洛在 $\alpha+\beta=1$ 的条件下，把 A 解释成相应的技术水平。现在，人们已普遍承认 A 应为综合科技水平或综合要素生产率，它包含了生产过程中除去资金和劳动投入之外的所有因素的综合作用。

对确定的 α 和 β 值，把（4－71）式取对数并微分，得到：

$$\frac{dY}{Y} = \frac{dA}{A} + \alpha\frac{dK}{K} + \beta\frac{dL}{L} \tag{4-72}$$

即科技水平增长率 $\frac{dA}{A}$ 可以由产值增长率 $\frac{dY}{Y}$ 和资金投入增长率 $\frac{dK}{K}$、劳动投入增长率 $\frac{dL}{L}$ 估计算出。但（4－72）式中的增长率都是用微分来表示的，理论上只是在增长率接近无穷小时才严格成立，实际工作中无法利用。此时的（4－71）式和（4－72）式是完全等价的。

索洛提出，把（4－72）式中的微分改为差分，得到：

$$\frac{\Delta Y}{Y} = \frac{\Delta A}{A} + \alpha\frac{\Delta K}{K} + \beta\frac{\Delta L}{L} \tag{4-73}$$

差分可以由相邻两个时间（如相邻两个年度）统计数据的差给定。索洛规定（4－73）式为恒等式，从而可以算出科技水平增长率为

$$\frac{\Delta A}{A} = \frac{\Delta Y}{Y} - \alpha\frac{\Delta K}{K} - \beta\frac{\Delta L}{L} \tag{4-74}$$

并把 $E_a = \frac{\Delta A}{A}\Big/\frac{\Delta Y}{Y}$ 解释成科技进步在经济增长中的贡献率（习惯上称

为科技进步指标）。相应的，称 $E_K = \alpha \frac{\Delta K}{K} \Big/ \frac{\Delta Y}{Y}$ 为资金投入在经济增长中的贡献率，称 $E_L = \beta \frac{\Delta L}{L} \Big/ \frac{\Delta Y}{Y}$ 为劳动投入在经济增长中的贡献率。这就是索洛余值法。

索洛余值法给出了度量科技进步在经济增长中贡献大小的一种方法，公式简单明了，且 $E_a + E_K + E_L = 100\%$，引起了人们对科技进步作用的极大关注，在经济和社会发展研究方面的贡献是巨大的。

但索洛余值法也存在一些明显的缺陷：

第一，由于把微分改成了差分，由（4－73）式计算贡献率和由(4－72)式计算的结果差别很大，（4－73）式、（4－74）式和（4－71）式、(4－72）式本质上已不再有什么关联。因此，用(4－71)式这种公认的理论模型去解释（4－73）式的结果，变得比较牵强。

第二，（4－74）式的计算需要把 α、β 固定，这也和弹性系数本质上应是时点函数的观念不一致。

第三，在我国现实的经济活动中，资金投入仍是经济发展的很重要的动力，也是推动科技进步的基本动力。但在（4－74）式中，科技进步和资金投入增长成反比，理论与现实存在明显矛盾，使得科技进步指标的计算结果变得不可信。

我们提出的势分析方法，可以克服以上缺点。

二 弹性系数的调整[111－116]

用某种合理方法确定常数 α、β 和 A 之后，（4－71）式定义的 CD 生产函数也就完全确定了。但是，应当强调：（4－71）式只是描述了系统运行的一般规律，它仅对某些特殊值，例如各经济量的几何均值（$\bar{Y}$、$\bar{K}$、$\bar{L}$），才严格成立。把一组实际样本数据（Y、K、L）代进去，通常总存在一个偏差 u：

$$Y = AK^{\alpha}L^{\beta} + u \tag{4－75}$$

势分析理论认为，偏差 u 的存在说明经济系统的运行通常并不总是处于理想状态，从而资源发挥效能的程度也不尽理想。在（4－75）式中引入两个非零参数 r_1 和 r_2 就可以把偏差 u 消去：

$$Y \equiv A(r_1K)^{\alpha}(r_2L)^{\beta} \qquad (4-76)$$

式中，r_1 和 r_2 分别称为 K 和 L 的势效系数，是这两种资源发挥效能程度的度量。适当引入分离条件，就可以由（4－76）式中把这两个势效系数解出来：

$$r_1 = \frac{P_1}{\bar{P}_1},\quad r_2 = \frac{P_2}{\bar{P}_2}$$

式中，$P_1 = \frac{Y}{K}$为资金产值率，$P_2 = \frac{Y}{L}$为劳动生产率，$\bar{P}_1$ 和$\bar{P}_2$ 是它们的均值。显然，这样定义的 r_1 和 r_2 作为资金投入和劳动投入发挥效能程度的度量，是合理的。r_1 和 r_2 都是时点函数。

把（4－76）式变形可得 $Y = AK^{\alpha}\left(1+\frac{\ln r_1}{\ln K}\right)L^{\beta}\left(1+\frac{\ln r_2}{\ln L}\right)$

加上时间序号，并记 $\alpha'_i = \alpha\left(1+\frac{\ln r_1}{\ln K}\right)_i$，$\beta'_i = \beta\left(1+\frac{\ln r_2}{\ln L}\right)_i$，$\alpha_i = \frac{\alpha'_i}{\alpha'_i+\beta'_i}$，$\beta_i = \frac{\beta'_i}{\alpha'_i+\beta'_i}$，就得到：

$$Y_i = A_iK_i^{\alpha_i}L_i^{\beta_i} \qquad (4-77)$$

$\alpha_i + \beta_i = 1$，满足索洛方法的基本要求。

这时，综合科技水平 A_i 也变成了时点函数。

容易验证恒等式：

$$Y_i = P_{i1}^{\alpha_i}P_{i2}^{\beta_i}K_i^{\alpha_i}L_i^{\beta_i} \qquad (4-78)$$

式中，$P_{i1} = \frac{Y_i}{K_i}$，$P_{i2} = \frac{Y_i}{L_i}$。比较（4－77）式和（4－78）式，就得到综合科技水平的一个严密的定义公式：

$$A_i = P_{i1}^{\alpha_i}P_{i2}^{\beta_i} \qquad (4-79)$$

根据我们以前讲的方法，$\bar{P}_1$ 和 $\bar{P}_2$ 应取 P_1 和 P_2 的几何平均，但实际工作中取算术平均易于计算，且误差不大，工作中，不影响我们以后的分析研究。

三 科技进步贡献率的计算[117－123]

由（4－77）式出发，记 $\alpha_i = \alpha_{i-1} + \Delta\alpha$，$\beta_i = \beta_{i-1} + \Delta\beta$，$Y_i = Y_{i-1} +$

ΔY，$K_i = K_{i-1} + \Delta K$，$L_i = L_{i-1} + \Delta L$，$A_i = A_{i-1} + \Delta A$，即得：

$\Delta Y = Y_i - Y_{i-1} = (A_{i-1} + \Delta A)(K_{i-1} + \Delta K)^{\alpha_{i-1}+\Delta\alpha}(L_{i-1} + \Delta L)^{\beta_{i-1}+\Delta\beta} - A_{i-1}K_{i-1}^{\alpha_{i-1}}L_{i-1}^{\beta_{i-1}}$

由于 $\alpha_i + \beta_i = 1$，$\alpha_{i-1} + \beta_{i-1} = 1$，所以 $\Delta\alpha + \Delta\beta = 0$，即 $\Delta\beta = -\Delta\alpha$。仍用习惯的符号$\frac{\Delta Y}{Y} = \frac{\Delta Y}{Y_{i-1}}$，$\frac{\Delta K}{K} = \frac{\Delta K}{K_{i-1}}$，$\frac{\Delta L}{L} = \frac{\Delta L}{L_{i-1}}$，$\frac{\Delta A}{A} = \frac{\Delta A}{A_{i-1}}$，于是有：

$$\frac{\Delta Y}{Y} = \left(\frac{K_{i-1}}{L_{i-1}}\right)^{\Delta\alpha}\left(1 + \frac{\Delta A}{A}\right)\left(1 + \frac{\Delta K}{K}\right)^{\alpha_i}\left(1 + \frac{\Delta L}{L}\right)^{\beta_i} - 1 \tag{4-80}$$

注意：(4－80）式是个差分恒等式，它仍然和（4－71）式、(4－72）式等价。以后我们要用几种方法把（4－80）式中的$\left(1 + \frac{\Delta K}{K}\right)^{\alpha_i}$和$\left(1 + \frac{\Delta L}{L}\right)^{\beta_i}$展开成求和形式，从而得近似公式：

$$\frac{\Delta Y}{Y} = \left(\frac{K_{i-1}}{L_{i-1}}\right)^{\Delta\alpha}[G(A) + G(K) + G(L)] + \Delta \tag{4-81}$$

式中，$\Delta = \left(\frac{K_{i-1}}{L_{i-1}}\right)^{\Delta\alpha} - 1$。

类似的，由（4－79）式出发可以得到恒等式：

$$\frac{\Delta A}{A} = \left(\frac{K_{i-1}}{L_{i-1}}\right)^{-\Delta\alpha}\left(1 + \frac{\Delta P_1}{P_1}\right)^{\alpha_i}\left(1 + \frac{\Delta P_2}{P_2}\right)^{\beta_i} - 1 \tag{4-82}$$

它的近似公式是：

$$\frac{\Delta A}{A} = \left(\frac{K_{i-1}}{L_{i-1}}\right)^{-\Delta\alpha}[H(P_1) + H(P_2)] + \Delta_1 \tag{4-83}$$

$$\Delta_1 = \left(\frac{K_{i-1}}{L_{i-1}}\right)^{-\Delta\alpha} - 1$$

$G(A)$、$G(K)$、$G(L)$ 为$\frac{\Delta A}{A}$、$\frac{\Delta K}{K}$、$\frac{\Delta L}{L}$在$\frac{\Delta Y}{Y}$中贡献的主要部分。再记 $G(Y) = G(A) + G(K) + G(L)$，就得出各贡献率应为：

$$E_a = \frac{G(A)}{G(Y)} \qquad E_K = \frac{G(K)}{G(Y)} \qquad E_L = \frac{G(L)}{G(Y)} \tag{4-84}$$

这是因为$\frac{\Delta A}{A}$在（4－81）式中的贡献，由（4－84）式可记为：

$$G^*(A)=\left(\frac{K_{i-1}}{L_{i-1}}\right)^{\Delta\alpha}G(A)+E_\alpha\Delta=\left(\frac{K_{i-1}}{L_{i-1}}\right)^{\Delta\alpha}E_\alpha G(Y)+E_\alpha\Delta=$$

$$E_\alpha\left[\left(\frac{K_{i-1}}{L_{i-1}}\right)^{\Delta\alpha}G(Y)+\Delta\right]=E_\alpha\frac{\Delta Y}{Y}\tag{4-85}$$

则由贡献率的定义，应有 $E_\alpha=\dfrac{G^*(A)}{\dfrac{\Delta Y}{Y}}$，比较（4－84）式和（4－85）式，二者关于 E_a 的定义是一致的。（4－84）式关于 E_K、E_L 定义的合理性，也可以仿此证明。

再记 $H(A)=H(P_1)+H(P_2)$，可以把$\frac{\Delta A}{A}$在$\frac{\Delta Y}{Y}$中的贡献率改写成$\frac{\Delta P_1}{P}$和$\frac{\Delta P_2}{P}$在$\frac{\Delta Y}{Y}$中的贡献率：

$$E_a=H(P_1)+H(P_2)\tag{4-86}$$

$$E(P_1)=\frac{E_\alpha H(P_1)}{H(A)}=E_\alpha F(P_1)$$

$$E(P_2)=\frac{E_\alpha H(P_2)}{H(A)}=E_\alpha F(P_2)$$

（4－82）式、（4－83）式把科技进步$\frac{\Delta A}{A}$用$\frac{\Delta P_1}{P}$和$\frac{\Delta P_2}{P}$的函数表示，经济含义更合理，也克服了索洛余值法的缺点。

由于$\left(\frac{K_{i-1}}{L_{i-1}}\right)^{-\Delta\alpha}$取值与 1 接近，为了减少数据波动带来的干扰，可以用近似公式：

$$\frac{\Delta A}{A}=\left(1+\frac{\Delta P_1}{P_1}\right)^{\alpha_i}\left(1+\frac{\Delta P_2}{P_2}\right)^{\beta_i}-1$$

$$\frac{\Delta A}{A}=[H(P_1)+H(P_2)]$$

代替（4－82）式、（4－83）式进行有关的计算。

把$\left(1+\frac{\Delta K}{K}\right)^\alpha$、$\left(1+\frac{\Delta L}{L}\right)^\beta$、$\left(1+\frac{\Delta P_1}{P_1}\right)^\alpha$、$\left(1+\frac{\Delta P_2}{P_2}\right)^\beta$展开成求和形式的方法，我们提出了三种，分别简称为 L 法、W 法、J 法，索洛余值法实际上也是一种展开方法，简称为 S 法。

方法 1：L 法。

当 $m>0$，$|x|<1$ 时，有下述幂级数展开公式：

$$(1+x)^m=1+mx+\frac{m(m-1)}{2!}x^2+\frac{m(m-1)(m-2)}{3!}x^3+\cdots \tag{4-87}$$

把 x 换成各增长率，取（7－42）式中的 x 的阶数不超过 3 项，就得到相当精确的近似公式：

$$G(A)=\left\{1+\frac{\alpha_i}{2}\frac{\Delta K}{K}+\frac{\beta_i}{2}\frac{\Delta L}{L}-\frac{\alpha_i\beta_i}{4}\left[\left(\frac{\Delta K}{K}\right)^2+\left(\frac{\Delta L}{L}\right)^2\right]+\frac{\alpha_i\beta_i}{3}\frac{\Delta K}{K}\frac{\Delta L}{L}\right\}\frac{\Delta A}{A}$$

$$G(K)=\left\{\begin{aligned}&1+\frac{1}{2}\frac{\Delta A}{A}+\frac{\beta_i}{2}\left(\frac{\Delta L}{L}-\frac{\Delta K}{K}\right)-\frac{\beta_i}{4}\left[\left(\frac{\Delta A}{A}+\beta_i\frac{\Delta L}{L}\right)\frac{\Delta K}{K}+\alpha_i\left(\frac{\Delta L}{L}\right)^2\right]\\&+\frac{\beta_i(1+\beta_i)}{6}\left(\frac{\Delta K}{K}\right)^2+\frac{\beta_i}{3}\frac{\Delta A}{A}\frac{\Delta L}{L}\end{aligned}\right\}\alpha_i\frac{\Delta K}{K}$$

$$G(L)=\left\{\begin{aligned}&1+\frac{1}{2}\frac{\Delta A}{A}+\frac{\alpha_i}{2}\left(\frac{\Delta K}{K}-\frac{\Delta L}{L}\right)-\frac{\alpha_i}{4}\left[\left(\frac{\Delta A}{A}+\alpha_i\frac{\Delta K}{K}\right)\frac{\Delta L}{L}+\beta_i\left(\frac{\Delta K}{K}\right)^2\right]\\&+\frac{\alpha_i(1+\alpha_i)}{6}\left(\frac{\Delta L}{L}\right)^2+\frac{\alpha_i}{3}\frac{\Delta A}{A}\frac{\Delta K}{K}\end{aligned}\right\}\beta_i\frac{\Delta L}{L}$$

$$H(P_1)=\left[1+\frac{\beta_i}{2}\left(\frac{\Delta P_2}{P_2}-\frac{\Delta P_1}{P_1}\right)-\frac{\beta_i}{4}\left(\alpha_i\frac{\Delta p_2}{p_2}+\beta_i\frac{\Delta p_1}{p_1}\right)\frac{\Delta p_2}{p_2}+\frac{\beta_1(1+\beta_i)}{6}\left(\frac{\Delta P_1}{P_1}\right)^2\right]$$

$$\alpha_i\frac{\Delta P_1}{P_1}$$

$$H(P_2)=\left[1+\frac{\alpha_i}{2}\left(\frac{\Delta P_1}{P_1}-\frac{\Delta P_2}{P_2}\right)-\frac{\alpha_i}{4}\left(\alpha_i\frac{\Delta P_2}{P_2}+\beta_i\frac{\Delta P_1}{P_1}\right)\frac{\Delta P_1}{P_1}+\frac{\alpha_1(1+\alpha_i)}{6}\left(\frac{\Delta P_2}{P_2}\right)^2\right]$$

$$\beta_i\frac{\Delta P_2}{P_2}$$

由此我们看出，索洛（4－73）式仅是在假定 $\Delta\alpha=0$ 时把（4－80）式按幂级数展开到各增长率一次项的结果，比（4－81）式要粗疏很多。如果在（4－82）式的展开中也仅取增长率的一次项，则（4－83）式的计算结果和（4－74）式比较就相差太大。这就是索洛余值法不能把$\frac{\Delta A}{A}$在$\frac{\Delta Y}{Y}$中的贡献用$\frac{\Delta P_1}{P_1}$和$\frac{\Delta P_2}{P_2}$的贡献代替的一个原因。

L 法可称为幂级数展开法。

方法 2：W 法。

L 法在增长率 X 的绝对值很大时，误差也明显起来。为此，我们改用三次多项式 $J(x)=1+mx+a_2x^2+a_3x^3$ 来代替 $W(x)=(1+x)^m$，a_2 和 a_3 的选取要使：

$$P=\int_{-1}^{1}[J(x)-W(x)]^2\mathrm{d}x\to\min$$

由此可以得到：

$$a_2=a_2(m)=\frac{5}{2}Q_2(m)-\frac{5}{3}$$

$$a_3=a_3(m)=\frac{7}{2}Q_3(m)-\frac{7}{5}m$$

这里用到几个积分公式：

$$Q_1(m)=\int_{-1}^{1}x(1+x)^m\mathrm{d}x=\frac{m2^{m+1}}{(m+1)(m+2)}$$

$$Q_2(m)=\int_{-1}^{1}x^2(1+x)^m\mathrm{d}x=\frac{2^{m+1}}{(m+1)}-\frac{2}{m+1}Q_1(m+1)$$

$$Q_3(m)=\int_{-1}^{1}x^3(1+x)^m\mathrm{d}x=\frac{2^{m+1}}{(m+1)}-\frac{3}{m+1}Q_2(m+1)$$

把计算结果代入 a_2、a_3 的表达式，就得到：

$$a_2(m)=\frac{5(m^2+m+2)2^m}{(m+1)(m+2)(m+3)}-\frac{5}{3}$$

$$a_3(m)=\frac{7[(m+2)(m+3)(m+4)-6(m^2+3m+4)]2^m}{(m+1)(m+2)(m+3)(m+4)}-\frac{7}{5}m$$

把这个结果代入(4－81)式、(4－83)式，就得：

$$G(A)=\frac{\Delta A}{A}\left[1+\frac{\alpha}{2}\frac{\Delta K}{K}+\frac{\beta}{2}\frac{\Delta L}{L}+\frac{a_2(\alpha)}{2}\left(\frac{\Delta K}{K}\right)^2+\frac{a_2(\beta)}{2}\left(\frac{\Delta L}{L}\right)^2+\frac{\alpha\beta}{3}\frac{\Delta K}{K}\frac{\Delta L}{L}\right]$$

$$G(K)=\alpha\frac{\Delta K}{K}\left[\begin{array}{l}1+\frac{1}{2}\frac{\Delta A}{A}+\frac{a_2(\alpha)}{\alpha}\frac{\Delta K}{K}+\frac{\beta}{2}\frac{\Delta L}{L}+\frac{a_3(\alpha)}{\alpha}\left(\frac{\Delta K}{K}\right)^2+\frac{a_2(\beta)}{2}\left(\frac{\Delta L}{L}\right)^2\\+\frac{\beta}{3}\frac{\Delta A}{A}\frac{\Delta L}{L}+\frac{a_2(\alpha)}{2\alpha}\frac{\Delta A}{A}\frac{\Delta K}{K}+\frac{\beta}{2}\frac{a_2(\alpha)}{\alpha}\frac{\Delta K}{K}\frac{\Delta L}{L}\end{array}\right]$$

$$G(L)=\beta\frac{\Delta L}{L}\left[\begin{array}{l}1+\frac{1}{2}\frac{\Delta A}{A}+\frac{a_2(\beta)}{\beta}\frac{\Delta L}{L}+\frac{\alpha}{2}\frac{\Delta K}{K}+\frac{a_3(\beta)}{\beta}\left(\frac{\Delta L}{L}\right)^2+\frac{a_2(\alpha)}{2}\\\left(\frac{\Delta K}{K}\right)^2+\frac{\alpha}{3}\frac{\Delta A}{A}\frac{\Delta K}{K}+\frac{a_2(\beta)}{2\beta}\frac{\Delta A}{A}\frac{\Delta L}{L}+\frac{\alpha}{2}\frac{a_2(\beta)}{\beta}\frac{\Delta K}{K}\frac{\Delta L}{L}\end{array}\right]$$

$$H(P_1)=\alpha\frac{\Delta P_1}{P_1}\left[\begin{array}{l}1+\frac{a_2(\alpha)}{\alpha}\frac{\Delta P_1}{P_1}+\frac{\beta}{2}\frac{\Delta P_2}{P_2}+\frac{a_3(\alpha)}{\alpha}\left(\frac{\Delta P_1}{P_1}\right)^2+\frac{\beta}{2}\frac{a_2(\alpha)}{\alpha}\frac{\Delta P_1}{P_1}\frac{\Delta P_2}{P_2}\\+\frac{a_2(\beta)}{2}\left(\frac{\Delta P_2}{P_2}\right)^2\end{array}\right]$$

$$H(P_2)=\beta\frac{\Delta P_2}{P_2}\left[\begin{array}{l}1+\frac{a_2(\beta)}{\beta}\frac{\Delta P_2}{P_2}+\frac{\alpha}{2}\frac{\Delta P_1}{P_1}+\frac{a_3(\beta)}{\beta}\left(\frac{\Delta P_2}{P_2}\right)^2+\frac{\alpha}{2}\frac{a_2(\beta)}{\beta}\frac{\Delta P_1}{P_1}\frac{\Delta P_2}{P_2}\\+\frac{a_2(\alpha)}{2}\left(\frac{\Delta P_1}{P_1}\right)^2\end{array}\right]$$

式中，$\alpha=\alpha_i$，$\beta=\beta_i$，各增长率都取时点 i 时的值。

W 法可称为三次多项式逼近法。

L 法和 W 法相比：$-0.7\leqslant x\leqslant 0.6$ 时，L 法优于 W 法。$x\geqslant 0.7$ 或 $x\leqslant -0.8$ 时，W 法优于 L 法。其他部分的结果和幂指数 m（对应于弹性系数 α 或 β）的取值大小有关。

在整个区间 $-1<x<1$ 上，L 法和 W 法都明显优于 S 法。

方法 3：J 法。

对幂函数 $W=(1+x)^m$，形式上可写成展开式：

$$W=1+mx+J_m(x)$$

$$J_m(x)=(1+x)^m-mx-1$$

这是一种没有误差的恒等变换，可以称为形式展开法。把符号简化：$J(K)=J_\alpha\left(\frac{\Delta K}{K}\right)$,$J(L)=J_\beta\left(\frac{\Delta L}{L}\right)$，$J(P_1)=J_\alpha\left(\frac{\Delta P_1}{P_1}\right)$，$J(P_2)=J_\beta\left(\frac{\Delta P_2}{P}\right)$，就得到下面的准确结果：

$$G(A)=\frac{\Delta A}{A}\left\{\begin{array}{l}1+\frac{1}{2}\left[\alpha\frac{\Delta K}{K}+\beta\frac{\Delta L}{L}+J(K)+J(L)\right]\\+\frac{1}{3}\left[\alpha\beta\frac{\Delta K\Delta L}{K\ L}+J(K)J(L)+\alpha\frac{\Delta K}{K}J(L)+\beta\frac{\Delta L}{L}J(K)\right]\end{array}\right\}$$

$$G(K)=\alpha\frac{\Delta K}{K}\left\{\begin{array}{c}1+\frac{1}{2}\left[\frac{\Delta A}{A}+\beta\frac{\Delta L}{L}+J(L)\right]+\frac{1}{3}\left[\beta\frac{\Delta L}{L}\frac{\Delta A}{A}+\frac{\Delta A}{A}J(L)\right]+\frac{J(K)}{\alpha\frac{\Delta K}{K}}\\\left[1+\frac{1}{2}\frac{\Delta A}{A}+\frac{\beta}{2}\frac{\Delta L}{L}+\frac{1}{2}J(L)+\frac{1}{3}\frac{\Delta A}{A}J(L)+\frac{\beta}{3}\frac{\Delta L}{L}\frac{\Delta A}{A}\right]\end{array}\right\}$$

$$G(L)=\beta\frac{\Delta L}{L}\left\{\frac{1+\frac{1}{2}\left[\frac{\Delta A}{A}+\alpha\frac{\Delta K}{K}+J(K)\right]+\frac{1}{3}\left[\alpha\frac{\Delta K}{K}\frac{\Delta A}{A}+\frac{\Delta A}{A}J(K)\right]+\frac{J(L)}{\beta\frac{\Delta L}{L}}}{\left[1+\frac{1}{2}\frac{\Delta A}{A}+\frac{\alpha}{2}\frac{\Delta K}{K}+\frac{1}{2}J(K)+\frac{1}{3}\frac{\Delta A}{A}J(K)+\frac{\alpha}{3}\frac{\Delta K}{K}\frac{\Delta A}{A}\right]}\right\}$$

$$H(P_1)=\alpha\frac{\Delta P_1}{P_1}\left\{1+\frac{1}{2}\left[\beta\frac{\Delta P_2}{P_2}+J(P_2)\right]+\frac{J(P_1)}{\alpha\frac{\Delta P_1}{P_1}}\left[1+\frac{1}{2}J(P_2)+\frac{\beta}{2}\frac{\Delta P_2}{P_2}\right]\right\}$$

$$H(P_2)=\beta\frac{\Delta P_2}{P_2}\left\{1+\frac{1}{2}\left[\alpha\frac{\Delta P_1}{P_1}+J(P_1)\right]+\frac{J(P_2)}{\beta\frac{\Delta P_2}{P_2}}\left[1+\frac{1}{2}J(P_1)+\frac{\alpha}{2}\frac{\Delta P_1}{P_1}\right]\right\}$$

式中，$\alpha=\alpha_i$，$\beta=\beta_i$，各增长率都取时点 i 时的值。

四　应用案例

我们取定基准值 $\alpha=0.4134$，调整到河北省及各市的各个年度，并计算出 20 世纪 90 年代相应的科技进步贡献率的数值列在表 4－18 中。可以看出，各市及年度间数据变化平稳，可比性强。计算结果由省统计局发布，计算方法沿用至今。[206]

表 4－18　　河北省及各市科技进步贡献率的部分计算结果　　单位：%

时期	石家庄	唐山	秦皇岛	邯郸	邢台	保定	张家口	承德	沧州	廊坊	衡水	全省
1990 年	25.627	3.678	29.606	25.701	37.835	43.394	36.280	30.450	28.759	47.956	51.299	25.599
1991 年	23.764	8.919	28.492	22.436	36.137	45.458	32.925	28.780	29.155	51.662	48.405	25.409
1992 年	25.187	18.519	24.557	23.688	35.333	48.873	32.339	30.936	31.444	52.004	46.839	27.908
1993 年	29.465	23.444	36.657	22.408	31.743	47.538	28.116	30.841	34.773	52.209	43.956	29.882
1994 年	30.211	21.880	38.376	15.328	29.766	46.214	21.599	28.019	37.755	51.044	38.150	28.820
1995 年	35.326	25.524	39.466	19.079	35.692	51.596	21.755	26.399	41.964	52.680	42.069	32.005
1996 年	41.797	33.123	41.356	28.806	44.659	54.703	26.042	35.589	45.560	56.555	46.041	39.774
“六五”时期	25.403	7.288	28.437	48.191	49.909	35.912	52.243	40.445	11.555	57.084	74.227	37.650
“七五”时期	25.930	1.474	30.556	7.349	30.047	47.349	24.770	25.982	36.458	41.204	33.431	18.720
“八五”时期	41.661	38.375	45.125	26.345	40.545	54.321	15.957	25.686	44.725	59.709	47.596	41.406
1981—1995 年	33.372	22.330	36.918	26.378	39.178	48.736	30.752	29.085	37.131	53.482	49.881	32.922
1981—1996 年	37.423	26.746	36.520	32.369	43.899	50.890	32.415	34.584	41.553	54.796	50.920	37.441

第五章　生产率分析

——方法及应用

提高生产率是经济发展的中心问题，它直接影响到整个社会经济问题的解决。经济增长的速度、人民生活水平的提高、财政收支状况的改善、通货膨胀的抑制等都与生产率的状况有着密切关系。生产率问题正受到世界上前所未有的关注，并成为经济学家们的重要的课题。作为一种广义的势分析，本章分别讨论了基于线性生产函数的生产率测定模型和基于CD生产函数的生产率测定模型，以及经济效益系数权重的确定问题，并对中国地区工业生产率进行了实证研究。

第一节　生产率测定与生产函数

一　生产率测定

生产率测定是生产率管理的重要组成部分。所谓生产率测定，就是对某一确定对象的生产率进行度量和计算。

生产率定义是生产率测定的依据，其表达形式看似简单，实际上生产率的度量是很复杂的问题。因为，对于提供产品或服务的任何一项生产投入，都包含劳动力、材料、设备等各种生产要素，如果只计算部分要素（如劳动力、材料等）的生产率，自然不很复杂。然而，当考虑多种要素并计算综合要素生产率时，就有一个如何计算各要素对生产率的贡献的问题，由于各要素之间有密切相互关系和作用，因而不是一个简单的算术问题。[124－150]

二　生产函数

生产函数是经济学理论中的一个重要概念[66-69]，也是测定生产率的重要前提。所谓生产函数，是指在物质生产过程中，反映生产要素投入量的组合与实际产出量之间的依存关系的数学表达式。

如果有 n 种生产要素，其投入量分别为 X_1，X_2，…，X_n，并用 Y 表示产出，则生产函数的一般形式为：

$$Y=f(X_1, X_2, \cdots, X_n) \tag{5-1}$$

实际工作中，通常找出对产出量影响最大的生产要素，例如，可以认为资金 K 和劳动 L 是最主要的生产要素。那么（5-1）式可写成：

$$y=f(K, L) \tag{5-2}$$

将以上函数 $f(K, L)$ 的形式具体化，就可以得到各种具体形式的生产函数。例如，柯布—道格拉斯函数、线性函数和 CES 函数等。

第二节　基于线性生产函数的生产率测定

一　线性生产函数的形式

线性生产函数形式为：

$$y=A(u_K K+u_L L) \tag{5-3}$$

式中，u_K、u_L 是对 K 和 L 进行统一计量的折算系数；A 是结构参数。

在回归意义下，（5-3）式通常仅对投入产出的均值（$\bar{y}$，$\bar{K}$，$\bar{L}$）取等式，而对任意组样本观测值（y_i，K_i，L_i），等式并非成立，而是存在一定偏差 u，即：

$$y=A(u_K K+u_K L)+u \tag{5-4}$$

二　引入势效系数修正生产函数

（5-4）式中，偏差 u 可解释为在各子系统具体生产运行条件下，生产要素 K 和 L 发挥效能的程度不尽相同。

只在引入参数 r_K 和 r_L 分别作为 K 和 L 发挥效能的度量，就可使

(5-3)式化为恒等式，即：

$$y = A(u_K r_K K + u_L r_L L) \tag{5-5}$$

式中，r_K 和 r_L 的计算公式为：

$$r_K = \frac{y/K}{\bar{y}/\bar{K}};\ r_L = \frac{y/L}{\bar{y}/\bar{L}} \tag{5-6}$$

称 r_K 和 r_L 分别为 K 和 L 的势效系数。显然，(5-5) 式是对任何一个子系统的样本观测值（y_i，K_i，L_i）均为恒等式。从（5-6）式不难看出，r_K 是由资金生产率$\left(\frac{y}{K}\right)$演变而来，r_L 是由劳动生产率$\left(\frac{y}{L}\right)$演变而来。

三 生产率测定模型

将 $A=\bar{y}/(u_K\bar{K}+u_L\bar{L})$ 及 r_K、r_L 的计算公式代入（5-5）式，得：

$$y = \bar{y}/(u_K\bar{K}+u_L\bar{L})\left[u_K\left(\frac{y/K}{\bar{y}/\bar{K}}\right)K + u_L\left(\frac{y/L}{\bar{y}/\bar{L}}\right)L\right]$$

$$y = \left(\frac{u_K\bar{K}}{u_K\bar{K}+u_L\bar{L}}K + \frac{u_L\bar{L}}{u_K\bar{K}+u_L\bar{L}}L\right)\cdot$$

$$\left(\frac{u_K\bar{K}K}{u_K\bar{K}K+u_L\bar{L}L}\frac{y}{K} + \frac{u_L\bar{L}L}{u_K\bar{K}K+u_L\bar{L}L}\frac{y}{L}\right) \tag{5-7}$$

记 $u_K^* = \frac{u_K\bar{K}}{u_K\bar{K}+u_L\bar{L}}$，$u_L^* = \frac{u_K\bar{L}}{u_K\bar{K}+u_L\bar{L}}$，

$W_K = \frac{u_K\bar{K}K}{u_K\bar{K}K+u_L\bar{L}L}$，$W_L = \frac{u_K\bar{L}L}{u_K\bar{K}K+u_L\bar{L}L}$。

则（5-7）式化为：

$$y = (W_K P_K + W_L P_L)(u_K^* K + u_L^* L) \tag{5-8}$$

式中，$P_K=\frac{y}{K}$为资金生产率；$P_L=\frac{y}{L}$为劳动生产率；W_K、W_L 分别为 P_K 和 P_L 的权数（$0 \leqslant W_K$、$W_L \leqslant 1$，$W_K+W_L \leqslant 1$），$u_K{}^*$、$u_L{}^*$分别为 K 和 L 的系数（$0 \leqslant u_k{}^*$、$u_L{}^* \leqslant 1$，$u_K{}^*+u_L{}^* \leqslant 1$）。

定义综合生产率：

$$P=\frac{\text{产出}}{\text{综合投入}}=\frac{y}{u_K{}^*K+u_L{}^*L}=W_KR_K+W_LR_L \tag{5-9}$$

此式即为线性生产系统的综合生产率测定模型，它给出了各部分生产率与综合生产率之间的数量关系，即线性生产系统的综合生产率等于劳动生产率与资金生产率的加权算术平均数。

四　模型的推广

若考虑有 n 种生产要素，其生产函数为：

$$y=A(u_1x_1+u_2x_2+\cdots+u_nx_n) \tag{5-10}$$

同理，通过引入势效系数，可以导出：

$$y=(W_1P_1+W_2P_2+\cdots+W_nP_n)(u_1^*x_1+u_2^*x_2+\cdots+u_n^*x_n) \tag{5-11}$$

式中，$P_i=\frac{y}{x_i}$为第 i 个生产要素的生产率（$i=1, 2, \cdots, n$）；$W_i=u_i\bar{x}_ix_i\Big/\sum u_i\bar{x}_ix_i$ 为 P_i 的权数（$0\leqslant W_i\leqslant 1$，$\sum W_i=1$，$i=1, 2, \cdots, n$），$u_i^*=u_i\bar{x}_i\Big/\sum u_i\bar{x}_i$ 为 x_i 的系数（$0\leqslant u_i^*\leqslant 1$，$\sum u_i^*=1$，$i=1, 2, \cdots, n$）。

其综合生产率为：$P=W_1P_1+W_2P_2+\cdots+W_nP_n$　　(5-12)

（5-12）式表明，线性生产系统的综合生产率等于各部分生产率的算术加权平均值。[151]

五　应用实例

已知某行业 13 个企业的投入产出数据（见表 5-1）。

表 5-1　某行业 13 个企业的投入产出数据表　　单位：万元

企业编号	利税总额（Y）	资金总额（K）	工资总额（L）
1	163	1234	173
2	344	544	89
3	252	1567	214
4	83	404	78
5	104	295	53

续表

企业编号	利税总额（Y）	资金总额（K）	工资总额（L）
6	15	269	31
7	115	521	68
8	159	1039	176
9	207	859	148
10	123	641	79
11	20	334	45
12	62	372	46
13	279	1732	124
行业平均	148	755	102

设该行业服从生产函数：

$y = A(u_K K + u_L L)$

并计算出 $A = 1$，$u_K = 0.0077$，$u_L = 1.0667$。

下面以第 1 号企业为例，说明生产率的测定过程。

第一步，计算部分生产率 P_K 和 P_L：

$$P_K = \frac{y}{K} = \frac{163}{1234} = 0.1321\text{；}\ P_L = \frac{y}{L} = \frac{163}{173} = 0.9422$$

第二步，计算 P_K 和 P_L 的权数 W_K 和 W_L：

$$W_K = \frac{u_K \bar{K} K}{u_K \bar{K} K + u_L \bar{L} L} = 0.2764\text{；}\ W_L = \frac{u_L \bar{L} L}{u_K \bar{K} K + u_L \bar{L} L} = 0.7236$$

（或 $W_L = 1 - W_K = 1 - 0.2764 = 0.7236$）

第三步，计算综合生产率 P：

$$P = W_K P_K + W_L P_L = 0.2764 \times 0.1321 + 0.7236 \times 0.9422 = 0.7183$$

同理，可以计算出企业的生产率，计算结果见表 5-2。

表 5-2　　某行业 13 个企业的生产率计算表

企业编号	部分生产率		权数		综合生产率	
	P_K	P_L	W_K	W_L	P	位次
1	0.1321	0.9422	0.2764	0.7236	0.7183	(11)
2	0.6324	3.8652	0.2500	0.7500	3.0570	(1)

续表

企业编号	部分生产率		权数		综合生产率	
	P_K	P_L	W_K	W_L	P	位次
3	0.1608	1.1776	0.2816	0.7184	0.8913	(8)
4	0.2054	1.0641	0.2171	0.7929	0.8777	(9)
5	0.3525	1.9623	0.2296	0.7704	1.5927	(2)
6	0.0558	0.4839	0.3172	0.6828	0.3481	(12)
7	0.2207	1.6912	0.2909	0.7091	1.2634	(4)
8	0.1530	0.9034	0.2402	0.7598	0.7232	(10)
9	0.2410	1.3986	0.2371	0.7629	1.1241	(6)
10	0.1919	1.5570	0.3029	0.6971	1.1435	(5)
11	0.0599	0.4444	0.2844	0.7156	0.3350	(13)
12	0.1667	1.3478	0.3022	0.6979	0.9909	(7)
13	0.1611	2.2500	0.4279	0.5721	1.3562	(3)
行业平均	0.1961	1.4547	0.2843	0.7157	1.0969	(6) — (7)

分析结论：表 5－2 显示，第 1—13 号企业综合生产率位次依次为：（11）—（1）—（8）—（9）—（2）—（12）—（4）—（10）—（6）—（5）—（13）—（7）—（3）。

我们曾计算出 13 个企业的经济效益系数，并根据经济效益系数对该行业 13 个企业的效能进行评价。评价结果为，第 1—13 号企业经济效益系数位次依次为：（10）—（1）—（8）—（9）—（3）—（12）—（4）—（11）—（6）—（5）—（13）—（7）—（2）。

由此可见，用两类指标对该行业 13 个企业进行效能评价，结论基本一致。除第 1 号、第 8 号企业相邻位次（11、10）对调，以及第 5 号、第 13 号企业相邻位次（2、3）对调，其他企业位次完全一致。评价结果与实际情况是吻合的。

第三节　经济效益系数权数的确定

一　经济效益系数权数及其计算公式

“经济效益系数”是我国经济工作者在研究分配问题时提出的。应用经济效益系数可以解决对企业经济效益的综合评价和公平分配问题，因此，它在社会上影响相当广泛。[152]

经济效益系数就是企业的经济效益与同行业的平均经济效益之比。其计算公式如下：

$$F = a \cdot S + b \cdot H \tag{5-13}$$

式中，F 为企业经济效益系数，S 和 H 分别为资金效益系数和工资效益系数，a 和 b 分别为 S 和 H 的权数。S 和 H 的计算公式为：

$$S = \frac{m_1/c_1}{m_2/c_2} = \frac{\dfrac{\text{企业实现利税}}{\text{企业资金总额}}}{\dfrac{\text{行业实现利税}}{\text{行业资金金额}}}$$

$$H = \frac{m_1/v_1}{m_2/v_2} = \frac{\dfrac{\text{企业实现利税}}{\text{企业工资总额}}}{\dfrac{\text{行业实现利税}}{\text{行业工资总额}}} \tag{5-14}$$

理论上，企业的资金效益系数，反映的是企业物化劳动的个别耗费量与社会必要耗费量之比；企业的工资效益系数，反映的是企业活劳动的个别耗费量与社会必要耗费量之比。经济效益系数，反映的是获得同样的单位产出，企业的个别总劳动耗费量与社会必要劳动耗费量之比。当经济效益系数 $F=1$ 时，说明单位产出的个别劳动耗费量等于社会必要劳动耗费量，企业经济效益等于行业平均水平；当 $F>1$ 时，说明单位产出的个别劳动耗费量低于社会必要劳动耗费量，企业的经济效益高于行业平均水平；当 $F<1$ 时，单位产出的个别劳动耗费量高于社会必要劳动耗费量，企业的经济效益低于行业平均水平。因此，通过计算经济效益系数，就可以对各企业的经济效益进行比较。

但是，在实际工作中，由于行业不同或计算期不同，效益系数权数的取值就不可能完全相同，因此，科学、合理地确定效益系数的权数，是一件很有意义的事情。本书就此作些探讨。

二 效益系数权数的确定

设某行业的投入产出关系为线性生产函数，即：

$$Y = A(u_1K + u_2L) \tag{5-15}$$

式中，Y 为该行业内企业的产出，K 为物化劳动投入，L 为活劳动投入，A 是结构参数，u_1 和 u_2 是对 K 和 L 进行统一折算的系数。

理论上，生产函数反映生产要素最佳配置的投入产出关系。但实际（5－15）式只能由统计资料确定参数，即为经验公式，它只对投入产出的算术平均值（$\bar{Y}$，$\bar{K}$，$\bar{L}$）成立，对各企业的实际数据，等式并非成立，而存在一偏差 ε，即 $Y = A(u_1K + u_2L) + \varepsilon$。$\varepsilon$ 可解释为，在各企业具体生产条件下，生产要素 K 和 L 发挥效能的程度不尽相同。

只要引入新的参数 r_K，r_L 作为 K 和 L 发挥效能的度量，就可能使(5－15)式化为恒等式，即：

$$Y = A(u_1r_KK + u_2r_LL) \tag{5-16}$$

式中，r_K 和 r_L 的计算公式为：

$$r_K = \frac{Y/K}{\bar{Y}/\bar{K}},\ r_L = \frac{Y/L}{\bar{Y}/\bar{L}} \tag{5-17}$$

式中，r_K 和 r_L 称 K 和 L 的势效系数。若产出项为利税，即 $y = m$；物化劳动投入为资金总额，即 $K = C$；活劳动投入为工资总额，即 $L = V$。那么 r_K 就等于资金效益系数，即 $r_K = S$；r_L 就等于工资效益系数，即 $r_L = H$。

定义企业综合势效系数：

$$r_C = \frac{Y}{\hat{y}} = \frac{\text{企业实际产出}}{\text{企业理论产出}} \tag{5-18}$$

式中，Y 为（5－16）式所表示，$\hat{y}$为（5－16）式中 $r_K = r_L = 1$ 时的取值，从而有：

$$r_c=\frac{u_1K}{u_1K+u_2L}\cdot r_K+\frac{u_1L}{u_1K+u_2L}\cdot r_L \tag{5-19}$$

由于 $K=C$，$L=V$，而且 $r_K=S$，$r_L=H$，因此，(5－19) 式可改写为：

$$r_c=\frac{u_1C}{u_1C+u_2V}\cdot S+\frac{u_2V}{u_1C+u_2V}\cdot H \tag{5-20}$$

由于 F 和 r_C 都是企业效能（效益）的综合测度，因此，我们不妨令 $F=r_C$，即：

$$a\cdot S+b\cdot H=\frac{u_1C}{u_1C+u_2V}\cdot S+\frac{u_2V}{u_1C+u_2V}\cdot H \tag{5-21}$$

观察上式，从而有：

$$a=\frac{u_1C}{u_1C+u_2V}\qquad b=\frac{u_2V}{u_1C+u_2V} \tag{5-22}$$

即资金和工资效益系数权数计算公式。

三　应用实例

已知河北机械工业某分行业 13 个企业的投入产出数据，见表 5－3。

表 5－3　　河北机械工业某分行业 13 个企业的投入产出数据

企业编号	实现利税（m）（万元）	资金总额（C）（万元）	工资总额（V）（万元）	资金利税率（M/C）（%）	工资利税率（M/V）（%）
1	163	1234	173	13.21	94.22
2	344	554	89	63.24	386.52
3	252	1567	214	16.08	117.76
4	83	404	78	20.54	106.41
5	104	295	53	35.25	196.23
6	15	269	31	5.58	48.39
7	115	521	68	22.07	169.12
8	159	1039	176	15.30	90.34
9	207	859	148	24.10	139.86
10	123	641	79	19.19	155.70
11	20	334	45	5.99	44.44
12	62	372	46	16.67	134.78
13	279	1732	124	16.11	225.00
行业	1926	9821	1324	19.61	145.47

利用断面数据拟合出该行业的投入产出函数为：

$y=0.0077\cdot K+1.0667\cdot L$

即 $m=0.0077\cdot C+1.0667\cdot V$。

下面以 1 号企业为例，说明经济效益系数的计算过程。

第一步，计算资金和工资效益系数 S 和 H：

$$S=\frac{m_1/c_1}{m_2/c_2}=\frac{\frac{163}{1234}}{\frac{1926}{9821}}=0.6736,\quad H=\frac{m_1/v_1}{m_2/v_2}=\frac{\frac{163}{173}}{\frac{1926}{1324}}=0.6477$$

第二步，计算资金和工资效益系数权数 a 和 b：

$u_1c=0.0077\times1234=9.5018$

$u_2v=1.0667\times173=184.5391$

$u_1c+u_2v=9.5018+184.5391=194.0409$

$$a=\frac{u_1c}{u_1c+u_2v}=\frac{9.5018}{194.0409}=0.0490,\quad b=\frac{u_2c}{u_1c+u_2v}=\frac{184.5391}{194.0409}=0.9510$$

第三步，计算企业的经济效益系数 F：

$F=a\cdot S+b\cdot H=0.0490\times0.6736+0.9510\times0.6477=0.6490$

同理，可以计算出其他企业的经济效益系数，计算结果见表 5－4。

四　几点说明

第一，“经济效益系数”的计算公式只适用于线性经济（行业）系统，即投入产出关系是线性函数 $y=A(u_1K+u_2L)$。

第二，建立行业投入产出系数是计算企业资金和工资效益系数权数的前提。投入产出函数的形式不同，经济效益系数的计算公式也不同，因而资金和工资效益系数权数的计算方法也不一样。

第三，在线性经济（行业）系统中，权数 a、b 是随着企业数据不同而变化的。通常，对于同一行业，各企业的资金密集程度相近，主导产品不同，因此，各企业的 a、b 值变化不大，为计算方便，此时，可以采用行业投入产出的平均值来计算 a、b（记为 $\bar{a}$、$\bar{b}$）。例如，本书的例子中各企业用两组值（$\bar{a}$、$\bar{b}$ 与 a、b）分别计算经济效益系数，其相对误差小于 4%，F 值排序位次也完全一致。

表 5-4　河北机械工业某分行业 13 个企业的效益系数计算

企业编号	效益系数				权数		经济效益系数	
	S	位次	H	位次	a	b	F	位次
1	0.6736	11	0.6477	10	0.0490	0.9510	0.6490	10
2	3.2249	1	2.6570	1	0.0430	0.9570	2.6814	1
3	0.8200	9	0.8095	8	0.0502	0.9498	0.8115	8
4	1.0474	5	0.7315	9	0.0360	0.9640	0.7429	9
5	1.7976	2	1.3489	3	0.0386	0.9614	1.3662	3
6	0.2845	13	0.3326	12	0.0589	0.9411	0.3298	12
7	1.1254	4	1.1626	4	0.0524	0.9476	1.1607	4
8	0.7802	10	0.6210	11	0.0409	0.9591	0.6275	11
9	1.2290	3	0.9614	6	0.0402	0.9598	0.9722	6
10	0.9786	6	1.0703	5	0.0553	0.9447	1.0652	5
11	0.3055	12	0.3055	13	0.0509	0.9491	0.3055	13
12	0.8501	7	0.9265	7	0.0552	0.9448	0.9223	7
13	0.8215	8	1.5467	2	0.0916	0.9084	1.4803	2
行业	1	—	1	—	0.0508	0.9492	1	—

第四节　基于 CD 生产函数的生产率测定

一　基于 CD 生产函数的生产率测定模型[67-71,124-133,153]

在生产函数的各种形式中，以柯布—道格拉斯函数的应用最为普遍，其一般形式为：

$$Y = AX_1^{b_1}X_2^{b_2}\cdots X_n^{b_n} \quad (b_j > 0,\ j = 1,\ 2,\ \cdots,\ n) \tag{5-23}$$

式中，A 为常数，b_1，b_2，$\cdots$，b_n 分别为 X_1，X_2，$\cdots$，X_n 的产出弹性。

生产要素产出弹性的常用估计方法是回归分析法。用这种方法确定参数后，（5-23）式通常仅对产出量与各种要素投入量的某组特殊值如 $\{\bar{Y};\ \bar{X}\}$ 取等式，即：

$$\overline{Y}=A\,\overline{X}_1^{b_1}\,\overline{X}_2^{b_2}\cdots\overline{X}_n^{b_n} \tag{5-24}$$

而对任一组数据，（5-23）式均存在一定的误差，即：

$$Y=AX_1^{b_1}X_2^{b_2}\cdots X_n^{b_n}+\varepsilon \tag{5-25}$$

这里，我们只要引入新的参数 r_1，r_2，…，r_n 作为 X_1，X_2，…，X_n 发挥效能的度量，就可使（5-25）式化为恒等式：

$$Y=A(r_1X_1)^{b_1}\ (r_1X_1)^{b_2}\cdots\ (r_1X_1)^{b_n} \tag{5-26}$$

参数 r_1，r_2，…，r_n 分别作为 X_1，X_2，…，X_n 的势效系数。其计算公式为：

$$r_j=\frac{Y^{\frac{1}{b}}}{X_j}\bigg/\frac{\overline{Y}^{\frac{1}{b}}}{\overline{X}_j}\quad (j=1,\ 2,\ \cdots,\ n) \tag{5-27}$$

式中，$b=\sum_{j=1}^{n}b_j$，称为规模报酬。显然，当 $b=1$ 时，（5-27）式可写为 $r_j=P_j/\overline{P}_j$，表明势效系数与生产率成正比。

分别将（5-24）式和（5-27）式代入（5-26）式，整理后得：

$$Y=P_1{}^{b_1^*}P_2{}^{b_2^*}\cdots P_n{}^{b_n^*}\cdot X_1{}^{b_1^*}X_2{}^{b_2^*}\cdots X_n{}^{b_n^*} \tag{5-28}$$

式中，P_j 为 X_j 的生产率，即 $P_j=\frac{Y}{X_j}$；b_j^* 为 P_j 的产出弹性，$b_j^*=\frac{b_j}{b}$，显然 $\sum_{j=1}^{n}b_j^*=1$。称（5-28）式为规模报酬不变条件的产出构成恒等式。

观察（5-28）式，显然产出量 Y 由两大部分构成：一部分为各部分要素生产率的组合；另一部分为各部分要素投入量的组合（$X_1^{b_1^*}X_2^{b_2^*}$，…，$X_n^{b_n^*}$），即“综合要素投入”。

根据定义，综合要素生产率为：

$$P_T=\frac{\text{产出}}{\text{综合要素投入}}=\frac{Y}{X_1^{b_1^*}X_2^{b_2^*}\cdots X_n^{b_n^*}} \tag{5-29}$$

即 $P_T=P_1^{b_1^*}P_2^{b_2^*}\cdots P_n^{b_n^*}$。 (5-30)

此式即为我们给出的综合要素生产率测定模型，它反映了综合要素生产率与各部分要素生产之间的数量关系，即综合要素生产率等于各部分要素生产率的加权几何平均数。

二　应用举例

为了考察河北省机械工业20世纪80年代的经济运行态势，我们应用了上述方法对该省机械工业1981—1990年的生产率进行了测定。测定过程如下：

第一步，建立生产函数。研究表明，该省机械工业的生产函数为三要素表达的柯布—道格拉斯函数，即：

$$Y = AX_1^{b_1}X_2^{b_2}X_3^{b_3} \tag{5-31}$$

式中，Y 为工业总产值（1980年不变价，万元），X_1 为工资总额（万元），X_2 为固定资产原值（万元），X_3 为钢材消耗量（吨）。各参数拟合结果如下：$A = 0.0023$，$b_1 = 0.4639$，$b_2 = 0.2666$，$b_3 = 0.8135$；规模报酬 $b = b_1 + b_2 + b_3 = 0.4639 + 0.2666 + 0.8135 = 1.5440$。

第二步，给出产出构成恒等式

将（5-31）式化为产出构成恒等式：

$$Y = P_1^{b_1^*}P_2^{b_2^*}P_3^{b_3^*}X_1^{b_1^*}X_2^{b_2^*}X_3^{b_3^*} \tag{5-32}$$

式中，P_1 为工资生产率$\left(P_1 = \dfrac{Y}{X_1}\right)$；$P_2$ 为固定资产生产率（或固定资产产出率，$P_2 = \dfrac{Y}{X_2}$）；P_3 为钢材生产率（$P_3 = \dfrac{Y}{X_3}$，其倒数为“万元产值钢耗”指标）。

参数 $b_1{}^*$、$b_2{}^*$、$b_3{}^*$，计算结果如下：

$$b_1^* = \frac{b_1}{b} = \frac{0.4639}{1.5440} = 0.3005$$

$$b_2^* = \frac{b_2}{b} = \frac{0.2666}{1.5440} = 0.1727$$

$$b_3^* = \frac{b_3}{b} = \frac{0.8135}{1.5440} = 0.5268$$

第三步，测定生产率。由（5-32）式得到综合要素生产率测定模型：

$$P_T = P_1^{0.3005}P_2^{0.1727}P_3^{0.5268} \tag{5-33}$$

用此模型即可对综合要素生产率进行测定。各部分要素生产率（P_1、P_2、P_3）和综合要素生产率（P_T）的测定结果列于表 5－5。

表 5－5 生产率测定结果

年份	P_1	P_2	P_3	P_T
1981	6.2203	0.6799	0.5345	1.1646
1982	7.6206	0.8180	0.4973	1.2304
1983	9.2789	0.9646	0.5165	1.3701
1984	9.3024	1.1680	0.5618	1.4814
1985	9.6249	1.2820	0.6496	1.6418
1986	8.4581	1.1910	0.6642	1.5776
1987	8.5495	1.2702	0.6924	1.6398
1988	8.7238	1.4227	0.8097	1.8227
1989	8.3757	1.3518	0.9644	1.9570
1990	8.0558	1.2560	1.9817	1.9278

第四步，生产率分析。为便于比较分析，我们将该省机械工业生产率与全国机械工业生产率之比定义为比较生产率，即：

$$比较生产率（P'）=\frac{该省机械工业生产率}{全国机械工业生产率}$$

该值（P'）越大，表明该省机械工业生产率水平越高；该值（P'）越小，表明其生产率水平越低。当 $P'>1$ 时，表明其生产率水平高于全国平均水平；当 $P'=1$ 时，表明其生产率等于全国平均水平；当 $P'<1$ 时，表明其生产率水平低于全国平均水平。

表 5－6 为比较工资生产率（P'_1）、比较固定资产生产率（P'_2）、比较钢材生产率（P'_3）和比较综合要素生产率（P'_T）的计算结果。

观察表 5－6，可以得到以下几点结论：

（1）1981—1990 年 P'_T 始终小于 1，说明河北省机械工业综合生产效益低于全国平均水平；

（2）1981—1990 年 P'_T 呈上升态势（平均每年递增 1.77%），说明河北省机械工业综合要素生产效益提高幅度高于全国；

（3）1981—1990 年 P'_3 始终小于 P'_1 和 P'_2，而且 $b_3^* > b_1^*$、b_2^*，可见，P_3 过低是导致河北省机械工业生产效益低于全国平均水平的主要因素；

（4）1981—1990 年 P'_1、P'_2 增长较快（平均每年递增分别为 4.45%和 2.79%）是河北省机械工业综合生产效益提高幅度高于全国的主要原因。

表 5-6　　比较生产率计算结果

年份	P'_1	P'_2	P'_3	P'_T
1981	0.7062	0.8525	0.6640	0.7062
1982	0.7691	0.9203	0.6469	0.7242
1983	0.8195	0.9466	0.6468	07417
1984	0.9026	0.9988	0.6698	0.7850
1985	0.9215	0.9711	0.6952	0.8015
1986	0.8795	0.9725	0.6758	0.7789
1987	0.8750	1.0111	0.6747	0.7841
1988	0.9345	1.0536	0.6943	0.8158
1989	0.9650	1.0498	0.7040	0.8292
1990	1.0446	1.0920	0.6609	0.8270

三　小结

本书提出的生产率测定方法，从考察对象看，它不仅适用于对一个企业、行业或部门生产率测定，而且适用于对一个地区或整个国家生产率测定；从考察的目的看，它不仅适用于对考察对象生产率的纵向（历史）分析，而且适用于对考察对象生产率的横向（断面）分析。

第五节　中国地区工业生产率实证分析

提高生产力是经济发展的中心，而生产率测定是研究生产力所必涉及的问题，是研究生产力的前提。本节对我国三大地带、六大区域及31个省市区工业的生产率进行实证分析。

一　生产率测定

生产率测定采用常用的柯布—道格拉斯函数（CD生产函数）：

$$Y = AL^{\alpha}K^{\beta} \tag{5-34}$$

为基本工具。

式中，Y为工业增加值（亿元），L为从业人员年平均数（万人），K为资金总额（亿元），α，β分别为L、K的产出弹性系数，A为结构参数。

引入适当条件，对CD生产函数经过一定的数学变换后，可得综合要素生产率的测定模型：

$$P = P_L^{\alpha^*} P_K^{\beta^*} \tag{5-35}$$

式中，P为综合要素生产率（简称综合生产率），$P_L = Y/L$为劳动生产率，$P_K = Y/K$为资金生产率，

$$\alpha^* = \frac{\alpha}{\alpha+\beta},\ \beta^* = \frac{\beta}{\alpha+\beta}$$

表明，综合生产率为劳动生产率和资金生产率的加权几何平均数。

由（5-35）式可知，P_L、P_K根据实际资料计算，因而计算P的关键在于α^*和β^*值的确定，而确定α^*和β^*的关键是计算α和β，α和β的取值可由各年度断面数据分别测算，也可由时序和断面数据混合测算，或采用经验数值等。在进行综合生产率的纵向对比分析时，由于各年度的参数值不同，容易受偶然因素的影响，使得测定结果的可比性下降，而采用混合数据由于增大了样本量使得测算的α^*和β^*具有较好的稳定性和可比性，因此，本书采用混合数据经回归测得α和β，进而测得α^*和β^*的值，并以此为依据对各年度各地区的综合生产率进行测定。

根据我国各省市区工业有关资料，运用上述方法计算，得到综合生产率的测定模型：

$$P = P_L^{0.24022} P_K^{0.75978} \tag{5-36}$$

进而测得1995—1998年我国各地区工业综合生产率，结果列于表5-7。

二 生产率水平比较

为便于分析，我们分别对1998年省市区劳动生产率、资金生产率及综合生产率进行分组：第一组为生产率高于全国平均水平25%的省市区；第二组为生产率介于全国平均水平与高于全国平均水平25%之间的省市区；第三组为生产率介于全国平均水平与低于全国平均水平25%之间的省市区；第四组为生产率低于全国平均水平25%的省市区（以下省市区之前、后括号中的数字分别为位次、比较生产率，比较生产率以全国为100）。

（一）劳动生产率比较

第一组：劳动生产率高，包括4个省市：云南（184）、上海（177）、广东（142）和北京（133）。

表5-7　　1995—1998年各地区工业生产率

地区	劳动生产率				资金生产率				综合生产率			
	1995年	1996年	1997年	1998年	1995年	1996年	1997年	1998年	1995年	1996年	1997年	1998年
全国	1.8311	2.2018	2.5195	3.1347	0.2535	0.2491	0.2391	0.2169	0.4077	0.4205	0.4210	0.4120
东部	2.1523	2.5384	2.8952	3.6023	0.2554	0.2435	0.2361	0.2240	0.4262	0.4276	0.4312	0.4366
中部	1.4325	1.8210	2.1098	2.5095	0.2579	0.2701	0.2596	0.2202	0.3893	0.4272	0.4294	0.3951
西部	1.5780	1.8612	2.1168	2.6596	0.2375	0.2362	0.2147	0.1811	0.3743	0.3743	0.3720	0.3453
华北	1.7548	1.9756	2.4337	2.8746	0.2440	0.2235	0.2274	0.1940	0.3920	0.3772	0.4019	0.3708
东北	1.4821	1.7586	1.9082	2.5570	0.2217	0.2054	0.2005	0.1811	0.3499	0.3440	0.3445	0.3421
华东	2.0596	2.4842	2.8203	3.4862	0.2788	0.2757	0.2611	0.2427	0.4507	0.4675	0.4624	0.4603
中南	1.9326	2.4297	2.7810	3.3580	0.2497	0.2586	0.2496	0.2330	0.4083	0.4429	0.4453	0.4423
西南	1.6054	1.9603	2.1838	2.8228	0.2556	0.2604	0.2296	0.2135	0.3974	0.4230	0.3994	0.3970
西北	1.5321	1.7088	2.0110	2.4106	0.2112	0.2013	0.1933	0.1424	0.3400	0.3365	0.3393	0.2810

续表

地区	劳动生产率				资金生产率				综合生产率			
	1995 年	1996 年	1997 年	1998 年	1995 年	1996 年	1997 年	1998 年	1995 年	1996 年	1997 年	1998 年
北京	2.5775	2.7054	3.3376	4.1688	0.2360	0.1992	0.2036	0.1751	0.4191	0.3728	0.3987	0.3750
天津	2.2515	1.8671	2.8814	3.2066	0.2546	0.1596	0.1965	0.1714	0.4298	0.2881	0.3746	0.3465
河北	1.7177	2.2126	2.5853	3.0274	0.2664	0.2840	0.2733	0.2042	0.4169	0.4650	0.4689	0.4415
山西	1.2969	1.5281	1.7398	1.9221	0.2287	0.2273	0.2180	0.1780	0.3470	0.3593	0.3590	0.3152
内蒙古	1.1588	1.4655	1.7905	2.2906	0.2044	0.2122	0.2167	0.1791	0.3101	0.3375	0.3599	0.3303
辽宁	1.3897	1.5508	1.7470	2.4155	0.1921	0.1613	0.1719	0.1525	0.3091	0.2779	0.3000	0.2961
吉林	1.2674	1.5404	1.5722	2.0863	0.1899	0.1964	0.1631	0.1522	0.2996	0.3221	0.2811	0.2854
黑龙江	1.7648	2.2557	2.3847	3.0726	0.3018	0.3085	0.2832	0.2565	0.4613	0.4976	0.4724	0.4658
上海	3.1731	3.5254	4.3168	5.5526	0.2523	0.2118	0.2192	0.2085	0.4635	0.4162	0.4486	0.4586
江苏	2.1660	2.4816	2.6941	3.3121	0.3067	0.2915	0.2676	0.2475	0.4878	0.4877	0.4660	0.4515
浙江	1.9501	2.3649	2.6995	3.4957	0.2586	0.2562	0.2282	0.2345	0.4201	0.4369	0.4131	0.4488
安徽	1.4336	1.9819	2.4437	2.4079	0.2884	0.3368	0.3349	0.2266	0.4240	0.5156	0.5399	0.3998
福建	2.1189	2.6092	2.9612	3.8251	0.2752	0.2748	0.2794	0.2801	0.4493	0.4719	0.4926	0.5249
江西	0.9697	1.3165	1.4418	1.7491	0.2176	0.2359	0.2087	0.1707	0.3115	0.3566	0.3321	0.2985
山东	2.1390	2.6611	2.9394	3.4474	0.2959	0.3182	0.2906	0.2831	0.4759	0.5300	0.5066	0.5160
河南	1.6202	1.9303	2.1855	2.5492	0.2916	0.2747	0.2667	0.2460	0.4403	0.4388	0.4420	0.4313
湖北	1.5983	2.0152	2.7460	3.2732	0.2623	0.2709	0.3016	0.2642	0.4049	0.4387	0.5127	0.4837
湖南	1.2682	1.7541	1.9041	2.3387	0.2622	0.3122	0.2721	0.2195	0.3829	0.4726	0.4342	0.3874
广东	2.8511	3.6097	4.0041	4.4551	0.2276	0.2446	0.2294	0.2280	0.4177	0.4669	0.4560	0.4657
广西	1.8264	2.1715	2.0997	2.5732	0.2700	0.2359	0.2080	0.1972	0.4274	0.4020	0.3624	0.3656
海南	1.6951	2.3524	2.5339	3.6402	0.1411	0.3182	0.1292	0.1491	0.2564	0.2501	0.2640	0.3212
重庆	—	—	1.5312	1.8017	—	—	0.1782	0.1547	—	—	0.2987	0.2790
四川	1.2315	1.5410	1.8243	2.3458	0.2156	0.2255	0.2066	0.1881	0.3277	0.3578	0.3486	0.3448
贵州	1.4640	1.7230	1.9735	2.4921	0.2227	0.2303	0.2070	0.1864	0.3501	0.3735	0.3558	0.3475
云南	3.5608	4.1497	4.4212	5.7648	0.4064	0.3840	0.3433	0.3330	0.6845	0.6802	0.6343	0.6606
西藏	1.5458	2.6071	3.5912	2.6208	0.1846	0.2545	0.2253	0.2462	0.3075	0.4451	0.4382	0.4345
陕西	1.2367	1.4585	1.5981	2.0031	0.2081	0.2077	0.1957	0.1119	0.3193	0.3317	0.3240	0.2238
甘肃	1.6367	1.7173	1.9282	2.2026	0.2370	0.2189	0.1908	0.1587	0.3770	0.3591	0.3325	0.2986
青海	1.5000	1.6220	1.6779	2.6812	0.1589	0.1538	0.1089	0.1206	0.2725	0.2709	0.2101	0.2541
宁夏	1.4225	1.7141	1.8557	2.2041	0.1892	0.1908	0.1795	0.1499	0.3071	0.3234	0.3146	0.2860
新疆	2.1081	2.3142	3.2651	3.5592	0.2118	0.1915	0.2241	0.1924	0.3678	0.3484	0.4266	0.3878

第二组：劳动生产率较高，包括8个省市区：福建（122）、海南（116）、新疆（114）、浙江（112）、山东（110）、江苏（106）、湖北（104）、天津（102）。

第三组：劳动生产率较低，包括9个省市区：黑龙江（98）、河北（97）、青海（86）、西藏（84）、广西（82）、河南（81）、贵州（80）、辽宁（77）、安徽（77）。

第四组：劳动生产率低，包括10个省市区：四川（75）、湖南（75）、内蒙古（73）、宁夏（70）、甘肃（70）、吉林（67）、陕西（64）、山西（61）、重庆（57）、江西（56）。

（二）资金生产率比较

第一组：资金生产率高，包括3个省市区：云南（154）、山东（131）、福建（129）。

第二组：资金生产率较高，包括10个省市区：湖北（122）、黑龙江（118）、江苏（114）、西藏（114）、河南（113）、河北（111）、浙江（108）、广东（105）、安徽（105）、湖南（101）。

第三组：资金生产率较低，包括10个省市区：上海（96）、广西（91）、新疆（89）、四川（87）、贵州（86）、内蒙古（83）、山西（82）、北京（81）、天津（79）、江西（79）。

第四组：资金生产率低，包括8个省市区：甘肃（73）、重庆（71）、辽宁（70）、吉林（70）、宁夏（69）、海南（69）、青海（56）、陕西（52）。

（三）综合生产率比较

第一组：综合生产率高，包括3个省市区：云南（160）、福建（127）、山东（125）。

第二组：综合生产率较高，包括9个省市区：湖北（117）、黑龙江（113）、广东（113）、江苏（112）、上海（111）、浙江（109）、河北（107）、西藏（105）、河南（105）。

第三组：综合生产率较低，包括11个省市区：安徽（97）、新疆（94）、湖南（94）、北京（91）、广西（89）、贵州（84）、天津（84）、四川（84）、内蒙古（80）、海南（78）、山西（77）。

第四组：综合生产率低，包括8个省市区：甘肃（72）、江西（72）、辽宁（72）、宁夏（69）、吉林（69）、重庆（68）、青海（62）、陕西（54）。

（四）劳动生产率与资金生产率的关联分析

数据分析表明，无论是六大区域还是31个省市区，其劳动生产率与资金生产率均呈正相关，1998年相关系数分别为0.94和0.55；只有少数省市区较为特殊，上海、北京的劳动生产率高而资金生产率较低，海南的劳动生产率较高而资金生产率低，湖南的劳动生产率低而资金生产率较高（见表5－8）。

表5－8　1998年省市区按劳动生产率和资金生产率分类

		劳动生产率			
		低	较低	较高	高
资金生产率	高			(2)福建(122,129) (3)山东(110,131)	(1)云南(184,154)
	较高	(15)湖南(75,101)	(5)黑龙江(98,118) (10)河北(97,111) (11)西藏(84,114) (12)河南(81,113) (13)安徽(77,105)	(9)浙江(112,108) (7)江苏(106,114) (4)湖北(104,122)	(6)广东(142,105)
	较低	(20)四川(75,87) (21)内蒙古(73,83) (23)山西(61,82) (25)江西(56,79)	(17)广西(82,91) (18)贵州(80,86)	(14)新疆(114,89) (19)天津(102,79)	(8)上海(117,96) (16)北京(133,81)
	低	(27)宁夏(70,69) (24)甘肃(70,73) (28)吉林(67,70) (31)陕西(64,52) (29)重庆(57,71)	(30)青海(86,56) (26)辽宁(77,70)	(22)海南(116,69)	

三　生产率变动趋势和地区差距分析[124－133,154－155]

第一，全国综合生产率呈上升趋势，由1995年的0.4077提高到

1998 年的 0.4120；其中，劳动生产率由 1995 年的 1.83 万元/人提高到 1998 年的 3.13 万元/人，而资金生产率则由 1995 年的 25.35% 下降到 1998 年的 21.69%，平均每年下降 1.22 个百分点。

第二，三大地带中，东部和中部地区综合生产率呈上升趋势，分别由 1995 年的 0.4262、0.3893 提高到 1998 年的 0.4366、0.3951；而西部呈下降趋势，由 1995 年的 0.3743 下降到 1998 年的 0.3453；西部与东、中部差距呈拉大趋势，东西部差距由 1995 年的 0.0519 扩大到 1998 年的 0.0913（见表 5 – 9）。

第三，六大区域中，华东和中南两大区域综合生产率呈上升趋势，分别由 1995 年的 0.4507、0.4083 提高到 1998 年的 0.4603、0.4423；而其他四大区域（华北、东北、西南、西北）均呈下降趋势；六大区域综合生产率差距呈扩大趋势，最高华东与最低西北的差距由 1995 年的 0.1107 扩大到 1998 年的 0.1793（见表 5 – 9）。

表 5 – 9　　综合生产率变动趋势及地区差距

地区	1995 年	1998 年	1995—1998 年变动
全国	0.4077	0.4120	+0.0043
东部	0.4262	0.4366	+0.0104
中部	0.3893	0.3951	+0.0058
西部	0.3743	0.3453	–0.0290
东部—西部	0.0519	0.0913	+0.0394
华北	0.3920	0.3708	–0.0212
东北	0.3499	0.3421	–0.0078
华东	0.4507	0.4603	+0.0096
中南	0.4083	0.4423	+0.0340
西南	0.3974	0.3970	–0.0004
西北	0.3400	0.2810	–0.0590
华东—西北	0.1107	0.1793	+0.0686

第四，各省市区中，有 13 个省市区综合生产率呈上升趋势，其

余17年省市区呈下降趋势；综合生产率指数（以1995年为100）高于全国的有12个省市区，依次为：西藏（141）、海南（125）、湖北（119）、福建（117）、广东（111）、山东（108）、浙江（107）、内蒙古（107）、河北（106）、新疆（105）、四川（105）、湖南（101）；其余18个省市区生产率指数均低于全国，其中生产率下降最快的五个省市区依次是陕西（70）、甘肃（79）、天津（81）、广西（86）、北京（89）。

第五，各省市区生产率差距呈扩大趋势，最高与最低之比由1995年的2.67扩大到1998年的2.95，极差由1995年的0.43扩大到1998年的0.44，标准差由1995年的0.086扩大到1998年的0.096，变异系数由1995年的0.21扩大到1998年的0.23。

第六，全国综合生产率上升主要靠部分东、中部地区中华东和中南地区的广东、福建、山东、浙江、湖北、湖南、海南等地的带动。

四　生产率水平与增长的分类分析

1998年综合生产率水平与1995—1998年各省市区综合生产率增长大体上呈正相关关系，相关系数为0.4288。若以全国平均水平为基准，则可把各省市区分成四类：

第一类为生产率水平较高且增长较快的省市区（7个）：福建、山东、湖北、广东、浙江、河北、西藏；

第二类为生产率水平较低且增长较慢的省市区（13个）：安徽、北京、广西、贵州、天津、山西、甘肃、江西、辽宁、宁夏、吉林、青海、陕西；

第三类为生产率水平较高但增长较慢的省市区（5个）：云南、黑龙江、江苏、上海、河南；

第四类为生产率水平较低但增长较快的省市区（5个）：新疆、湖南、四川、内蒙古、海南。

五　结论

我国工业综合生产率呈缓慢上升趋势；三大地带中，东部和中部上升，而西部下降；六大区域中，华东和中南上升，而华北、东北、西北及西南下降；省市区中，少数省市区上升，而多数省市区下降；

全国综合生产率上升主要靠部分东、中部地区中华东和中南地区的广东、福建、山东、浙江、湖北、湖南、海南等地的带动；无论是三大地带、六大区域，还是省市区，地区差距均呈扩大趋势。

第六章　竞争力分析

——方法及应用

所谓竞争力，是指竞争主体在市场竞争中表现出来的综合实力及其发展潜力的强弱程度，它集中体现为该竞争主体的产品（或劳务）所占市场份额的大小及持续扩张的能力，包括显在竞争力和潜在竞争力。显在竞争力表现为市场份额的大小，可通过市场占有率来反映；潜在竞争力表现为市场份额持续扩张的能力，它是竞争主体在市场竞争中建立起来的持久的获取优势地位的能力，可用竞争优势（系数）来反映。本章采用我们提出的竞争力测定方法，对中国31个省市区工业竞争力进行测定和分析。[156-189]

第一节　产业竞争力测定方法

一　研究假设

本书提出如下假设：市场竞争力是竞争优势与生产规模的函数，即一个经济体（国家、地区、行业、企业）市场竞争力的强弱，取决于其生产（产品或服务）规模的大小及其竞争优势的高低。用公式表示为：

竞争力 = F（竞争优势，生产规模）　　　　(6-1)

这里，竞争力是指现实的或显在的竞争力，而竞争优势则反映了一种潜在的竞争力。(6-1) 式表明：具有同样生产规模的两个经济体，其中具有较高竞争优势的一方，则具有较强的竞争力；或者，具有同样竞争优势的两个经济体，其中具有较大生产规模的一方，则具有较强的竞争力。

众所周知，在市场经济中，经济竞争实际上是产品或服务的市场份额之争，谁拥有更多的市场，谁就具有较强的市场竞争力。因此，我们可以用市场占有率来反映（显在的）市场竞争力。相应的，用经济体的生产要素占有率来反映生产规模的相对大小。从而将（6－1）式具体化为：

$$P_i = K_i \times D_i \tag{6-2}$$

式中，P_i 为市场占有率，K_i 为竞争优势系数，D_i 为生产要素占有率，下标 i 指第 i 个经济体（以企业为例）。

例如：有两个生产同类产品的企业，第一个企业的市场占有率、竞争优势系数、生产要素占有率分别为 P_1、K_1、D_1；第二个企业的市场占有率、竞争优势系数、生产要素占有率分别为 P_2、K_2、D_2。下面我们考虑两种情形：

情形一：假设两个企业具有相同的生产规模（因而在同类产品的同一个市场上具有相同的生产要素占有率，即 $D_1 = D_2$），而第一个企业的商品市场占有率大于第二个企业（即 $P_1 > P_2$）。在这种情形下，显然第一个企业的竞争优势高于第二个企业，即 $K_1 > K_2$。

情形二：假设两个企业在同类产品的同一个市场上具有相同的市场占有率（即 $P_1 = P_2$），而第一个企业的生产规模大于第二个企业（即 $D_1 > D_2$）。在这种情形下，显然第一个企业的竞争优势低于第二个企业，即$K_1 < K_2$。

为直观起见，将以上两种情形列于表6－1。

表6－1　　两种情形下的企业竞争优势比较

		情形一	情形二
假设	生产规模（生产要素占有率）	$D_1 = D_2$	$D_1 > D_2$
	竞争力（市场占有率）	$P_1 > P_2$	$P_1 = P_2$
则	竞争优势（竞争优势系数）	$K_1 > K_2$	$K_1 < K_2$

二 竞争优势模型

以企业为例，我们把某类企业放在国内市场的坐标系上进行研究。用 Y_{1i} 表示第 i 个工业企业的销售额，Y_{2i} 表示该企业工业总产值，Y_{3i} 表示该企业工业增加值，X_i 表示该企业工业生产要素投入量，P_{Ai} 表示该企业工业产品销售率，P_{Bi} 表示该企业工业增加值率，P_{Ci} 表示该企业工业生产率，则有以下关系成立：

$$P_{Ai} = Y_{1i}/Y_{2i} \tag{6-3}$$

$$P_{Bi} = Y_{3i}/Y_{2i} \tag{6-4}$$

$$P_{Ci} = Y_{3i}/X_i \tag{6-5}$$

用 Y_1 表示全国工业品销售额，Y_2 表示全国工业总产值，Y_3 表示全国工业增加值，X 表示全国工业生产要素投入量，P_A 表示全国工业产品销售率，P_B 表示全国工业增加值率，P_C 表示全国工业生产率，则有以下关系成立：

$$P_A = Y_1/Y_2 \tag{6-6}$$

$$P_B = Y_3/Y_2 \tag{6-7}$$

$$P_C = Y_3/X_2 \tag{6-8}$$

用 P_i 表示该企业工业品国内市场占有率，则由市场占有率定义有

$$P_i = Y_{1i}/Y_1 \tag{6-9}$$

由（6-3）式、（6-6）式分别得：

$$Y_{1i} = P_{Ai}Y_{2i} \tag{6-10}$$

$$Y_1 = P_AY_2 \tag{6-11}$$

由（6-4）式、（6-7）式分别得：

$$Y_{2i} = Y_{3i}/P_{Bi} \tag{6-12}$$

$$Y_2 = Y_3/P_B \tag{6-13}$$

由（6-5）式、（6-8）式分别得：

$$Y_{3i} = P_{Ci}X_i \tag{6-14}$$

$$Y_3 = P_CX \tag{6-15}$$

将（6-14）式代入（6-12）式，再代入（6-10）式后得：

$$Y_{1i} = P_{Ai}P_{Bi}^{-1}P_{Ci}X_i \tag{6-16}$$

将（6－15）式代入（6－13）式，再代入（6－11）式后得：

$$Y_1 = P_A P_B^{-1} P_C X \tag{6-17}$$

将（6－16）式、（6－17）式同时代入（6－9）式后得：

$$P_i = \left(\frac{P_{Ai}}{P_A}\right)\left(\frac{P_{Bi}}{P_B}\right)^{-1}\left(\frac{P_{Ci}}{P_C}\right)\left(\frac{X_i}{X}\right) \tag{6-18}$$

记 $A_i = P_{Ai}/P_A$，称为产品销售率因子；$B_i = (P_{Bi}/P_B)^{-1}$，称为增加值率因子；$C_i = P_{Ci}/P_C$，称为生产率因子；$D_i = X_i/X$，称为生产要素占用率，则（6－18）式化为：

$$P_i = A_i \times B_i \times C_i \times D_i \tag{6-19}$$

（6－19）式为企业市场占有率分析模型。模型将市场占有率分解为产品销售率因子、增加值率因子、生产率因子及生产要素占用率四大因素。

比较（6－2）式、（6－19）式，可得：

$$K_i = A_i \times B_i \times C_i \tag{6-20}$$

此式即为基于市场占有率的企业竞争优势模型。该式表明，企业竞争优势的高低主要受三大因素的影响：一是产品销售率；二是增加值率；三是生产率。由于产品销售率反映了产品适销状况，增加值率受产品结构和专业化程度的影响，生产率主要由生产技术和管理水平决定。因此，企业竞争优势主要来自产品的结构以及产品的适销性、生产的专业化分工以及生产的工艺技术和管理水平。

三　生产率模型

综合要素生产率（简称生产率）可使用以下方法测定：

我们采用常用的柯布—道格拉斯函数：

$$Y = AL^{\alpha}K^{\beta} \tag{6-21}$$

为基本工具。

式中，Y 为产出量，L 为劳动投入，K 为资金投入，α、β 分别为 L、K 的产出弹性系数，A 为结构参数。

对（6－21）式引入势效系数，并经过一定的数学变换后，可得综合要素生产率模型：

$$P = P_L^{\alpha^*} P_K^{\beta^*} \tag{6-22}$$

式中，P 为综合要素生产率（P_C），$P_L = Y/L$ 为劳动生产率，$P_K = Y/K$ 为资金生产率，$\alpha^* = \frac{\alpha}{\alpha+\beta}$，$\beta^* = \frac{\beta}{\alpha+\beta}$。（6－22）式表明，综合要素生产率是劳动生产率和资金生产率的加权几何平均数。

第二节　中国地区工业竞争力水平比较

一　市场占有率比较分析

由于我国经济发展的不平衡性，使得国内工业品市场在全国各地区的份额分布是不均衡的，各地区竞争力相差悬殊。2000 年，竞争力最强的是广东省，其市场占有率高达 14.71%；而竞争力最弱的是西藏自治区，其市场占有率仅为 0.02%。从全国范围看，我国工业品市场的集中度较高，31 个省市自治区中，排名全国前 10 位（广东、江苏、山东、浙江、上海、辽宁、河北、河南、湖北、北京）的市场占有率总和为 71.21%，占全国市场总和的 2/3 以上，其中前 5 个省市即广东（14.71%）、江苏（11.85%）、山东（9.58%）、浙江（7.71%）、上海（7.64%）市场占有率之和达 51.49%，超过全国市场总和的 1/2；而排名全国后 10 位的省市区市场占有率总和仅占 6.44%，其中，排名后 5 位的省区即西藏（0.02%）、海南（0.21%）、青海（0.23%）、宁夏（0.28%）、贵州（0.71%）的市场占有率之和仅为 1.45%，尚不及广东一省的 1/9。从地区分布来看，排名前 10 位的省市大多（80%）分布在东部沿海地区，排名于后 10 位的省市区大多（80%）分布在西部内陆地区，呈阶梯状分布，即东高西低之势（见表 6－2）。

表 6－2　　中国各地区工业品市场占有率　　单位：%

地区	1998 年	1999 年	2000 年	2000—1998 年	变动特征
北京	2.98	3.00	3.20	0.22	上升
天津	3.03	3.12	3.16	0.13	上升

续表

地区	1998 年	1999 年	2000 年	2000—1998 年	变动特征
河北	4.22	4.20	4.07	-0.15	下降
山西	1.59	1.45	1.37	-0.22	下降
内蒙古	0.89	0.91	0.88	-0.01	下降
辽宁	4.82	4.91	5.12	0.30	上升
吉林	1.77	1.83	1.87	0.10	上升
黑龙江	2.59	2.44	2.93	0.34	上升
上海	8.10	7.83	7.64	-0.46	下降
江苏	11.50	11.82	11.85	0.35	上升
浙江	6.97	7.21	7.71	0.74	上升
安徽	2.10	2.13	2.01	-0.09	下降
福建	2.90	2.95	2.93	0.03	上升
江西	1.15	1.14	1.07	-0.08	下降
山东	9.23	9.40	9.58	0.35	上升
河南	4.32	4.14	3.92	-0.40	下降
湖北	3.79	3.73	3.41	-0.38	下降
湖南	1.89	1.96	1.86	-0.03	下降
广东	14.41	14.62	14.71	0.30	上升
广西	1.37	1.25	1.17	-0.20	下降
海南	0.27	0.25	0.21	-0.06	下降
重庆	1.22	1.22	1.14	-0.08	下降
四川	2.87	2.68	2.46	-0.41	下降
贵州	0.72	0.73	0.71	-0.01	下降
云南	1.56	1.40	1.26	-0.30	下降
西藏	0.02	0.02	0.02	0.00	不变
陕西	1.35	1.35	1.35	0.00	不变
甘肃	0.96	0.92	0.92	-0.04	下降
青海	0.22	0.23	0.23	0.01	上升
宁夏	0.29	0.28	0.28	-0.01	下降
新疆	0.90	0.88	0.98	0.08	上升

资料来源：根据国家统计局编《中国统计年鉴》（1999，2000，2001）有关数据计算。

二　竞争优势系数比较分析

2000年，竞争优势（见表6-3）最强的是浙江，竞争优势系数为1.35；竞争优势最弱的是西藏，竞争优势系数为0.34，前者是后者的4倍，极差为1.01。在31个省市区中，有8个省市的竞争优势系数高于全国平均水平，占25.8%，依次为浙江（1.35）、江苏（1.33）、广东（1.30）、上海（1.25）、山东（1.20）、天津（1.15）、福建（1.12）、北京（1.04）；低于全国平均水平的省市区有23个，占74.2%。

表6-3　　各地区工业竞争优势系数

地区	1998年	1999年	2000年	2000—1998年	变动特征
全国	1.0000	1.0000	1.0000	0.0000	—
北京	0.9500	1.0618	1.0403	0.0903	上升
天津	1.1355	1.1311	1.1470	0.0115	上升
河北	0.9411	0.9608	0.9257	-0.0154	下降
山西	0.5931	0.5333	0.5089	-0.0842	下降
内蒙古	0.5918	0.5903	0.5861	-0.0057	下降
辽宁	0.7637	0.8250	0.8427	0.0790	上升
吉林	0.6708	0.7156	0.8171	0.1463	上升
黑龙江	0.7110	0.7588	0.8445	0.1335	上升
上海	1.3183	1.3253	1.2526	-0.0657	下降
江苏	1.3366	1.3130	1.3262	-0.0104	下降
浙江	1.3238	1.3374	1.3455	0.0217	上升
安徽	0.9073	0.8841	0.7845	-0.1228	下降
福建	1.2187	1.1535	1.1177	-0.1010	下降
江西	0.7126	0.6907	0.6905	-0.0221	下降
山东	1.2017	1.1710	1.1972	-0.0045	下降
河南	0.9233	0.8569	0.8597	-0.0636	下降
湖北	1.0108	0.9188	0.9435	-0.0673	下降
湖南	0.7801	0.7813	0.7756	-0.0045	下降
广东	1.3181	1.3250	1.2984	-0.0197	下降
广西	0.8422	0.7964	0.7510	-0.0912	下降

续表

地区	1998 年	1999 年	2000 年	2000—1998 年	变动特征
海南	0.8831	0.7823	0.7992	-0.0839	下降
重庆	0.7051	0.7204	0.7351	0.0300	上升
四川	0.7539	0.7062	0.6740	-0.0799	下降
贵州	0.6534	0.6243	0.5984	-0.0550	下降
云南	0.9262	0.8711	0.7816	-0.1446	下降
西藏	0.4902	0.4477	0.3358	-0.1544	下降
陕西	0.5086	0.6185	0.6366	0.1280	上升
甘肃	0.6535	0.6366	0.6315	-0.0220	下降
青海	0.5258	0.5081	0.4541	-0.0717	下降
宁夏	0.6233	0.6465	0.6676	0.0443	上升
新疆	0.6916	0.6692	0.8467	0.1551	上升

资料来源：根据国家统计局编《中国统计年鉴》(1999，2000，2001) 有关数据计算。

按竞争优势系数（K_i）的高低，可把31个省市区分为四组：

第一组：$K_i \geqslant 1.25$，即竞争力强的地区（4个）：浙江（1）[①]、江苏（2）、广东（3）、上海（4）；

第二组：$1 \leqslant K_i < 1.25$，即竞争力较强的地区（4个）：山东（5）、天津（6）、福建（7）、北京（8）；

第三组：$0.75 \leqslant K_i < 1$，即竞争力较弱的地区（12个）：湖北（9）、河北（10）、河南（11）、新疆（12）、黑龙江（13）、辽宁（14）、吉林（15）、海南（16）、安徽（17）、云南（18）、湖南（19）、广西（20）；

第四组：$K_i < 0.75$，即竞争力弱的地区（11个）：重庆（21）、江西（22）、四川（23）、宁夏（24）、陕西（25）、甘肃（26）、贵州（27）、内蒙古（28）、山西（29）、青海（30）、西藏（31）。

从竞争优势系数和市场占有率的关系看，两者具有高度正相关关系（2000年相关系数为0.82），竞争优势强和较强的第一组和第二组8省市的市场占有率之和为60.78%，占全国工业品市场总和的近2/

① 括号中的数字为地区工业竞争优势位次。

3；竞争优势系数较弱和弱的第三组和第四组23个省市区的市场占有率之和仅为39.22%。

从地域来看，竞争力强和较强的第一组和第二组（高于全国平均水平）的8个省市均分布在东部沿海地区；竞争力弱和较弱的第三组和第四组（低于全国平均水平）的23个省市大部分（87%）集中在中西部内陆地区；与市场优势的分布相似，中国地区工业的竞争优势也呈现“东强西弱”之态势。

三　工业竞争力综合分析

将各地区市场优势和竞争优势综合考虑，以全国平均水平（市场占有率3.23%，竞争优势系数1.00）为标准，可把31个省市区按性质不同划分为四种类型（见表6－4）。

表6－4　　中国地区工业竞争力

<table>
<tr><td colspan="2" rowspan="2"></td><td colspan="2">竞争优势系数</td><td rowspan="2">合计</td></tr>
<tr><td>较高（大于1.00）</td><td>较低（小于1.00）</td></tr>
<tr><td rowspan="2">市场占有率</td><td>较高（大于3.23%）</td><td>广东、江苏、山东、浙江、上海</td><td>辽宁、河北、河南、湖北</td><td>9</td></tr>
<tr><td>较低（小于3.23%）</td><td>北京、天津、福建</td><td>黑龙江、四川、安徽、吉林、湖南、山西、陕西、云南、广西、重庆、江西、新疆、甘肃、内蒙古、贵州、宁夏、青海、海南、西藏</td><td>22</td></tr>
<tr><td colspan="2">合计</td><td>8</td><td>23</td><td>31</td></tr>
</table>

第一类：市场优势和竞争优势都较强的地区，有5个，占全国地区总数的16%，它们是广东、江苏、山东、浙江、上海。上述地区的市场占有率之和为51.49%，超过全国市场总和的1/2；竞争优势系数除山东外，其余四省市都在1.25以上，明显高于全国平均水平；上述5省市是全国竞争力最强的地区，均分布在东部沿海地区。

第二类：市场优势较强但竞争优势较弱的地区，有4个，占13%，它们是辽宁、河北、河南、湖北。上述4省的工业品市场占有率均高于全国平均水平，排名在全国前十位以内，但竞争优势系数均低于全国平均水平。上述地区具有市场优势和规模优势，但缺乏竞争优势，主要原因是：河南和辽宁两省的综合生产率较低，尤其是辽宁，综合生产率因子为0.7979，排名全国第20位，说明两省的生产技术水平和管理水平较低；河北省的产销率低于全国平均水平，产品的市场适应能力较差；河南、河北、湖北三省的增加值率因子均低于全国平均水平，说明三省工业的专业化分工及产品结构不合理。因此上述地区应针对各省的不同特点，重点培育竞争优势。

第三类：竞争优势较强但市场优势较弱的地区，有3个，占9.8%，它们是天津、北京、福建。上述3省市的竞争优势系数均高于全国平均水平，排在全国前八名以内，但市场占有率均低于全国平均水平。上述地区具有竞争优势，但缺乏市场优势和规模优势，因此，应有重点地扩大有竞争优势的产品的生产能力，加大开拓市场的力度，将竞争优势转化为市场优势。

第四类：市场优势和竞争优势均较弱的地区，有19个，占61.3%（见表6-4）。这19个省市区的市场占有率和竞争优势系数均低于全国平均水平，尤其是西藏、青海、宁夏、贵州、甘肃、内蒙古、江西七省区，无论市场占有率还是竞争优势系数，均排在全国后十位以内，明显处于竞争劣势。

四　竞争力要素影响程度分析

从影响竞争力的相关因素来看，地区工业品市场占有率和竞争优势系数均与产品销售率因子、增加值率因子、生产率因子呈正相关关系。以2000年的数据作为样本，用Excel计算的结果是：市场占有率与三个影响因素之间的相关系数分别为0.2037、0.5111、0.5699，竞争优势系数与三个影响因素之间的相关系数分别为0.3240、0.6371、0.7359。上述结果表明，生产率（技术水平、管理水平）对地区工业竞争力的影响最大，尤其对竞争优势系数的影响更为明显；增加值率（产品结构、专业化分工）次之，产销率（产品适销性及营销能力）对工业竞争力的影响最小。因此，加大科技创新力度，提高管理水平，调整优化产品结构，是提高地区工业竞争力的关键。

第三节　中国地区工业竞争力变动趋势

考虑到指标口径的一致性，现将1998—2000年的有关指标加以比较，以进一步分析各地区的工业竞争力及其变动趋势。

一　市场占有率变动趋势分析

与1998年相比，31个省市区中，市场占有率上升的地区有11个，占35%，按上升的百分点降序排列，依次为浙江、山东、江苏、黑龙江、辽宁、广东、北京、天津、吉林、新疆、福建，其中，浙江省上升幅度最大，从1998年的6.97上升到2000年的7.71，上升了0.74个百分点；基本不变（变动不超过0.01%）的地区有6个，占20%，依次为青海、西藏、陕西、宁夏、内蒙古、贵州；市场占有率下降的地区有14个，占45%，依次为湖南、甘肃、海南、重庆、江西、安徽、河北、广西、山西、云南、湖北、河南、四川、上海，其中，下降幅度最大的上海市从1998年的8.10下降到2000年的7.64，下降了0.46个百分点（见表6－2）。

二　竞争优势系数变动趋势分析

与1998年相比，31个省市区中，竞争优势系数上升的地区有10个，占32%，依次为新疆、吉林、黑龙江、陕西、北京、辽宁、宁夏、重庆、浙江、天津，其中，新疆从1998年的0.67上升到2000年的0.85，上升了0.18点，上升幅度最大（但仍低于全国平均水平）；竞争优势系数下降的地区有21个，占68%，依次为山东、湖南、内蒙古、江苏、河北、广东、甘肃、江西、贵州、河南、上海、湖北、青海、四川、海南、山西、广西、福建、安徽、云南、西藏，其中，西藏从1998年的0.49下降到2000年的0.34，下降了0.15个百分点，下降幅度最大。值得注意的是，在竞争优势系数上升的10个地区中，有4个地区位于西部，表明国家开发西部的战略已显出成效。此外，东北三省的竞争优势系数和市场占有率均处于上升态势，表明东北地区“九五”期间的产业结构调整取得了明显成效，单一的重工业结构有所改善，竞争力得到提升（见表6－3）。

三　地区竞争力差异分析

利用Excel对近三年的竞争力指标计算出的标志变动度显示，市场占有率和竞争优势系数的极差、标准差和变异系数均为上升趋势，表明我国各地区工业竞争力的离散程度正在加大，地区差异呈扩大趋势，这可能是东西部收入差距拉大的重要原因。此现象应引起有关部门的重视（见表6－5）。

表6－5　　中国地区工业竞争力标志变动度

标志变异指标	市场占有率（%）			竞争优势系数		
	1998年	1999年	2000年	1998年	1999年	2000年
极差	14.39	14.59	14.69	0.8464	0.8897	1.0097
标准差	3.45	3.52	3.56	0.2613	0.2591	0.2621
变异系数	1.07	1.09	1.10	0.2613	0.2591	0.2621

第四节　中国地区制造业竞争力比较分析

制造业竞争力的强弱，在一定程度上决定着国民经济综合竞争力的高低，对中国31个省市区的制造业竞争力进行测定的结果表明，中国制造业竞争力在地区间存在着明显的差异，从地域上看，呈现东强西弱态势，而生产率是影响地区制造业竞争力的主要因素。

从全球经济的发展轨迹看，制造业不仅是一个国家国民经济发展的基石，也是增强一国综合竞争力的基础；同时也是一个国家抢占技术创新制高点的最重要平台。制造业竞争力的强弱，在一定程度上决定着国民经济综合竞争力的高低。美国、日本以及欧洲等发达的资本主义国家，都非常重视制造业并提出了完整的发展战略，试图在全球制造业新一轮战略性重组中，保持其高新技术垄断地位，并使发展中国家处于纵向分工的较低层次。加入世界贸易组织后的中国有巨大的市场潜力以及低廉的劳动成本优势，已经成为全球制造业大规模转移和抢滩登陆的重要目标市场，可谓机遇与挑战并存。密切关注制造业竞争力现状，培育制造业竞争优势，是全面提高我国竞争力的关键。[190-192]

一 显在竞争力——市场占有率分析

由于我国经济发展的不平衡性，使得国内制造业市场在全国各地区的份额分布是不均衡的，各地区制造业竞争力相差悬殊。2000年，竞争力最强的省份是广东省，市场占有率高达15.14%，竞争力最弱的是西藏自治区，市场占有率仅为0.01%，前者是后者的1500倍。从全国范围看，我国制造业市场的集中度较高，31个省市自治区中，排名于全国前10位的广东、江苏、山东、上海、浙江、辽宁、北京、河北、湖北、河南市场占有率总和为73.52%，占全国市场总和的2/3以上，其中前5个省市即广东（15.14%）、江苏（13.00%）、山东（9.21%）、上海（8.53%）、浙江（8.22%）市场占有率之和达54.10%，超过全国市场总和的1/2；而排名于全国后10位的省市区市场占有率总和仅占5.49%，其中，排名于后5位的省区即西藏（0.01%）、青海（0.13%）、海南（0.21%）、宁夏（0.23%）、贵州（0.63%）的市场占有率之和仅为1.21%，尚不及广东一省的1/12。从地区分布来看，排列于前10位的省市大多（80%）分布在东部沿海地区，排列于后10位的省市区大多（80%）分布在西部内陆地区，呈阶梯状分布，呈现东高西低之势（见表6-6）。

表6-6 中国各地区制造业竞争力及相关因素

地区	生产率因子	产销率因子	增加值率因子	竞争优势系数	市场占有率（%）
全国	1.0000	1.0000	1.0000	1.0000	100.00
北京	0.9347	1.0853	1.0013	1.0157	3.74
天津	0.8928	1.0210	1.2391	1.1296	3.21
河北	1.0062	0.9605	0.9088	0.8783	3.69
山西	0.6366	0.9438	0.8863	0.5325	1.02
内蒙古	0.8529	0.9995	0.8250	0.7034	0.68

续表

地区	生产率因子	产销率因子	增加值率因子	竞争优势系数	市场占有率（%）
辽宁	0.6778	1.0299	1.1427	0.7976	4.91
吉林	0.7864	0.9734	1.0166	0.7782	1.87
黑龙江	0.6691	0.9994	1.0847	0.7254	1.64
上海	1.0942	1.0778	1.0450	1.2323	8.53
江苏	1.1665	0.9831	1.1066	1.2691	13.00
浙江	1.1113	1.0026	1.1837	1.3189	8.22
安徽	0.8300	1.0440	0.8484	0.7352	2.01
福建	1.1866	0.9805	0.9181	1.0681	3.13
江西	0.7141	0.9858	0.9610	0.6765	1.21
山东	1.1881	0.9713	0.9700	1.1194	9.21
河南	0.9309	0.9388	0.9088	0.7942	3.48
湖北	1.0936	0.9742	0.8376	0.8924	3.60
湖南	0.9102	0.9962	0.8614	0.7811	1.90
广东	1.1367	1.0021	1.0845	1.2354	15.14
广西	0.8319	1.0016	0.9013	0.7510	1.15
海南	0.6565	0.9200	1.1334	0.6846	0.21
重庆	0.7505	1.0058	0.9686	0.7311	1.18
四川	0.7675	1.0099	0.8168	0.6331	2.42
贵州	0.6902	0.9468	0.7781	0.5084	0.63
云南	1.5038	1.0320	0.5332	0.8274	1.27
西藏	0.7760	0.9500	0.4924	0.3630	0.01
陕西	0.6745	0.9586	0.8997	0.5817	1.13
甘肃	0.6842	0.9470	0.8916	0.5777	0.80
青海	0.5085	0.9530	0.9630	0.4666	0.13
宁夏	0.6776	1.0250	0.9572	0.6648	0.23
新疆	0.6812	1.0752	1.0347	0.7579	0.65

资料来源：国家统计局编：《中国统计年鉴》（2001）；各省市区统计局编各省市区统计年鉴（2001）；中国统计出版社 2001 年版。

二　潜在竞争力——竞争优势分析

与市场优势相似，各省市区的竞争优势也是不同的。2000 年，竞争优势最强的是浙江，竞争优势系数为 1.32；竞争优势最弱的是西藏，竞争优势系数为 0.36，前者是后者的 3.67 倍。在 31 个省市区中，有 8 个省市的竞争优势系数高于全国平均水平，占 25.8%，依次为浙江（1.31）、江苏（1.27）、广东（1.24）、上海（1.23）、天津（1.13）、山东（1.12）、福建（1.07）、北京（1.02）；低于全国平均水平的省市区有 23 个，占 74.2%（见表 6－6）。

按竞争优势系数（K_i）的高低，可把 31 个省市区分为四组：

第一组：$K_i \geq 1.25$，即竞争力强的地区（2 个）：浙江（1）[①]、江苏（2）。

第二组：$1 \leq K_i < 1.25$，即竞争力较强的地区（6 个）：广东（3）、上海（4）、天津（5）、山东（6）、福建（7）、北京（8）。

第三组：$0.75 \leq K_i < 1$，即竞争力较弱的地区（9 个）：湖北（9）、河北（10）、云南（11）、辽宁（12）、河南（13）、湖南（14）、吉林（15）、新疆（16）、广西（17）。

第四组：$K_i < 0.75$，即竞争力弱的地区（14 个）：安徽（18）、重庆（19）、黑龙江（20）、内蒙古（21）、海南（22）、江西（23）、宁夏（24）、四川（25）、陕西（26）、甘肃（27）、山西（28）、贵州（29）、青海（30）、西藏（31）。

从竞争优势系数和市场占有率的关系看，两者具有高度正相关关系（2000 年相关系数为 0.83），竞争优势强和较强的第一组和第二组 8 个省市的市场占有率之和为 64.18%，占全国制造业市场总和的近 2/3；竞争优势系数较弱和弱的第三组和第四组 23 个省市区的市场占有率之和仅为 35.82%。

从地域来看，竞争力强和较强的第一组和第二组（高于全国平均水平）的 8 个省市均分布在东部沿海地区；竞争力弱和较弱的第三组和第四组（低于全国平均水平）的 23 个省市大部分（87%）集中在中西部内陆地区；与市场优势的分布相似，中国地区制造业的竞争优势也呈现“东强西弱”的态势（见表 6－6）。

---

① 括号中的数字为地区制造业竞争优势位次。

三　制造业竞争力综合分析

将各地区市场优势和竞争优势综合考虑，以全国平均水平（市场占有率3.23%，竞争优势系数1.00）为标准，可把31个省市区按性质不同划分为四种类型（见表6－7）：

第一类：市场优势和竞争优势都较强的地区，有6个，占全国地区总数的19%，它们是广东、江苏、山东、上海、浙江、北京。上述地区的市场占有率之和为57.84%，超过全国市场总和的1/2；6省市竞争优势系数均高于全国平均水平，尤其是浙江和江苏两省，竞争优势系数在1.25以上，竞争优势明显；上述6省市是全国竞争力最强的地区，均在东部沿海。

第二类：市场优势较强但竞争优势较弱的地区，有4个，占13%，它们是辽宁、河北、湖北、河南。上述4省的制造业市场占有率均高于全国平均水平，排名在全国前十位以内，但竞争优势系数均低于全国平均水平。上述地区具有市场优势和规模优势，但缺乏竞争优势，主要原因是：河南和辽宁两省的综合生产率较低，尤其是辽宁，生产率因子为0.68，排名全国倒数第7位，说明两省的生产技术水平和管理水平较低；湖北、河北、河南三省的产销率低于全国平均水平，产品的市场适应能力较差；河南、河北、湖北三省的增加值率因子均低于全国平均水平，说明三省制造业的专业化分工及产品结构不合理。因此上述地区应针对各省的不同特点，重点培育竞争优势。

第三类：竞争优势较强但市场优势较弱的地区，有2个，占6.5%，它们是天津和福建。上述2省市的竞争优势系数均高于全国平均水平，排在全国前八名以内，但市场占有率均低于全国平均水平。上述地区具有竞争优势，但缺乏市场优势和规模优势，因此，应重点增加生产规模，加大开拓市场的力度，将竞争优势转化为市场优势。

第四类：市场优势和竞争优势均较弱的地区，有19个，占61.3%（见表6－7）。这19个省市区的市场占有率和竞争优势系数均低于全国平均水平，尤其是，西藏、青海、宁夏、贵州、甘肃、海南、陕西、山西8省区，无论市场占有率还是竞争优势系数，均排在全国后10位以内，明显处于竞争劣势。

表6－7　　　中国地区制造业竞争力分类表

		竞争优势系数		合计
		较高（大于1.00）	较低（小于1.00）	
市场占有率	较高（大于3.23%）	广东、江苏、山东、上海、浙江、北京	辽宁、河北、湖北、河南	10
	较低（小于3.23%）	天津、福建	四川、安徽、湖南、吉林、黑龙江、云南、江西、重庆、广西、陕西、山西、甘肃、内蒙古、新疆、贵州、宁夏、海南、青海、西藏	21
合计		8	23	31

资料来源：同表6－2。

四　竞争力影响要素分析

从影响竞争力的相关因素来看，地区制造业市场占有率和竞争优势系数均与生产率因子、产品销售率因子、增加值率因子呈正相关关系。以2000年的数据作为样本，用Excel计算的结果是：市场占有率与三个影响因素之间的相关系数分别为0.60、0.18、0.43，竞争优势系数与三个影响因素之间的相关系数分别为0.73、0.40、0.55，上述结果表明，生产率（技术水平、管理水平、生产效率）对地区制造业竞争力的影响作用最大，尤其对竞争优势系数的影响作用更为明显；增加值率（产品结构、专业化分工协作）次之，产销率（促销手段）对制造业竞争力的影响作用最小。因此，加大科技投入的力度，提高地区制造业生产率，调整优化地区产品结构，是提高地区制造业竞争力的关键。

五　结论及建议

上述分析显示，我国制造业竞争力在地区间存在明显的差异，从地域上看，呈现东强西弱的阶梯状分布。竞争优势系数最高的浙江（1.32）是最低的西藏（0.36）的近4倍；竞争优势强和较强的东部沿海8省市制造业市场占有率达64%，竞争优势弱和较弱的23个省市区（87%在中西部）只占36%。这种差异长此以往，将不利于资源合理配置和国民经济整体竞争力的提高，不利于社会稳定，因此，政府应采取有力的宏观调控手段，协调东西部的发展关系，重点通过提高中西部制造业的竞争力来缩小地区间的差异。

位于东南沿海的广东、江苏、山东、上海、浙江是全国制造业竞争力最强的地区。上述地区应充分利用其竞争优势，加速信息化和现代化进程，重点发展制造业中技术含量和附加值高的产品，积极参与国际竞争，使其成为我国加入世界贸易组织之后与国际制造业相抗衡的中坚力量；同时，应大力加强与中西部地区的协作，通过技术、人才、资本等生产手段的输出，带动和扶持中西部地区的制造业发展。

占全国地区总数60%以上的中西部地区（19个省市区，见表6－7），无论市场优势、竞争优势还是规模优势都较低，这是影响我国制造业竞争力整体水平较低的重要因素。国家应继续加大中西部开拓的力度，推动国内区际层次上的开放程度，促使中西部地区抓住信息化技术革命的新机遇，实现跨越式发展，将中西部特别是西部地区丰富的自然资源转化成经济增长优势，提高其制造业竞争力，进而促进国民经济整体竞争力的提高。

从影响竞争力的三个因素来看，生产率对竞争力的影响程度最大，增加值率次之，产销率最小，因此，要提高制造业竞争力，除加大促销力度外，更重要的是调整优化产品结构，提高生产技术水平、管理水平和生产效率。

第七章　势分析理论的进一步讨论

作为势分析理论的深入研究，本章进一步讨论全面修正模型参数的方法和根据计量经济模型建立势分析模型的一般方法。

第一节　模型参数的修改

在以往的讨论中，势效系数是作为资源变量发挥效能的程度引入的，它的实际作用是修正数学模型中和变量直接关联的参数，如乘数、幂指数等。它还不能去修改和变量不直接关联的其他常参数。再者，以往势效系数的计算和其所在项的符号无关，也不尽合理。本节就线性函数模型和一般乘积函数模型（包括分式模型）的情形做些改进，讨论在这些情形下势效系数的计算方法。[193－205]

一　线性函数模型

模型的一般形式是：

$$y = a_0 + a_1x_1 + a_2x_2 + \cdots + a_nx_n + u \tag{7-1}$$

现在把各项系数分为两类，$a_j>0$ 的序号集合记为 I_1，$a_j<0$ 的符号集合记为 I_2。若扣去 a_0 的符号，这两个集合改写为 I'_1 和 I'_2。这样做的结果可以把各项符号和系数分开，即认为所有的 $a_j>0$。进而，我们约定，在所有的样本数据中均有 $y\geqslant0$，$x_j\geqslant0$，即把绝对值和它们的符号也分离开。这样一来，同一个模型对应的不同的样本数据分别代入（7－1）式中，同一个系数 a_j 前面的符号可能不尽相同。这一点，在下面的计算中，应予特别注意。

按上面的约定，把（7－1）式改写成：

$$y = \sum_{I_1} a_j x_j - \sum_{I_2} a_j x_j + u \qquad (7-2)$$

（7－2）式中，$x_0 \equiv 1$，对应常数项。

（一）$I_2 = \Phi$ 的情形（Φ 为空集符号）

此时，（7－2）式简化为：

$$y = \sum_{I} a_j x_j + u = \sum_{j=0}^{n} a_j x_j + u$$

取 r_0，使成立恒等式：

$$y \equiv r_0 \sum_{j=0}^{n} a_j x_j \qquad (7-3)$$

由（7－3）式可计算出：

$$r_0 = y / \sum_{j=0}^{n} a_j x_j$$

再记 $a_0^* = a_0 r_0$，可以把（7－3）式表示成：

$$y = a_0^* + a_1 r_1 x_1 + a_2 r_2 x_2 + \cdots + a_n r_n x_n \qquad (7-4)$$

对 y、x_j 的均值 $\overline{y}$、$\overline{x}_j$，与（7－4）式对应有：

$$\overline{y} = a_0 + a_1 \overline{x}_1 + a_2 \overline{x}_2 + \cdots a_n \overline{x}_n \qquad (7-5)$$

对比（7－4）式和（7－5）式，按我们以前引入分离条件的办法，可得到：

$$r_j = \frac{y - a_0^*}{x_j} \bigg/ \frac{\overline{y} - a_0}{\overline{x}_j} \qquad j = 1，2，\cdots，n$$

（二）$I_2 \neq \Phi$ 的情形

取 r_0，使（7－2）式化为恒等式：

$$y = r_0 \sum_{I_1} a_j x_j - \frac{1}{r_0} \sum_{I_2} a_j x_j \qquad (7-6)$$

若记 $A = \sum_{I_1} a_j x_j$，$C = \sum_{I_2} a_j x_j$，（7－6）式变成二次方程：

$$A r_0^2 - y r_0 - C = 0$$

它的解是：

$$r_0 = \frac{1}{2A} \left[y + \sqrt{y^2 + 4AC} \right]$$

取定　$a^{*}=\begin{cases}a_0r_0 & 当0\in I_1\\ -a_0/r_0 & 当0\in I_2\end{cases}$

在线性模型中，常数 a_0 表示扣除模型中各变量的贡献后，模型外变量剩余贡献的平均值。由于模型内外变量的相关关系，这个剩余贡献可能取正值，也可能取负值，a_0^* 则表示模型外变量剩余贡献的样本估计值。记：

$$y_1=y-a_0^{*}+\frac{1}{r_0}\sum_{I'_2}a_jx_j=r_0\sum_{I'_1}a_jx_j$$

$$\overline{y}_1=\overline{y}-a_0+\sum_{I'_2}a_j\overline{x}_j=\sum_{I'_1}a_j\overline{x}_j$$

把 r_0 换成 I'_1 中各变量的势效系数，则有：

$$y_1=\sum_{I'_1}a_jr_jx_j \tag{7-7}$$

$$\overline{y}_1=\sum_{I'_1}a_j\overline{x}_j \tag{7-8}$$

由一般线性函数的势效系数的计算思路，由（7－7）式和（7－8）式可以建立分离条件，进而计算得：

$$r_j=\frac{y_1}{x_j}\bigg/\frac{\overline{y}_1}{\overline{x}_j}\qquad j\in I'_1 \tag{7-9}$$

注意到，y_1 和 $\overline{y}_1$ 都有两个表达式，可选一个较易计算的使用。

再记：

$$y_2=y-a_0^{*}-r_0\sum_{I'_1}a_jx_j=-\frac{1}{r_0}\sum_{I'_2}a_jx_j$$

$$\overline{y}_2\equiv\overline{y}-a_0-\sum_{I'_1}a_j\overline{x}_j=-\sum_{I'_2}a_j\overline{x}_j$$

同样，把 $\frac{1}{r_0}$ 换成 I'_2 中各变量的势效系数，就得：

$$-y_2=\sum_{I'_2}a_jr_jx_j \tag{7-10}$$

$$-\overline{y}_2=\sum_{I'_2}a_j\overline{x}_j \tag{7-11}$$

由（7－10）式、（7－11）式建立分离条件，可得出：

$$r_j=\frac{y_2}{x_j}\bigg/\frac{\overline{y}_2}{\overline{x}_j}\qquad j\in I'_2 \tag{7-12}$$

同样，y_2 和$\overline{y}_2$ 有两个表达式可供选用。

（7－9）式和（7－12）式，形式上是相同的。把以上结果合并起来，就得到：

$$y = a_0^* + \sum_{I'_1} a_j r_j x_j - \sum_{I'_2} a_j r_j x_j$$

当$j \in I'_1$ 时，r_j 由（7－9）式计算；当$j \in I'_2$ 时，r_j 由（7－12）式计算。

二　一般乘积函数

包括分式形式的一般乘积函数的模型是：

$$y = \frac{x_1^{\alpha_1} x_2^{\alpha_2} \cdots x_m^{\alpha_m}}{x_{m+1}^{\beta_1} x_{m+2}^{\beta_2} \cdots x_{m+n}^{\beta_n}} + u \qquad y>0,\ x_j>0,\ \alpha_j>0,\ \beta_j>0$$

引入势效系数 r_0，可化为恒等式：

$$y = \frac{r_0 x_1^{\alpha_1} x_2^{\alpha_2} \cdots x_m^{\alpha_m}}{\frac{1}{r_0} x_{m+1}^{\beta_1} x_{m+2}^{\beta_2} \cdots x_{m+n}^{\beta_n}} = r_0^2 \frac{A}{B}$$

可算出：

$$r_0 = \sqrt{\frac{By}{A}}$$

记：

$$y = \frac{y_1}{y_2} = \frac{r_0 A}{\frac{1}{r_0} B}$$

其中，$y_1 = r_0 A = r_0 x_1^{\alpha_1} x_2^{\alpha_2} \cdots x_m^{\alpha_m}$，$y_2 = \frac{B}{r_0} = \frac{1}{r_0} x_{m+1}^{\beta_1} x_{m+2}^{\beta_2} \cdots x_{m+n}^{\beta_n}$。

把 r_0 拆到 y_1 中各因子，并记 $\alpha = \alpha_1 + \alpha_2 + \cdots + \alpha_m$，有：

$$y_1 = (r_1 x_1)^{\alpha_1} (r_2 x_2)^{\alpha_2} \cdots (r_m x_m)^{\alpha_m}$$

$$\overline{y}_1 = \overline{x}_1^{\alpha_1} \overline{x}_2^{\alpha_2} \cdots \overline{x}_m^{\alpha_m}$$

仿照前几章介绍的乘积函数势效系数的计算方法，可得：

$$r_j = \left(\frac{y_1}{\overline{y}_1}\right)^{\frac{1}{\alpha}} \Big/ \frac{x_j}{\overline{x}_j} \qquad j = 1,\ 2,\ \cdots,\ m$$

同样，把$\frac{1}{r_0}$拆到 y_2 中的各因子，并记$\beta = \beta_1 + \beta_2 + \cdots + \beta_n$，就有：

$$y_2 = (r_{m+1}x_{m+1})^{\beta_1}(r_{m+2}x_{m+2})^{\beta_2}\cdots(r_{m+n}x_{m+n})^{\beta_n}$$

$$\bar{y}_2 = \bar{x}_{m+1}{}^{\beta_1}\bar{x}_{m+2}{}^{\beta_2}\cdots\bar{x}_{m+n}{}^{\beta_n}$$

$$r_j = \left(\frac{y_2}{\bar{y}_2}\right)^{\frac{1}{\beta}} \Big/ \frac{x_j}{\bar{x}_j} \qquad j = m+1,\ m+2,\ \cdots,\ m+n$$

三　线性模型的例

一种消费品在某地的销售量 y，有预测模型为：

$$\tilde{y} = -12.76 + 0.104x_1 - 0.188x_2 + 0.319x_3$$

式中，x_1 为居民可支配收入，x_2 为该消费品的价格指数，x_3 为其他消费品的平均价格指数。

采用本节前面的符号，有以下计算公式：

$$y = Ar_0 - \frac{C}{r_0}$$

$$A = 0.104x_1 + 0.319x_3$$

$$C = 12.76 + 0.188x_2$$

$$r_0 = \frac{1}{2A}\left[y + \sqrt{y^2 + 4AC}\right]$$

$$a_0^* = \frac{-12.76}{r_0}$$

$$y_1 = y + \frac{1}{r_0}(12.76 + 0.188x_2)$$

$$\bar{y}_1 = 45.8796$$

$$r_1 = 2.8158\frac{y_1}{x_1}$$

$$r_3 = 2.2232\frac{y_1}{x_3}$$

$$r_2 = \frac{1}{r_0}$$

原始数据和计算结果列在表 7－1 中。

表 7 – 1 原始数据与计算结果

序号	x_1	x_2	x_3	y	$1/r_0$	r_1	r_3
1	82.9	92	94	8.4	1.0022	1.3088	0.9117
2	88.0	93	96	9.6	0.9996	1.2736	0.9226
3	99.9	96	97	10.4	1.0017	1.1626	0.9457
4	105.3	94	97	11.4	1.0007	1.1195	0.9596
5	117.7	100	100	12.2	1.0056	1.0507	0.9767
6	131.0	101	101	14.2	0.9986	0.9867	1.0108
7	148.2	105	104	15.8	1.0036	0.9159	1.0380
8	161.8	112	109	17.9	0.9986	0.8992	1.0559
9	174.2	112	111	19.3	1.0047	0.8617	1.0676
10	184.7	112	111	20.8	1.006	0.8326	1.0935
均值	129.37	101.7	102	14	—	—	—

第二节 势分析模型

一 势分析模型的建立

现在讨论如何把一个一般的数学模型改造成势分析模型的问题，举一个优化模型的例子，其方法原则其实对分析模型和预测模型都是适用的。

设经过分析研究，已建立起对象系统的一个优化模型：

$$opt \quad y = f(x_1, x_2, \cdots, x_n) \tag{7-13}$$

$$Z_i = g_i(x_1, x_2, \cdots, x_n) \geqslant 0 \qquad i = 1, 2, \cdots, m \tag{7-14}$$

$$W_l = h_l(x_1, x_2, \cdots, x_n) = 0 \qquad l = 1, 2, \cdots, k \tag{7-15}$$

并设用 T_1 组样本数据 $\{x_1, x_2, \cdots, x_n, y\}$ 建立了目标函数（7–13）式，用 T_2 组样本数据 $\{x_1, x_2, \cdots, x_n, Z_1, Z_2, \cdots, Z_m\}$ 建立起 m 个不等式表示的约束条件（7–14）式，用 T_3 组样本数据 $\{x_1, x_2, \cdots, x_n, w_1, w_2, \cdots, w_k\}$ 建立起 K 个等式约束条件（7–15）式。理想的情况自然是，$T_1 = T_2 = T_3 = T$，建立起目标函数（7–13）式和建立起约束条件（7–14）式、（7.15）式用的是同样的 T 组 $\{x_1, x_2, \cdots, x_n\}$。在 T_1、T_2 和 T_3 不相等时，所用的 $\{x_1, x_2,$

…，$x_n\}$，其统计范围应尽可能多地重合，而无论在什么情况下，$\{x_1, x_2, \cdots, x_n\}$ 的计算口径则必须一致。

按前面章节的思路，自然想到要在目标函数和约束条件中引入势效系数，使模型变成：

$$
\begin{aligned}
opt\quad & y=(r_1x_1,\ r_2x_2,\ \cdots,\ r_nx_n)\\
& Z_i=g_i(r_{i1}x_1,\ r_{i2}x_2,\ \cdots,\ r_{in}x_n)\geqslant 0 \qquad i=1,\ 2,\ \cdots,\ m\\
& W_l=h_l(r_{l1}x_1,\ r_{l2}x_2,\ \cdots,\ r_{\mathrm{in}}x_n)=0 \qquad \ell=1,\ 2,\ \cdots,\ k
\end{aligned}
\tag{7-16}
$$

称模型（7－16）式为主模型，主模型并没有使用新的样本数据，所以客观存在的适用范围和原模型是一样的。

由于引入了势效系数，主模型不仅可以和原模型一样用于对对象系统整体的分析，而且可以根据样本数据的来源适用于对象系统的子系统的分析。这种分析还可以深入到对象系统的某些剖面上（由若干经济因素的组合关系所规定），可以反映对象系统和它的子系统在这些剖面上随时间延伸的变化趋势。这些正如在前面章节中看到的一样。

势效系数的使用还可以方便地考察原模型未曾包含的某些经济社会关系。

例如，设原模型未反映对象系统在环境、用水和人才需求方面的信息。而随着社会的发展，现在希望考察原模型的解或最优解在这三个方面的影响。按以往系统工程工作的惯例，应在原模型的目标函数或约束条件中加入反映这三种信息的条件，即扩大原模型。这往往会遇到样本数据取得（要求和原模型的统计范围和计算口径一致）、经费、时间上的困难。势效系数的引入，在某些情况下，可以使我们避开这些困难。

假设现在反映环境、用水和人才需求要求的三个方程：

$$u=p(x_1,\ x_2,\ \cdots,\ x_n) \tag{7-17}$$

$$v=Q(x_1,\ x_2,\ \cdots,\ x_n) \tag{7-18}$$

$$s=R(x_1,\ x_2,\ \cdots,\ x_n) \tag{7-19}$$

它们是在其他课题的研究中已经建立的，甚至是研究和对象系统相近的其他系统时得到的。建模型所用样本数据的统计范围和计算口径自然难以和建立模型（7－13）式、（7－14）式、（7－15）式时的样本数据一致。

若把（7－13）式、（7－14）式、（7－15）式所用样本数据代入（7－17）式、（7－18）式、（7－19）式，并引入势效系数，就能得到恒等式：

$$u = p(r_1^{(1)}x_1,\ r_2^{(1)}x_2,\ \cdots,\ r_n^{(1)}x_n) \tag{7-20}$$

$$v = Q(r_1^{(2)}x_1,\ r_2^{(2)}x_2,\ \cdots,\ r_n^{(2)}x_n) \tag{7-21}$$

$$S = R(r_1^{(3)}x_1,\ r_2^{(3)}x_2,\ \cdots,\ r_n^{3}x_n) \tag{7-22}$$

可以把（7－20）式、（7－21）式、（7－22）式中的诸势效系数和（7－17）式、（7－18）式、（7－19）式建模时所用样本数据的势效系数作一比较，若二者差别不大，或虽有明显差异但有规律可循，能够合理解释或变换，则认为（7－20）式、（7－21）式、（7－22）式的移植是成功的。

此时，可以在（7－20）式、（7－21）式、（7－22）式上观察主模型的解或最优解在环境、用水及人才需求方面引起的反应。若能满足有关的要求，没有大的矛盾发生，即可认为主模型的研究在这新考虑的三个方面也是适宜的、成功的。若在某一条件上出现明显的不适宜，此时再考虑扩大原模型，把这个条件的要求加上去。

由于这种作用，称（7－20）式、（7－21）式、（7－22）式为原模型（7－13）式、（7－14）式、（7－15）式对应的观察模型。主模型（7－16）式和观察模型（7－20）式、（7－21）式、（7－22）式合起来，称为原模型（7－13）式、（7－14）式、（7－15）式对应的势分析模型。

二　势分析和系统工程方法的关系

势分析是一般系统工程方法的发展。在建立对象系统的数学模型这个阶段以前，按通常的系统工程程序工作。而在数学模型建立起来以后，则继续转换成势分析模型，在势分析模型上进行以后几个阶段的研究工作。

三　势分析在主动性理论研究中的地位

势是主动性决策理论的一个基本概念。势分析是势的定量关系的体现和运用，在整个主动性决策理论中仍属基础理论和基本工具，势分析为另外两个基本概念——决策的节制和主动性的研究提供了基本手段。在这些基础研究有了一定积累之后，才可能深入探讨主动性决策理论的整个体系。

第三节　模型加密

无论采用什么方法建立数学模型，都是根据数据散点图上数据连线的走向和作者的经验，判断模型的函数类型，然后再使用适当的方法确定模型的参数取值。这样，模型的结构不可能太复杂，这对数据的解释能力是一个很大的限制。从而，就有了把已建型加密，把模型引向更精细结构的要求。势分析方法为此提供了可能性。

为叙述简便，我们使用第二章例 3 所列家具销售案例的数据，如表 7－2 所示，建模方法采用最常用的最小二乘法。

表 7－2　某市家具销售量(y)和相关指标(x_1、x_2)及势效系数(r_1、r_2)

年份	y	x_1	x_2	r_1	r_2
1971	13. 0	3. 5	15	0. 898170	1. 433347
1972	12. 4	3. 2	18	0. 958170	1. 165028
1973	14. 0	3. 4	20	0. 962552	1. 119153
1974	16. 0	3. 7	25	0. 954282	0. 965950
1975	17. 8	3. 6	28	1. 045331	0. 919210
1976	19. 5	4. 0	27	0. 995658	1. 008841
1977	20. 2	3. 9	30	1. 044357	0. 928557
1978	22. 0	4. 2	32	1. 025081	0. 920182
1989	24. 5	4. 6	33	1. 006097	0. 959180
1980	26. 1	4. 5	36	1. 074311	0. 918486
平均	1855	3. 86	26. 4	0. 996405	1. 033794

由表7－2提供的数据建立的线性回归模型是：

$$\hat{y} = -11.353271 + 5.409385x_1 + 0.341782x_2 \tag{7-23}$$

这个模型的估计值的误差平方和是：

$$Q_0 = \sum = (y - \hat{y}_0)^2 = 2.533017$$

引入势效系数，将上式修改为：

$$y_0 = -11.353271 + 5.409385r_1x_1 + 0.341782r_2x_2 \tag{7-24}$$

势效系数的计算公式为：

$$r_1 = 0.129083(y + 11.353271)/x_1$$

$$r_2 = 0.882847(y + 11.353271)/x_2$$

r_1 和 r_2 的计算值，也列在表7－2中。

一　正向过程：用势效系数回归模型对原模型加密

比较 r_1、r_2 和 x_2、x_2 散点图的走向，可建立如下回归模型：

$$r_1^{(1)} = 1.011755 - 0.086654x_1 + 0.012084x_2$$

$$r_2^{(1)} = 0.885962 + 0.300320x_1 - 0.038595x_2 + 0.184259/x_2 \tag{7-25}$$

把（7－25）式代入（7－24）式，即得到加密后的回归模型：

$$\hat{y} = -11.290295 + 5.472972x_1 + 0.302806x_2 - 0.468745x_1^2 + 0.168038x_1x_2 - 0.013191x_1^2 \tag{7-26}$$

$r_1^{(1)}$、$r_1^{(2)}$ 和 $\hat{y}_1$ 的值列在表7－3中。

以上过程，我们可以给出一个有趣的解释。(7－25）可以看作是描述两个子系统运行的模型，经由（7－24）式整合为一个大系统对应的（7－26）式。(7－25）式中包含的 $1/x_2$ 的项在（7－26）式中已经不存在，(7－26）式新出现了（7－25）式中不存在的包含 x_1x_2 的项。这是"整体大于部分的综合"与"部分大于整体的分解"并存的一种现象，这可以看作是对非理想系统性质的一个简化了的注释。

(7－26）式估计值的误差平方和为：$Q_1 = \sum(y - \hat{y})^2 = 4.562968$，远远大于（7－23）式的 $Q_0 = 2.533017$，很不理想。因此，需要考虑其他的加密途径。

表 7-3　　某市家具销售案例有关指标测算结果

年份	$r_1^{(1)}$	$r_2^{(1)}$	$\hat{y}_1$	$r_1^{(2)}$	$r_2^{(2)}$
1971	0.889801	1.370441	1.2519091	0.915869	1.377126
1972	0.952064	1.162513	1.2278879	0.940373	1.216601
1973	0.958911	1.144363	1.4105422	0.954021	1.111985
1974	0.993360	1.039641	1.7411872	0.989485	0.978527
1975	1.038293	0.893035	1.7412523	1.012645	0.977609
1976	0.991542	1.052001	1.9809300	1.002461	0.931694
1977	1.030474	0.905502	1.9797410	1.025621	0.946403
1978	1.034656	0.918024	2.2194041	1.038597	0.923189
1979	1.012084	0.999383	2.5102499	1.043405	0.884548
1980	1.057016	0.853100	2.4873629	1.066565	0.930900

二　逆向过程：模型直接回归加密反推势效系数

由（7-24）式和（7-25）式可以看出，（7-26）式应具有形式：

$$y_2 = a_0 + a_1x_1 + a_2x_2 + a_3x_1^2 + a_4x_1x_2 + a_5x_2^2 \qquad (7-27)$$

直接使用原始数据拟合（7-27）式中的参数就可以了。这样，可以得到：

$$\hat{y}_2 = -2.176063 + 4.473287x_1 - 0.174480x_2^2 - 0.03635x_1^2 - 0.000086x_1x_2 + 0.011658x_2^2 \qquad (7-28)$$

它的估计值的误差平方和为：$Q_2 = \Sigma(y - \hat{y}_2)^2 = 1.194077$，$Q_2 < Q_0$，效果是比较好的。

由（7-28）式出发，返回（7-24）式，可以得到 r_1 和 r_2 的另一种计算方式。改写为：

$$\hat{y}_2 = 11.353271 + (4.473287 - 0.036351x_1 - 0..000086\theta x_2)x^1 + [-0.174480 - 0.000086(1-\theta)x_1 + 0.011658x_2 + 9.177208/x_2]x^2 = -11.353271 + 5.409385(0.826949 - 0.006720x_1 - 0.000016\theta x_2)x^1 + 0.341782[-0.510501 - 0.000252(1-\theta)x^1 + 0.034109x_2 + 26.851059/x_2]x^2$$

式中，θ 是分配系数，它把含 x_1x_2 的项按 θ 和（$1-\theta$）的比例分配到含 x_1 和含 x_2 的项中。于是，我们可以得到势效系数的表达式：

$$r_1^{(2)} = 0.826949 - 0.006720x_1 - 0.000016\theta x_2$$

$$r_2^{(2)} = -0.510501 - 0.000252(1-\theta)x_1 + 0.03419x_2 + 26.851057/x_2 \quad (7-29)$$

通过极小化 $\omega = \sum[(r_1 - r_1^{(2)})^2 + (r_2 - r_2^{(2)})^2]$，可以得到：

$$\theta = -468.476595$$

$$1-\theta = 469.476595$$

代入（7－29）式，得到：

$$r_1^{(2)} = 0.826949 - 0.006720x_1 + 0.007496x_2$$

$$r_2^{(2)} = -0.510501 - 0.118308x_1 + 0.034109x_2 + 26.851057/x_2 \quad (7-30)$$

它们的计算值也列在表 7－3 中，以资比较。

把（7－24）式改写为：

$$\hat{y} = -11.353271 + 5.409385r_1^{(2)}x_1 + 0.341782r_2^{(2)}x_2$$

它的估计值的误差平方和为：$Q_3 = \sum(y-\hat{y}_3)^2 = 1.198535$，与 Q_2 比较相近。这说明 r_1 和 r_2 的新表示式（7－30）是很合适的。

这也是一个局部最优和整体最优不一致的案例。

第四节　超线性模型

上节讨论了利用引入势效系数，将模型加密，以提高模型拟合精度的方法。从预测角度看，效果是好的。但是，从经济分析的角度看，则显不足。原因是，因引入势效系数修改了模型的结构，所以，模型不再是研究者先前给定的形式。

本节讨论另一种方法：引入势效系数仅修改模型中的常参数，模型整体结构不变。仍以线性模型为例，只把模型中的部分常参数修改成可变参数，整体上仍保持线性的形式。为叙述方便，修改后的模型称为超线性模型。其他类型的数学模型，也可按此思路处理。

我们援用第二章第二节的案例 2 展开讨论。

某市年用水量 y，人口 x_1，工业总产值 x_2，已有 10 年的统计资料，并拟合出经验公式

$$\hat{y} = -59.745 + 1.4574x_1 + 1.0435x_2 \tag{7-31}$$

即有 $a_0 = -59.745$，$a_1 = 1.4574$，$a_2 = 1.0435$。(7－31) 式的误差平方和为 $Q_1 = 416.6614$。

(7－31) 式的参照函数为：

$$\bar{y} = -59.745 + 1.45\,\bar{x}_1 + 1.0435\,\bar{x}_2 \tag{7-32}$$

x_1 和 x_2 的势效系数为：

$$r_1 = \frac{y+59.745}{x_1} \div \frac{\bar{y}+59.745}{\bar{x}_1} = 0.4175 \times \frac{y+59.745}{x_1}$$

$$r_2 = \frac{y+59.745}{x_2} \div \frac{\bar{y}+59.745}{\bar{x}_2} = 0.3752 \times \frac{y+59.745}{x_2} \tag{7-33}$$

我们把上述数据和相应的计算结果列在表 7－4 中。

表 7－4

n						
1	176	105	78	0.9374	1.1339	174.6750
2	180	108	80	0.9269	1.1243	181.1342
3	188	110	83	0.9404	1.1198	187.1795
4	200	112	91	0.9683	1.0708	198.4423
5	205	115	100	0.9612	0.9932	212.2060
6	224	116	100	1.0213	1.0645	213.6634
7	226	120	115	0.9942	0.9332	235.1455
8	239	121	126	1.0309	0.8895	248.0814
9	256	122	128	1.0806	0.9254	251.6258
10	270	124	135	1.1103	0.9164	261.8451
平均	216.4	115.3	103.6	0.99715	1.0171	216.39982

注：表中的 n 为年度序号，即 1971 年时 n = 1，1972 年时 n = 2，……，1980 年时 n = 10。

可以看出，随着 n 的增大，r_1 呈上升趋势，r_2 呈下降趋势。由此，可以拟合出下面的经验公式，其中，$E^x = 10^x$。

$r_1^*(n) = 0.925467 + 4.364064E^{-3} \times n + 5.99884E -4 \times n^2 + 8.127428E^{-5} \times n^3 r_2^*(n) = 1.105617 + 0.0401248n - 0.0158458n^2 + 9.945804E^{-4} \times n^3$

从而，(7－31) 式就可以修改为：

$$y^* = -59.745 + 1.4574r_1^*(n)x_1 + 1.0435r_2^*(n)x_2 \tag{7-34}$$

即将 a_1 修改为 $a_1^* = a_1r_1^*(n)$，将 a_2 修改为 $a^* = a_2r_2^*(n)$。(7－34) 式就是一个超线性函数，它的误差平方和为 $Q_2 = 291.5415$，明显小于 Q_1。

把式 (7－32) 仍作为 (7－34) 式的参照函数，再计算 x_1 和 x_2 的势效系数，就有：

$$\hat{r}_1(n) = \frac{y + 59.745}{r_1^*(n)x_1} \Big/ \frac{\bar{y} + 59.745}{\bar{x}_1} = r_1/r_1^*(n)$$

$$\hat{r}_1(n) = \frac{y + 59.745}{r_1^*(n)x_2} \Big/ \frac{\bar{y} + 59.745}{\bar{x}_2} = r_2/r_2^* \tag{7-35}$$

相应的计算结果列在表 7－5 中。

表 7－5

n	$r_1^*(n)$	$r_2^*(n)$	y^*	$\hat{r}_1$	$\hat{r}_1$
1	0.930512	1.130891	174.695071	1.007402	1.002661
2	0.937245	1.130440	182.145725	0.988962	0.994568
3	0.946153	1.110233	188.094324	0.993920	1.008617
4	0.957723	1.076237	198.780775	1.011044	0.994949
5	0.972444	1.034419	211.179111	0.988438	0.960153
6	0.990802	0.990746	211.142857	1.030781	1.074442
7	1.013287	0.951187	231.611579	0.981163	0.981089
8	1.040384	0.921709	244.909286	0.990884	0.965055
9	1.072583	0.918280	252.280353	1.007474	1.018849
10	1.110370	0.916865	270.079570	0.999937	0.999492
平均	0.997150	1.017101	216.491865	1.000001	0.999988

可以看出，$\hat{r}_1$和$\hat{r}_1$的取值是比较均匀地分布在 1 附近的，消除了明显的趋势走向，说明（7－34）式是一个比较好的计量经济模型。

$\hat{r}_1$和$\hat{r}_1$也可以表示成 x_1、x_2 或其他量的函数，只是要记住，它们只能对 a_1 和 a_2 进行修正。

在人们熟悉的计量经济模型如本节列举的线性模型中，引入常系数的势效系数，并对势效系数走向趋势给出定量的描述公式，从而指出这些常系数的更为合理的表达方式，在经济活动定量分析的方法中，无疑是个重大的进步。

附　　录

附录一　我国古典主动性决策理论

我国古典决策理论是主动性决策理论，与现代决策理论比较是一个独立的思想体系。主动性决策的基本要素为形、势、节与策，它的理论体系可以归并为虚实理论与奇正理论两部分。

我国古典决策理论，以兵学著作为中心，诸子百家都有贡献，形成了一个完整的学术体系，对推动我国古代文明的发展起了重大的作用。今天看来，仍有很多可供借鉴发扬之处。[1][2]这个理论体系，深深植根于我们民族文化之中，为广大人民喜闻乐见。发掘整理它，使之与现代决策理论融合起来，以利于四化建设，是我们的责任。

以《孙子兵法》为代表的兵学著作，无论在传世资料的数量上，还是学术水平上，都居于支配的地位。所以，我们的叙述也沿用了一些古代兵书上的概念和战例，而以其他方面的资料为补充。

一　两类决策体系

以运筹学、控制论为代表的现代决策理论，其核心思想是研究一个系统的合理运行问题。优化理论和方法占有重要的地位，是主导思想之一。所以，从这个角度来看，我们可以把现代决策理论体系叫作合理性的或理性决策体系。

我国古典决策理论，研究的中心不是合理性问题。《孙子·虚实篇》提出，“善战者致人而不致于人”。这里的致，其意同制。《李卫公问对》指出：“（孙子兵法）千章万句，不出乎致人而不致于人而已。”这就说明，我国兵学是以主动性作为研究的核心的。主动性就是使战局向有利于我而不利于敌的方向发展的能力与程度。如果把敌方换成要解决的问题，则主动性就对应着解决问题的能力和程度。研究把握主动性的理论和寻找解决问题的方法论的问题，确实是我国古典决策研究的核心内容。所以，我们把这个决策体系叫作主动性的决策体系。

从时间顺序上看，我们总是先考虑解决问题的可能办法，其后再研究各种方案的可行性和合理性。两类决策体系之间的关系，也可以作类似的设想。

《孙子》提出："兵者，国之大事，死生之地、存亡之道，不可不察也"，"合于利而动，不合于利而止"，"多算胜，少算不胜"。讲了选择策略的标准——"利害"，方法——"察"、"算"即调查研究、分析比较。这方面，主动性决策和理性决策，又是相似的。

二　主动性决策的要素

《孙子》等文献中广泛使用了形、势、节、策的概念，它们大体与现代决策理论中的决策要素相当。由这种比较，可以启发我们把主动性决策量化的思路，这方面本书不作更多论述。形、势、节、策概念的含义，文献中大体是明确的，但并没有严格界定，实际使用中常有含混。特别是形与势的概念，混淆更为明显。为了今后进行量化研究，本书对这四个概念，试图做些明确的区分。

"强弱，形也"，"兵之形，避实而击虚"。我们规定形表示实力的度量。它的量化形式可以是向量也可以是标量。军事上，形表示综合战力，包括兵员、装备、后勤补给能力等物质要素，还可以包括训练水平、组织指挥能力等相对稳定的非物质要素。经济方面，形可以解释成人财物等物质条件和技术水平、组织程度等相对稳定的素质条件。形的特点是我们可以把它看成客观存在的相对稳定的能适当计量的实体。

"激水之疾至于漂石者，势也"；"如转园石于千仞之山者，势也"。我们规定势为形得以发挥作用的条件和程度。军事上，一方凭险设伏，一方陷入重围；一方重兵掩袭，一方仓皇应战。如此等等，表示作战双方具有极不相同的势。一个企业，设备与技术力量是否配套，规章是否可行，原材料供应和产品销路是否畅通，等等，都是企业经营上的势。把势与形分开，单独予以考察，显然是重要的。

势可以区分为内势、外势。内势指内部条件，外势是外部条件，对一个确定的系统是不难分清的。《孙子·计篇》讲的“五事”——“道天地将法”，“七计”——“主孰有道？将孰有能？天地孰得？法令孰行？兵众孰强？士卒孰练？赏罚孰明？”天地两条属外势，其余均为内势。

从量化角度看，势可以看成附加在形上的系数。其值为一，表示实力正常发挥；大于一，表示超常发挥；小于一，表示发挥不力；其值亦可取负值，表示同一集团的内部斗争或叛投敌方。

《孙子·兵势篇》讲，“鸷鸟之疾至于毁折者，节也”，“善战者其势险，其节短，势如彍弩，节如发机”。节就是对战机和进程的把握。“兵贵神速”，但节奏太快己方也易失误，节的作用在军事上是极为突出的。按理说，节应当属于策略，但因其重要和特征不同于其他策略，所以古代文献中对节是单独论述的。时机在经营上的重要性，现在越来越受人们的重视，“时间就是金钱，效率就是生命”已成为当今促使百业兴旺的座右铭。

策就是策略、措施。和现在习用的含义一致，不再解释。

三　虚实理论

《孙子》及其他文献涉及多种范畴，如“主客”、“虚实”、“劳逸”、“攻守”、“安危”、“进退”、“奇正”等，其中以“虚实”“奇正”为最重要。《李卫公问对·卷中》载：“太宗曰：朕观诸兵书，无出孙武；孙武十三篇，无出虚实。夫用兵识虚实之势，则无不胜焉。靖曰：先教之以奇正相变之术，然后语之以虚实之形，可也。”我们认为，可以把主动性决策归纳为虚实理论和奇正理论两部分，分别加以讨论。大致来说，虚实理论是从横断面的形与势的分析比较中讨论策略运用的，而奇正理论则着眼于发展变化。与近代决策理论比较，虚实理论大体是静态的，奇正理论则相当于动态的。

我们先介绍虚实理论的主要内容。

关于虚实的定义，总结前人的论述，似可规定为：实力（形）坚厚而有备（势）为实，否则为虚。当然，在军事斗争这一类对抗性决策过程中，虚与实都是相对而言的。

（一）强弱原则（条件原则）

《孙子·形篇》："兵法，一曰度，二曰量，三曰数，四曰称，五曰胜。地生度，度生量，量生数，数生称，称生胜。故胜兵若以镒（二十四两）称铢（二十四分之一两），败兵若以铢称镒。"《势篇》："兵之所加，如以碫投卵者，虚实是也。"意思都是说，在通常情况下（势相当），胜负取决于双方实力的对比。这是虚实理论最基本的法则，可以当作公理来看待。由强弱原则引申开来，就有以多胜少、以实胜虚、避实击虚、扬长避短、取长补短这些原则。

在经济活动中，相应的是条件原则，即只有具备必要的条件才能把事情办成。道理是那样明白，但过去我们却常违背它。例如，高指标、计划留缺口等。其结果是破坏了经济系统的平衡条件，招致灾难性的后果。

如果形与势都适当的量化了，强弱原则或条件原则可以表示成若干不等式，可再用相应的教学工具进行深入的分析研究。

（二）分合原则

如果整体上不能确立我强敌弱的形势，则需设法在各局部上暂时地建立这种形势，以便积小胜为大胜，进而争取整体上的主动性。这类方法中，首先要讲的是分合原则。

1. 关于分的问题

《孙子·虚实篇》提出："我专而敌分。我专为一，敌分为十，是以十攻其一也，则我众敌寡。能以众击寡，则吾之所欲战者，约矣。"设法将敌人在时间和地域上加以分割，而集中我之力量逐一攻击之，达到各个击破之目的。

待敌分割之后，我之首先用兵方向，主要有两种选择：其一是击弱；其二是击关键环节。

对第一种情况，管仲说："攻坚，则瑕者坚；攻瑕，则坚者瑕。"[3]《韩非子·说林上》记载一个战例：周公旦已胜殷，将攻商盖。辛公甲曰：大难攻，小易服。不如服小众以劫大。乃攻九夷，而商盖服焉。

第二种情况，即所谓擒贼先擒王。典型战例是朱元璋破陈友谅、张士诚联盟之战。当时，陈友谅势盛，据有湖广江西。他率先沿江直下，欲与占据金陵地区的张士诚夹攻根据地在安徽的朱元璋。朱元璋判断，陈强张弱，攻张则陈必至，攻陈则张可不动。于是先吃掉强敌陈友谅，而后才去解决张士诚。[4]

我专敌分，是为了各个击破敌人。如不能击破敌人，则反而会疲惫我师，得到相反的结果。这方面的战例可举春秋时吴楚之战。吴王阖庐欲伐楚，问计于伍员。子胥建议兵分三师，轮番袭扰楚境，“亟肄以罢（疲）之，多方以误之，既罢（疲）而后，以三军继之，必大克”。吴王采用了这个策略，数年后攻入楚之郢都。[5]实际上，游击战术的根据也在这里。

历史上利用“分”的原理解决生产技术问题的例子也很多。

公元215年史禄主持开凿灵渠。由于灵渠连接的湘漓二水水位相差较大，就把全渠分成多段，段间短坝相隔，船只过坝可用人工拖拉。这就沟通了长江珠江两大水系的航运。灵渠可能是世界上最早的梯级运河和梯级船闸。[6]

宋熙宁年间，为引洛水入汴，沈括用类似办法分段测量水平面，测出了汴渠的落差。[7]

其他，如山坡分割成梯田、木结构的斗拱分力、无梁殿的砖砌圆拱、安济桥的小券分流，等等，用的都是这一原理。

2. 关于合的问题

集中我之兵力，形成对敌的优势。集中人力、物力、财力，保证重点项目的完成，都是我们熟知的方法。需要强调的是，集中起来的力量和事物，应当通盘考虑安排，往往可以取得比在分散处理时要高得多的效益。这是现代系统论的一个基本观点，也是各种规划理论的基本出发点。注释［1］中列出的宋代修皇宫、绿肥轮作制、汉唐粮仓设置与运粮规划，等等，都是范例。

3. 分与合的适度性问题

一般来说，问题不好解决时，我们就把它区分成几部分，逐次加以解决。而当解决的办法不成为问题时，就应当把有关的要求与条件通盘规划，以求整体效益最好。在经济体制改革中，我们应当注意分权与放权的适当界限，考虑信息流通与决策能力的影响。

（三）主客变易原则

两国交战，一方攻入对方国土。客方的军队遇到的是生疏的地形气候，有敌意的居民。从这类意义上，有关势态有利于主方，不利于客军。克劳塞维茨在《战争论》中详细分析了他那个时代阵地战中攻守双方的得失，认为守方是占便宜的。《孙子・虚实篇》提出，“凡处战地而待敌者佚（逸），不处战地而趋敌者劳”，也是这个意思。设伏诱敌战法，就是依据这一原则。

势态于己不利时，则要设法变易主客。《孙子・虚实篇》讲了一些很精彩的办法：“善战者致人而不致于人。能使敌人自至者，利之也。能使敌人不得至者，害之也。故敌佚能劳之，饱能饥之，安能动之。出其所不趋，趋其所不意。行千里而不劳者，行于无人之地也；攻而必取者，攻其所不守也；守而必固者，守其所不攻也。故善攻者，敌不知其所守；善守者，敌不知其所攻”。“进而不可御者，冲其虚也；退而不可追者，速而不可及也。故我欲战，敌虽高垒深沟不得不与我战者，攻其所必救也；我不欲战，虽画地而守之，敌不得与我战者，乖其所之（改变敌人的方向）也。”

“围魏救赵”的桂陵之战，是变易主客的杰出战例。庞涓率魏军主力围邯郸。孙膑认为直接向邯郸增援不利，乃与田忌率齐军直趋空虚的魏都大梁。这就是“攻其必救”。庞涓被迫撤围回援大梁。而齐军则于桂陵地区从容地迎击远来疲惫的魏军，以逸待劳。[8]

生产建设中，也常用变易主客的方法。

黄河自黄土高原裹挟下大量泥沙，壶口以下地平水缓，泥沙淤积使河床抬高，屡为水患。但河泥很肥，可以淤田。元代的《王祯农书》就引了汉代一首民谣，是讲引黄河支流泾水淤田的，“泾水一石泥数斗，且灌且粪长禾黍。”对于黄河水患，汉代王景采取了分道、修渠、筑堤、放淤等综合治理措施。对于放淤，是在荥阳至千乘间千里地段上修堤两道，内堤每一里开一水门。汛期开闸导流入两堤间，使泥沙沉降。汛过，两堤间清水回流入河，可带走主河床泥沙。由于这些措施，其后九百年间黄河没有大的改道泛滥。明代潘季训总结了前人的这些经验，提出了著名的“束水攻沙，以清刷黄”的治理方针。[9]

《增广智囊补》所记苏州修灭渡桥，因患水急，乃在陆地造桥，桥成改河过其下，也是符合变易主客原理的。

（四）择人任势原则

《孙子·兵势篇》提出“择人任势”的思想，历代思想家极为重视。

什么是择人？《问对》解释为，“各随所长而战也。”纵横家提出：“智者不用其所短，而用愚人之所长。”[10]李左车说：“善用兵者，不以短击长，而以长击短”。[11]

什么是任势？《孙子·兵势篇》指出：“任势者，其战人也，如转木石。木石之性，安则静，危则动，方则止，圆则行 。”即设法调整内势外势，促使利于我而不利于敌的态势的形成。

利用矛盾坐收渔翁之利是个重要的方法。战国时韩赵相攻，经年不解。陈轸向秦惠王讲了卞庄子刺兽的故事，使秦采取了坐收成败之利。故事说：卞庄子欲刺兽，管竖子止之曰：“两兽方食牛，牛必甘，甘必斗，斗则大者伤小者死。从伤而刺之，一举必有两兽之功。”卞庄子听从了，立得两兽。[12]

在内势方面，训练部队严明纪律是加强自己，而反间计一类则是破坏对方。

在外势方面，重点在于利用本不曾利用的势力与天候地势、水火禽兽等条件于战争中。这方面战例也不少，我们不列举了。

生产斗争方面例子也很多。例如造船渡水，置帆用风，水转提水翻车，热空气浮升的云灯，等等均是。改造自然，利用自然，人类的文明就是这样发展起来的。

四　奇正理论

《孙子·兵势篇》提出："三军之众，可使必受敌而无败者，奇正是也。""凡战者，以正合，以奇胜。""战势不过奇正，奇正之变不可胜穷也。奇正相生，如循环之无端，孰能穷之哉！"奇正理论是主动性决策体系的另一基本理论。

关于奇正的定义，诸家理解各异，可以李靖和陈亮为两个代表。

《李卫公问对·卷上》提出："大众所合为正，将所自出为奇。"对奇的阐述较为积极。

《陈亮集·酌古论·李靖》中提出："兵有正有奇，善审敌者，然后识奇正之用。敌坚则用正，敌脆则用奇，正以挫之，奇以掩之，均胜之道也。夫计里而行，克日而战，正也，非吾之所谓正；依险而伏，乘间而起，奇也，非吾之所谓奇。奇正之说，存乎兵制而已矣。正兵，节制之兵也；奇兵，简捷之兵也。节制之兵，其法繁，其行密。隅落勾连，曲折相对。进无速奔，退无遽去。前者斗后者息力，后者进前者更休。以一当十，以十当百。诈者不能袭，勇者不能突，当之则破，触之则摧。此谓正兵，而以挫坚敌也。简捷之兵，其法略，其行疎。号令简一，表里洞贯。进若飙风，退若疾雷。地险峻则鱼贯而前，道迂曲则雁行而进。以一击百，以百击万。间者不能知，能者不及拒，望之则恐，迂之则溃。此所谓奇兵，而以掩脆敌也。然而，奇兵以简捷寓节制，非废节制也；正兵以节制存简捷，非弃简捷也。"陈亮对正兵的阐述则比较充分。

我们各取其所长，奇用李靖的理解，正用陈亮的理解。

（一）正兵与正法理论

《孙子·军形篇》提出，"善战者，立于不败之地，而不失敌之败也"；"先为不可胜，以待敌之可胜"。这可以作为正兵正法的核心法则来理解。我们分别讨论这一法则在不同情形下的运用。

1. 战略决策

诸葛亮的隆中对策，可归结为"入据荆蜀，拒曹联吴，以治待变"的方略，奠定了三分天下的大局。

朱仄为朱元璋设想的"九字诀"："高筑墙，广积粮，缓称王。"

为明王朝的建立做出了贡献。

毛主席的建立革命根据地的战略方针，指引我们夺取了新民主主义革命的胜利。

战略决策必须依据正法，其特点是可以贯彻一整个历史时期，不随局部的暂时的得失所左右。一个地区的经济社会建设，一个企业的经营，有无一个好的战略方针对成败是至关重要的。

2. 训练、组织、人事

《吴子·治兵篇》提出，兵“以治为胜”，“用兵之法，教戒为先”。“所谓治者，居则有礼，动则有威，进不可挡，退不可追，前却有节，左右应麾，虽绝成阵，虽散成行。与之安，与之危，其众可合而不可离，可用而不可疲。投之所往，天下莫当。”

诸葛亮认为：“有制之兵，无能之将，不可以败；无制之兵，有能之将，不可以胜。”[13]

李靖很推崇管仲、乐毅、诸葛亮，认为他们统“节制之师”，是“王佐之才”。[14]

西汉名将周亚夫训练的“细柳军”节制有度。汉文帝劳军入营，也得按军规缓辔徐行。这支队伍战斗力很强，后来在平定吴楚七国的叛乱中发挥了重要的作用。[15]

关于政治制度，内外上下关系，将帅条件，古代文献讨论都很多。这里从略。

3. 制度化与规范化

与军事方面强调节制之兵相对应，我国古代的农学、水利、建筑等领域，也在制度化规范化方面取得重要的成绩。

农业上，对土壤的利用与改良，作物的育种与栽培，果木菜蔬，畜牧农具，都不断完善着形制。历代农书，如汉代的《汜胜之书》、北魏的《齐民要术》、宋代的《陈敷农书》、元代的《王祯农书》等，都有很好的记述。

水利上，开渠凿井，堤防闸堰，引灌排涝，修用管理，秦汉以后都有很好的经验，逐渐形成制度。唐末到北宋的钱氏吴越，在江浙地区大兴水利，制度很完备，曾设有撩浅军七八千人专伺其事。[16]

建筑方面，北宋李诫的《营造法式》已制定了定型部件的系列规范和标准操作法，施工管理上有了生产定额的思想。[17]

4. 适度性原则

节的运用在于适度。《孙子·军争篇》指出："卷甲而趋，日夜不处，倍道兼行，百里而争利，则擒三将军，劲者先，疲者后，其法十一而至。五十里而争利，则蹶上将军，其法半至。三十里而争利，则三分之二至。"

用兵急缓的适度性，取决于对整个战局形势的正确分析。这里讲两个例子。

楚汉相争。韩信兵初定三秦，继而俘魏王豹擒夏说，东出井陉斩成安君陈余擒赵王歇。连战皆捷，威镇齐燕。广武君李左车认为：军士疲惫，再战则事倍功半，不如先屯兵不动，使燕齐不知所向。如此，燕国可降而不必用兵，其后整兵向齐可获全功。韩信采纳了这个意见，燕国果然不战而降，齐地也很快平定。[18]

秦军攻韩军于阏与，赵王命赵奢往救。时秦军势盛，赵奢驻留二十八日不行。后乘秦军懈怠，急率军赶赴北山严阵以待。秦军后至不得上，被赵军大败。阏与之围随解。[19]

农业上，播种、浇水、施肥都有一个适时适度的问题。前面提到的农书，都有详细的记载。为适应农时的需要，我国很早就产生了二十四节气。

5. "三策论"模式

将考察的事物就其发展趋势区分为上、中、下三类，即较好、中常、较差三种趋向，并提出相应对策，就是"三策论"模式。这在我国有悠久的历史。

《周礼》把天下土地分为上、中、下三等。《禹贡》进而把九州依气候土质分为上上、上中、上下、中上、中中、中下、下上、下中、下下九等。

《吕氏春秋》对农作物培栽的适时程度提出"先时"、"得时"、"后时"三种，并列举了六种作物"三时"播种的生长情况。《齐民要术》对播种期提出"上时"、"中时"、"下时"的标准，列出了12

种作物的“三时”播种期，指出“良田宜晚，薄田宜早”的原则。

战国时，李悝论述“平籴”政策也使用了“三策论”模式。视年成为上、中、下三熟，上熟多收以补下熟之歉。行之魏国，魏国富强。[20]

《汉书》记载了刘邦平定黥布叛乱时，薛公运用“三策论”模式陈述形势：黥布若“出于上计，东取吴，西取楚，并齐取鲁，传檄燕赵，固守其所，山东（指崤山以东）非汉之有也；出中计，东取吴，西取楚，并韩取魏，据敖仓之粟，取成皋之口，胜负之数未可知也；出下计，东取吴，西取下蔡，归重于越，身归长沙，陛下高枕而卧，汉无事矣。”并指出黥布必出下计。黥布果不出其料，很快被刘邦消灭。

时至今日，我们的领导决策人员若对面临的问题也能够正确地预计较好、中常、较坏三种趋势，并有恰当的对策，则领导决策水平无疑将提高一大步。

6. 情报与信息

孙子的“知己知彼，百战不殆”，为兵家熟知。情报工作在军事活动中的作用，历来很受重视，《孙子兵法》中专有《用间》一篇讨论有关问题，历代著名战例也不少。

经济情报，我国注意也很早。唐代刘晏改进了各地发运司关于粟产量和市价的报告制度。“自此粟价未尚失时，各当本处丰俭，即日知价，信皆有术”。是历史上著名的理财家。[21]

（二）奇兵与奇法理论

用奇，军事上占有极重要的地位。《孙子》提出：“兵者，诡道也”；“兵以诈立”；“善出奇者，无穷如天地，不竭如江河”；“兵无常势，水无常形，能因敌变化而取胜者，谓之神。”《六韬》中说：“兵之用者，其状不可定见也”；“势因敌之变动，生于两阵之间，奇正发生于无穷之源”。《三略》中提出：“与物推移，变动无常，因敌转化，不为事先，动而辄随”。

用奇即是用计，传世的计策名目繁多，前些年发掘出来的《三十六计》就作了一些分类研究。

在生产斗争方面，用奇体现着创造性和革新精神。只要想到我国古代有那么多杰出的创造发明，推动了人类社会的前进，对奇的地位就有具体的感受了。

我们着重介绍用奇中的示形理论和模拟思想。

1. 示形理论

《孙子》提出：“善动敌者，形之，敌必从之；予之，敌必取之”。“将欲歙之，必固张之；将欲弱之，必固强之；将欲擒之，必固予之。”“能而示之不能，用而示之不用，近而示之远，远而示之近。”“形兵之极，至于无形。无形则深涧不能窥，智者不能谋，因形措胜于众，众不能知。人皆知我胜之形，而莫知我所以胜之形。故其战胜不复，而应形于无穷。”

《李卫公问对》提出：“守之法，要示敌以不足。攻之法，要示敌以有余。示敌以不足，则敌必来攻，此是敌不知其所攻者也。示敌以有余，则敌必自守，此时敌不知其所守者也。攻守一法，敌与我分为二事。”

马陵之战，孙膑根据魏军强悍轻齐的心理，减灶示弱，诱敌轻骑进入马陵道，一举消灭了庞涓军。[22]

虞诩伐羌，郡兵仅数千，羌众乃数万。虞诩就用增灶示强，迷惑羌人，争取到胜利。[23]

刘邦为汉王往巴蜀，张良因项羽势强，劝刘邦烧毁栈道，示以无东还之心，以固项羽之意。后出汉中时，又明修栈道，暗度陈仓。[24]

智伯恃强索地于魏宣子。魏宣子欲弗予。倪章劝曰：“无故索地，邻国必恐，彼重欲无厌，上下必惧。君予之地，智伯必骄而轻敌，邻邦必惧而相亲。以相亲之兵待轻敌之国，则智伯之命不长矣。”魏君曰善，乃予之以万户之邑。智伯大悦，因索地于赵。弗予，困赵之晋阳。韩魏反之外，赵氏应之内，智氏遂亡。[25]这都是著名的例子。

从近代的观点看，示形的基础在于心理研究，是心理研究的运用。在生产领域与经济活动中，劳动心理学、消费心理学等，都是不可缺少的研究领域。

2. 模拟的运用

模拟方法一个著名的例子是曹冲称象。那是利用静力学原理，把称象改为称石块，顺利解决了难题。

春秋末期，墨子为阻止楚王伐宋，以腰带为城，木札为兵器与公输般作攻防演习，战胜了对方。(《墨子·公输篇》) 这是现代军事模拟的先导。

《梦溪笔谈·卷十三》记载了另外两个例子，也很有兴味，转述于后。

陵州盐井深五百余尺，旧自井底用柏木为干上出井口，自木干垂绠而下方能至水，井侧设大车绞之。岁久井干摧败，必须新立。而井中阴气袭人，入者皆死。唯候有雨入井，则阴气随雨而下，方可施工，雨晴即止。后有人以木盘盛水，底有孔窍洒水如雨点，置于井上谓曰雨盘，则阴气终日不升。如此数日，井干为一新，陵井之利复如旧日。

有病喑者为人所苦，烦冤无以自言。后有听讼者取木竹叫子，令颡之作声如傀儡子，粗能辨其一二，其冤随申。这可能是最早的人工喉。

(三) 奇正的运用与转化

老子提出："以正治国，以奇用兵。"[26]李靖提出："敌实，则我必以正；敌虚，则我必以奇。"[27]但我之用兵，策略上是反复变化的。"吾之正，使敌视为奇；吾之奇，使敌视为正。""以奇为正，以正为奇，变化莫测。"[28]

除去策略上的变化外，外界事物的奇正属性也在变化。比如女式高跟鞋的流行，起初很少为奇，以后曾大流行则为正，近年平跟鞋又开始流行，高跟鞋又向奇转化。一些专门技术的推广流传，也常有一个冷热冷的过程。这些规律，决策人员是应当注意的。

注释：

[1] 车千里：《我国古代的一些运筹学思想》，《应用数学学报》1977 年第 1 期。

[2] 胡传机：《〈孙子兵法〉与发展决策》，学术资料西安系统工程学会编。

[3]《诸葛亮集·兵法》。
[4]《明史·太祖本记》。
[5]《太平御览·兵部十三·机略一》。
[6] 茅左木:《我们祖先的创造发明》,劳动出版社 1951 年版。
[7] 李群:《梦溪笔谈选注》(自然科学部分),工程技术类。
[8] [22]《史记·孙子吴起列传》。
[9] 吉林师大历史系《中国古代农业科技史话》编写组:《劳动人民改山川,灌溉农田夺高产》,《自然辩证法丛刊》1977 年第 1 期。
[10]《鬼谷子·权篇》。
[11] [18]《史记·淮阴侯列传》。
[12]《太平御览·兵部三十六·征伐下》。
[13]《诸葛亮集·兵要》。
[14] [28]《 李卫公问对·卷上》。
[15]《汉书·周勃传》。
[16] 南京农学院农业遗产研究室:《农史研究集刊》第一、二册。
[17] 建筑科学院建筑理论及历史研究室:《中国建筑简史》。
[19]《史记·廉颇蔺相如列传》。
[20]《增广智囊补》卷八《明智部·经务·平籴》。
[21]《梦溪笔谈》卷十一。
[23]《太平御览·兵部十五·示强》。
[24]《汉书·张良传》。
[25]《韩非子·说林上》。
[26]《老子·道德经·淳风》。
[27]《李卫公问对·卷中》。

附录二　中国地区工业竞争力测定系统设计说明

为了使大量零散的单个指标的数据能够过渡到反映中国各地区工业竞争力的总体结果，本课题开发了先进、简单、易操作的计算机系统。这些系统的开发使得深奥的理论和烦琐的计算被封装起来，最终提供给使用者操作简便、运行快速、界面友好的数据处理系统，大大提高了研究的实用价值；同时使评价易于连续进行，充分发挥了现代数据处理工具的作用。

一　设计思想和设计原则

中国地区工业竞争力测定系统总体上采用目前流行且成熟的生命周期法开发，其生命周期包括系统分析、系统设计、系统实施和运行维护四个阶段，系统生命周期模型见图1。

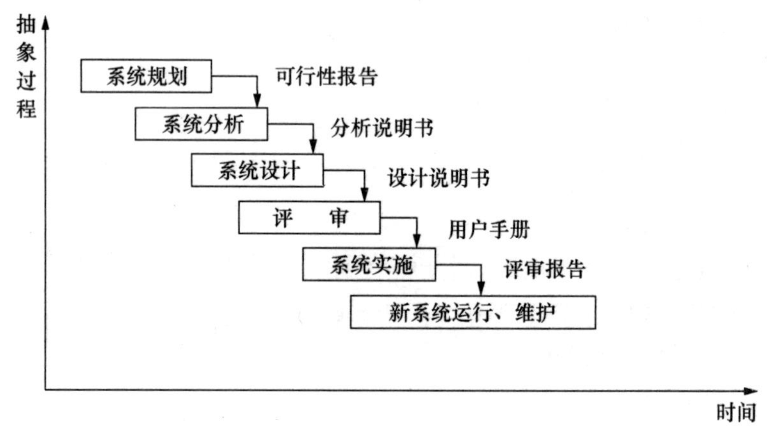

图1　系统生命周期模型

根据本研究评价的目的，我们在开发计算机系统时遵循了以下几条原则：

（1）以系统理论、信息论为基础。该系统必须为研究评价的总目标服务，总目标的确定应具有战略性，系统规划、分析、设计、实现、维护都必须面对整个系统。

（2）采用系统工程的方法。即“通过深入调查研究，使用一定的图表工具，对各种新系统方案反复研究讨论、分析对比得到最能满足用户要求的新系统模型”的方法。

（3）创新意识。新系统应当充分发挥其先进理论、方法、技术、设备的优势，创建一个优质、实用的系统，为其战略目标服务。

（4）标准化。在开发过程中要遵循我国已经颁布的一些国家标准、部门标准，参考其提供的文档种类、文档内容、格式，以及开发中所使用的一些图表和工具。

（5）界面友好，易学易用。系统能够通过界面把系统功能全面展现出来，且操作简单，容易掌握。

本系统程序采用 Delphi 6.0 进行开发，采用 Microsoft Access 作为后台数据库进行数据存储，使用 ODBC 数据库引擎。利用自行设计的计算器将原始数据换算成评价的指标数据，成倍地减轻了统计人员的劳动强度，提高了运算结果的准确性，并具有了可扩展性（即可以用本系统进行下一次或下一年的分析和计算工作），充分地发挥出了计算机处理快速、准确、高效的优势，提高了统计工作信息化的进程。同时还进行了合理的人机界面和输入输出设计，使使用者能够很快地适应并熟练运用这套系统，分析结果文档能够更有效地进行存储和调用。

二　系统分析与设计

中国地区工业竞争力测定系统分析与设计的主要内容如下：

（一）可行性分析

1. 技术可行性

在软件系统的开发方面，采用功能强大的程序语言 Delphi 6.0，后台数据库采用 ODBC 数据引擎配合 MS Access 作为数据源，进行本地机的数据库操作，可获得较快的开发速度与系统可靠性。在这些开发工具和数据库的使用方面，开发者都有丰富的经验，而开发完成的系统可以运行在装有 Microsoft Windows 98 及其以上和 Microsoft Access 的视窗操作系统中，具有较高的兼容性，不需要有专门知识和能力的操作人员对数据库管理维护，能够使使用者在较短时间内掌握系统的使用。

2. 经济可行性

本系统从以下几个方面考虑了系统的经济可行性：

（1）设备费用：由于本系统主要是进行本地机的数据处理，所以不用花费资金购置高档的服务器，只要有装有 Microsoft Access 和 Microsoft Windows 98 以上操作系统的微机即可运行本系统，所以，系统在设备费用方面是合理的。

（2）运行费用：系统在运行中，不需要专门的人员进行维护，所以，系统在运行费用方面是合理的。

（3）培训费用：本系统界面设计简单、美观，只要对使用本系统的操作人员进行一两次操作过程演试，操作人员就能够迅速掌握使用方法，不需要对其进专门的培训，且对操作人员的计算机水平没有特殊要求，只要能够熟练使用 Microsoft Windows 操作系统就可以很好地使用本系统，所以，系统在培训费用方面是合理的。

3. 管理可行性

本系统数据来源有保证，其操作人员能够在规范的管理中将系统应用到实际的统计计算中，并利用有效的手段获取有用的数据，所以，系统在管理方面是可行的。

（二）系统规划

本系统通过定量数据的处理形成数据源（即计算和分析的基础），存放在数据库中，再利用统计方法进行计算，分类汇总，得到最终结果。

（1）科学合理的设计数据库，并通过数据录入程序把统计数据输入到该数据库的数据表中。

（2）综合定量数据，通过计算程序得到一级派生指标和二级派生指标，通过指标查询模块、数据处理与分析模块对基础数据、中间结果和最终结果进行综合查询、统计和分析。

（三）系统分析

1. 数据流程图（DFD）

图 2 为系统第一层数据流程图。

2. 数据字典

数据字典是对数据流程图中的数据流、数据存储、处理过程和外部实体的具体描述。

数据元素条目

名称：工业总产值　　　　　　　　总编号：1－01

别名：无　　　　　　　　　　　　编号：001

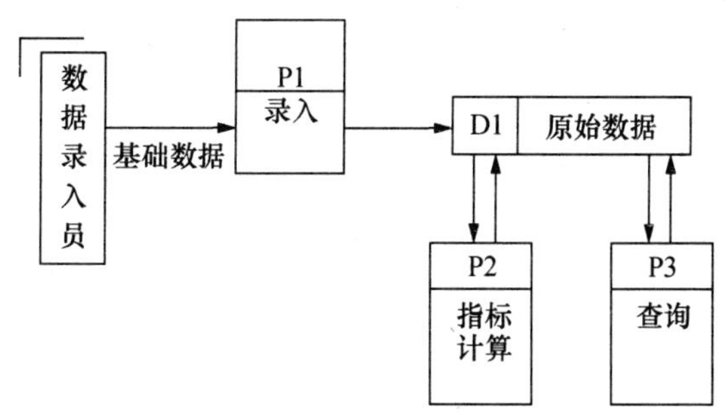

图 2　系统第一层数据流程

说明：中国地区工业竞争力测定系统　　长度：10
资料值类型（连续、离散）：离散
有关数据结构：基础数据表
类型（数字/字符）：数字

名称：工业增加值　　总编号：1－01
别名：无　　编号：002
说明：中国地区工业竞争力测定系统　　长度：10
资料值类型（连续、离散）：离散
有关数据结构：基础数据表
类型（数字/字符）：数字

名称：流动资金　　总编号：1－01
别名：流动资产年平均余额　　编号：003
说明：中国地区工业竞争力测定系统　　长度：10
资料值类型（连续、离散）：离散
有关数据结构：基础数据表
类型（数字/字符）：数字

名称：固定资产　　总编号：1－01
别名：固定资产净值年平均余额　　编号：004

说明：中国地区工业竞争力测定系统　　长度：10
资料值类型（连续、离散）：离散
有关数据结构：基础数据表
类型（数字/字符）：数字

名称：产品销售收入　　总编号：1－01
别名：无　　编号：005
说明：中国地区工业竞争力测定系统　　长度：10
资料值类型（连续、离散）：离散
有关数据结构：基础数据表
类型（数字/字符）：数字

名称：从业人员　　总编号：1－01
别名：从业人员年平均人数　　编号：006
说明：中国地区工业竞争力测定系统　　长度：10
资料值类型（连续、离散）：离散
有关数据结构：基础数据表
类型（数字/字符）：数字

名称：资金总额　　总编号：1－01
别名：无　　编号：007
说明：中国地区工业竞争力测定系统　　长度：10
资料值类型（连续、离散）：离散
有关数据结构：基础数据表
类型（数字/字符）：数字

名称：劳动生产率　　总编号：1－01
别名：无　　编号：008
说明：中国地区工业竞争力测定系统　　长度：10
资料值类型（连续、离散）：离散

有关数据结构：基础数据表
类型（数字/字符）：数字

名称：资金生产率　　总编号：1－01
别名：无　　编号：009
说明：中国地区工业竞争力测定系统　　长度：10
资料值类型（连续、离散）：离散
有关数据结构：基础数据表
类型（数字/字符）：数字

名称：综合生产率　　总编号：1－01
别名：无　　编号：010
说明：中国地区工业竞争力测定系统　　长度：10
资料值类型（连续、离散）：离散
有关数据结构：基础数据表
类型（数字/字符）：数字

名称：增加值率　　总编号：1－01
别名：无　　编号：011
说明：中国地区工业竞争力测定系统　　长度：10
资料值类型（连续、离散）：离散
有关数据结构：基础数据表
类型（数字/字符）：数字

名称：产销率　　总编号：1－01
别名：无　　编号：012
说明：中国地区工业竞争力测定系统　　长度：10
资料值类型（连续、离散）：离散
有关数据结构：基础数据表
类型（数字/字符）：数字

名称：生产率因子 总编号：1－01
别名：无 编号：013
说明：中国地区工业竞争力测定系统 长度：10
资料值类型（连续、离散）：离散
有关数据结构：基础数据表
类型（数字/字符）：数字

名称：产销率因子 总编号：1－01
别名：无 编号：014
说明：中国地区工业竞争力测定系统 长度：10
资料值类型（连续、离散）：离散
有关数据结构：基础数据表
类型（数字/字符）：数字

名称：增加值率因子 总编号：1－01
别名：无 编号：015
说明：中国地区工业竞争力测定系统 长度：10
资料值类型（连续、离散）：离散
有关数据结构：基础数据表
类型（数字/字符）：数字

名称：竞争优势系数 总编号：1－01
别名：无 编号：016
说明：中国地区工业竞争力测定系统 长度：10
资料值类型（连续、离散）：离散
有关数据结构：基础数据表
类型（数字/字符）：数字

名称：市场占有率 总编号：1－01

别名：无　　　　　　　　　　　　　　　编号：017
说明：中国地区工业竞争力测定系统　　　长度：10
资料值类型（连续、离散）：离散
有关数据结构：基础数据表
类型（数字/字符）：数字

（四）系统设计

中国地区工业竞争力测定系统见图3。

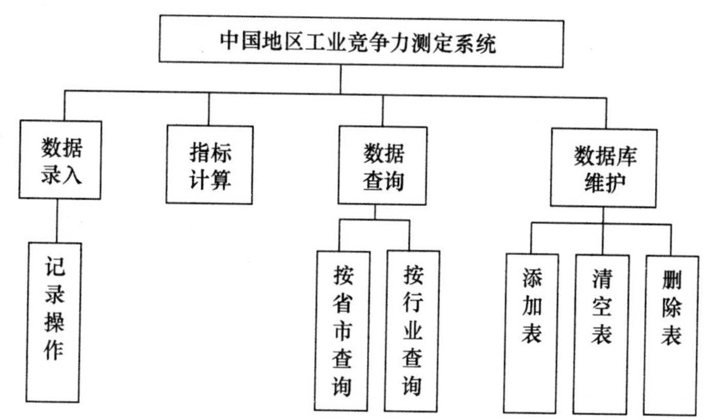

图3　中国地区工业竞争力测定系统结构

（五）数据库设计

在数据库设计方面，采用 Microsoft Access 2000 关系型数据库作为本系统的后台数据库，在使用本机数据源时能得到较为优化的性能。

根据上述系统数据库设计的要求可以得到具有符合第二范式的数据库的概念模型，来满足系统开发所需要的性能，达到设计的要求。中国地区工业竞争力测定系统指标数据库结构见表1。

三　系统运行环境及使用说明

（一）系统运行环境

本系统由于是对本地机的数据进行处理，所以对计算机的配置没有什么特殊的要求，其软、硬件的配置如下：

硬件配置：要求其机型为 IBM 及其兼容机，PII 及其以上配置，其具体硬件配置要求为：CPU：PII233 及其以上；内存：64M 以上。

表 1　　中国地区工业竞争力测定系统指标数据库结构表

字段名称	类型大小	说明	备注
省市	文本（10）	省市名称	*Notnull*
行业	文本（10）	行业名称	*Notnull*
工业总产值	数字（双精度型）	工业总产值	*Notnull*
工业增加值	数字（双精度型）	工业增加值	*Notnull*
流动资金	数字（双精度型）	流动资产年平均余额	*Notnull*
固定资产	数字（双精度型）	固定资产净值年平均余额	*Notnull*
产品销售收入	数字（双精度型）	产品销售收入	*Notnull*
从业人员	数字（双精度型）	从业人员年平均数	*Notnull*
资金总额	数字（双精度型）	资金总额	*Notnull*
劳动生产率	数字（双精度型）	劳动生产率	*Notnull*
资金生产率	数字（双精度型）	资金生产率	*Notnull*
综合生产率	数字（双精度型）	综合生产率	*Notnull*
增加值率	数字（双精度型）	增加值率	*Notnull*
产销率	数字（双精度型）	产销率	*Notnull*
生产率因子	数字（双精度型）	生产率因子	*Notnull*
产销率因子	数字（双精度型）	产销率因子	*Notnull*
增加值率因子	数字（双精度型）	增加值率因子	*Notnull*
竞争优势系数	数字（双精度型）	竞争优势系数	*Notnull*
市场占有率	数字（双精度型）	市场占有率	*Notnull*

软件配置：Microsoft Windows 95 或 Microsoft Windows NT4.0 及其以上版本的操作系统；Microsoft Office 2000 办工软件中的 Microsoft Access 2000。

（二）系统使用说明

中国地区工业竞争力测定系统是采用 Delphi 6.0 编程工具编写的应用程序，以 Microsoft Access 2000 作为后台数据库，运行在 Microsoft Windows 各种版本操作系统上的一套统计计算分析系统软件。它具有比较完整的功能和友好的人机界面，并具有简单易用特点，大大减轻了广大统计工作者的劳动强度，其具体的使用方法分述如下：

1. 程序的启动

在 Microsoft Windows 中的资源管理器中双击本程序的图标即可运行。

2. 区域技术创新能力评价系统程序主界面

在程序运行后，就可以进入程序的主界面，如图 4 所示。

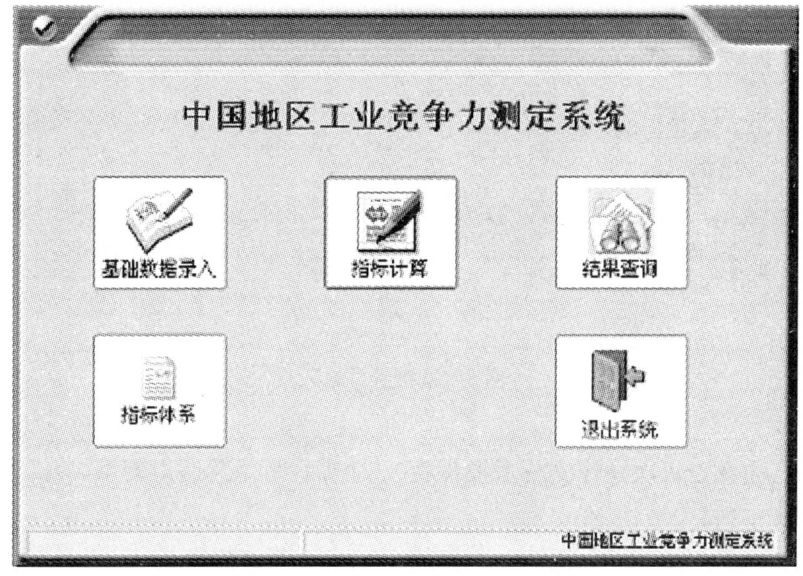

图 4　系统主界面

在各按钮上单击就可以进行相应的处理过程。其各自的处理为：

（1）基础数据录入：对收集的基础数据进行数据库的录入；

（2）指标计算；

（3）结果查询：对计算完成的各级指标得分进行查看；

（4）指标体系：查看中国地区工业竞争力评价指标体系；

（5）退出系统：结束本系统，退回到 Window 中。

各界面操作说明：

（1）基础数据录入：点击主界面的“基础数据录入”后进入基础数据录入界面。如图 5 所示。

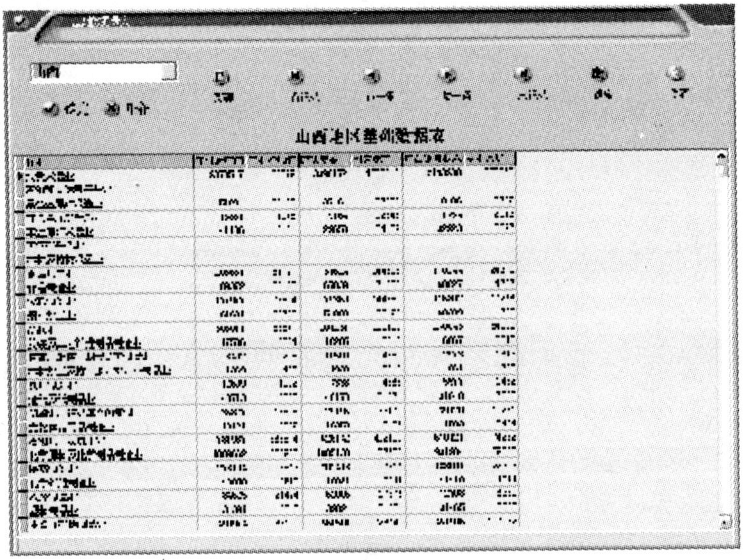

图 5　基础数据录入

注意：每次操作完毕后要保存，如果不保存就退出的话，记录将不被更新。

（2）指标计算：单击主界面的“指标计算”后进入指标计算方法选择界面。如图 6 所示。

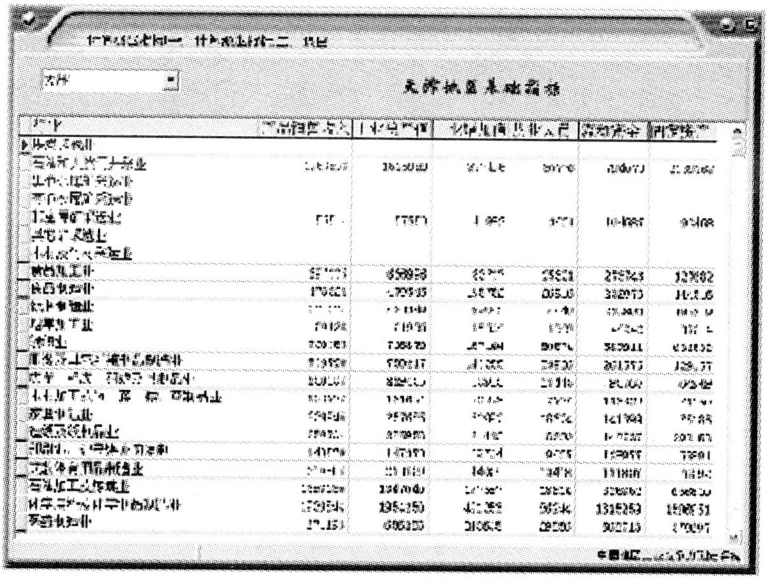

图 6　指标计算

在菜单栏中选择要进行计算的内容，并且计算顺序固定为：一级派生指标统计值→二级派生指标统计值。

(3) 结果查询：在这个模块中，我们可以进行各级指标的查询，点击主界面的“结果查询”后进入指标结果查询选择界面，如图 7 所示。

系统默认“按省市查询”，按“确认”按钮后，进入省市查询界面，如图 8 所示。

单击“下拉列表框”选择要查询的省市及指标，点击“确认”按钮；单击网格中的字段名称可以对其结果进行图形分析，在图形区域处单击鼠标右键，出现快捷菜单，如图 8 所示，可以对图形结果进行“升序”和“降序”的排序。按行业查询与按省市查询雷同。

(4) 指标体系：点击主界面的“指标体系”进行评价指标体系的查看，如图 9 所示。

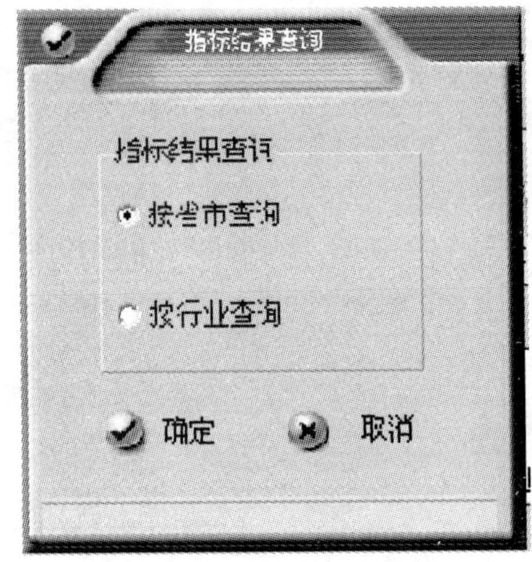

图 7　指标结果查询选择

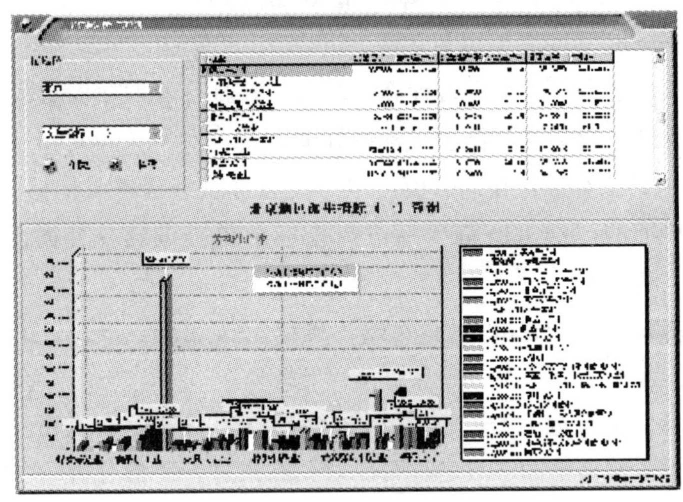

图 8　按省市查询

四　系统维护

系统维护是系统进入正式运行和投入使用后所进行的各种日常管理和必要的修改与扩充。在本系统投入到实际的运行中后要不断对系统进行维护，及时发现和纠正在使用过程中潜在的错误，处理故障，同时不断地完善和扩充系统的功能，保证系统中的各个要素随着环境的变化始终处于最新的、正确的工作状态。

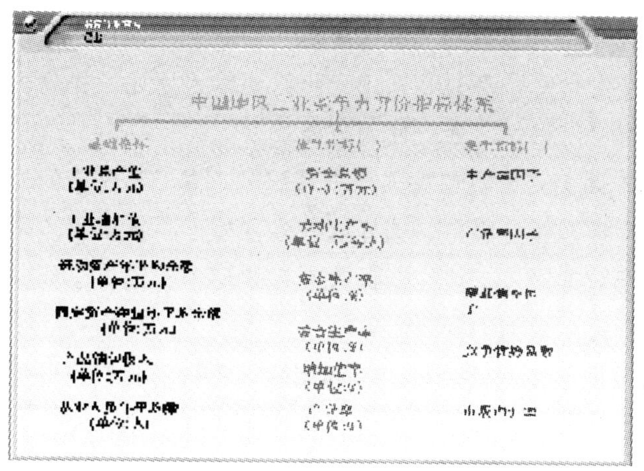

图 9　指标体系

系统维护主要包括正确性维护、适应性维护、完善性维护和预防性维护。本研究开发系统的维护工作主要有以下几个方面：

程序的维护：系统运行一段时间后，会有一部分程序需要修改和调整，运行过程中一旦程序发生问题，就要及时根据运行记录，发现和改正程序的错误；系统的运行环境需要改善，或者由于处于处理业务项目、数据或业务量有所变化，用户有更高的要求，也要对部分程序进行改进。系统维护的主要活动是对程序进行维护。对于本系统，当指标体系或计算方法改变时须进行程序的变动。

数据文件维护：数据维护工作主要负责数据库的安全性和完整性。业务处理对数据的要求是不断变化的，除了系统中主体业务数据的定期正常更新外，还有许多数据需要进行不定期的更新，或随环境、处理业务的变化，进行数据内容的增加，或者对现有文件的结构进行修改。此外，数据的备份与恢复等，都是数据维护的工作内容。

系统的日常维护只需要定期备份数据库即可。

五　本系统的特点

中国地区工业竞争力测定系统具有使用方便，运算快速，结果科学，形式多样，界面美观，通用性强等特点。

（1）科学适用，操作简便。本软件系统利用面向对象的思想，将深奥、繁复的计算全部封装，用户只需要输入原始数据就可得到最终结果，不但计算科学，而且使用方便。

（2）界面美观，容错性强。本系统利用仿 XP 风格的界面，利用立体、图片式按钮、菜单、选择框等多种控件，提供了点击式的操作方式。对于数据输入、按钮选择等交互式环节，设计了纠错程序，防止了非法、错误数据的输入。

（3）数据丰富、信息量大。利用软件系统，我们充分挖掘了原始信息的价值，可产生数字、图表等多种形式的结果，充分利用了数据资源。

（4）可扩展性强，适用前景广泛。本系统采用模块式开发方法，系统扩充较容易，灵活方便。

参考文献

[1] 贾雨文：《我国古典主动性决策理论》，《河北机电学院学报》1985 年第 1 期。

[2] Harold Sackrowitz, "Statistical Decision Theory". *Journal of the American Statistical Association*, Volume: 98, Issue: 462, June, 2003. pp. 492 – 495.

[3] Matthew Mulford, Jeffery Berejikian, "Behavioural decision theory and the gains debate in international politi Decision Sciences", Volume: 15, Issue: 2, Spring, 1984, pp. 239 – cs, *Political Studies*, Volume: 50, Issue: 2, June, 2002, pp. 209 – 212.

[4] Richard Johnson Jr., "Decision theory and analysis", *Futurics St. Paul*, Volume: 26, Issue: 1/2, 2002, pp. 67 – 70.

[5] Gary Chamberlain, "Econometrics and decision theory", *Journal of Econometrics*, Volume: 95, Issue: 2, April, 2000, pp. 255 – 260.

[6] Hallett, D. J., "Decision Theory and Decision Analysis: Trends and Challenges", *The Journal of the Operational Research Society*, Volume: 48, Issue: 8, August, 1997, pp. 846 – 849.

[7] Gilboa, Itzhak, Schmeidler, David, "Case – based decision theory", *The Quarterly Journal of Economics*, Volume: 110, Issue: 3, August, 1995, pp. 605 – 607.

[8] Thurston, Deborah L., Locascio, Angela, "Decision theory for design economics", *The Engineering Economist*, Volume: 40, Issue: 1, Fall, 1998, pp. 41 – 42.

[9] Larrick, Richard P., "Motivational factors in decision theories: The

role of self – protection", *Psychological Bulletin*, Volume: 113, Issue: 3, May, 1993, pp. 440 – 443.

[10] Thimm, Alfred L., "Empirical Decision Theory—Prof. E. Witte's Contribution to Management and Industrial Economics from an American Perspective", *Management International Review*, Volume: 27, Issue: 4, Fourth Quarter, 1987, pp. 5 – 7.

[11] Schneller, George O., IV, Sphicas, Georghios, "On Sensitivity Analysis in Decision Theory", *Decision Sciences*, Volume: 16, Issue: 4, Fall, 1985, pp. 399 – 401.

[12] Evans, James R., "Sensitivity Analysis in Decision Theory", *Decision Sciences*, Volume: 15, Issue: 2, Spring, 1984, pp. 239 – 244.

[13] Agunwamba, C. C., "On Decision Theory and Incomplete Knowledge", *The Journal of Management Studies*, Volume: 18, Issue: 1, January, 1981, pp. 27 – 32.

[14] Dubois, Didier, Fargier, Hélène, Perny, Patrice, "Qualitative decision theory with preference relations and comparative uncertainty: An axiomatic approach", *Artificial Intelligence*, Volume: 148, Issue: 1/2, August, 2003, pp. 219 – 226.

[15] Dubois, Didier, Fargier, Helene, Prade, Henri, "Qualitative Decision Theory: From Savage's Axioms to Nonmonotonic Reasoning", *Journal of the ACM*, Volume: 49, Issue: 4, July, 2002, pp. 455 – 462.

[16] Doyle, Jon, "Background to qualitative decision theory", *Thomason, Richmod H. AI Magazine*, Volume: 20, Issue: 2, Summer, 1999, pp. 55 – 63.

[17] Sawyer, Richard, "Decision theory models for validating course placement tests", *Journal of Educational Measurement*, Volume: 33, Issue: 3, Fall, 1996, pp. 271 – 278.

[18] 陈进才、冯复科：《非参数决策理论模式函数的确定与学习》，《西安公路交通大学学报》1994 年第 3 期。

[19] 贾雨文：《关于主动性决策理论（非理想系统决策理论）的研

究》，《中国软科学》1997 年第 1 期。

[20] 贾雨文：《主动性决策理论概述》，《管理科学学报》1997 年第 4 期。

[21] 伊·萨博：《高等工程力学》，海洋出版社 1985 年版。

[22] 马内亚·曼内斯库：《经济控制论》，中国社会科学出版社 1989 年版。

[23] 国家教委规划研究室：《全国专门人才需求预测经验选编》，1985 年。

[24] 钱志坚、程开明：《管理数学》下册，经济管理出版社 1985 年版。

[25] D. Gujarti：《基础计量经济学》，庞浩、沈从芳译，科技文献出版社重庆分社 1986 年版。

[26] Ziliak，James P.，“Does the choice of consumption measure matter? An application to the permanent – income hypothesis” . *Journal of Monetary Economics*，Volume：41，Issue：1，February，1998，pp. 201 –216.

[27] Pressman，Steven，“Consumption，income distribution and taxation：Keynes’ fiscal policy”，Volume：7，Issue：1，1997，pp. 29 –44.

[28] Wilk，Richard，“Consumption，human needs，and global environmental change”，*Global Environmental Change* ，Volume：12，Issue：1，April，2002，pp. 5 –13.

[29] Steger，Thomas：“Productive consumption，the intertemporal consumption trade – off and growth”，*Journal of Economic Dynamics and Control*，Volume：26，Issue：6，June，2002 ，pp. 1053 –1068.

[30] Alfredsson，E. C.，“Green consumption—no solution for climate change ”，*Energy*，Volume：29，Issue：4，March，2004，pp. 513 –524.

[31] Park，Walter G. A.，“Permanent Income Model of Public Consumption”，*Journal of Macroeconomics*，Volume：19，Issue：4，October，1997，pp. 753 –769.

[32] 俞培果、沈云、刘群:《扩展线性支出系统预测精度的验证研究》,《数理统计与管理》2002 年第 5 期。

[33] 庄慧玲:《经济结构调整时期的上海居民消费》,《上海统计》2002 年第 5 期。

[34] 尹建军:《关于我国城镇居民消费结构的实证分析》,《统计与决策》2002 年第 5 期。

[35] Richards, Greg, "Vacations and the Quality of Life: Patterns and Structures", *Journal of Business Research*, Volume: 44, Issue: 3, March, 1999, pp. 189 - 198.

[36] Cogoy, Mario, "Market and non - market determinants of private consumption and their impacts on the environment", *Ecological Economics*, Volume: 13, Issue: 3, June, 1995, pp. 169 - 180.

[37] Smoluk, H. J., Forteath, G. N. R., "Consumption and asset prices: An analysis across income groups", *Review of Financial Economics*, Volume: 11, Issue: 1, 2002, pp. 47 - 62.

[38] Weder, Mark, "Can Habit Formation Solve the Consumption Anomaly in the Two - Sector Business Cycle Model?", *Journal of Macroeconomics*, Volume: 22, Issue: 3, July, 2000, pp. 433 - 444.

[39] Ellison, George T. H., "Letting the Gini out of the bottle? Challenges facing the relative income hypothesis", *Social Science and Medicine*, Volume: 54, Issue: 4, February, 2002, pp. 561 - 576.

[40] Wildman, John, "Modelling health, income and income inequality: the impact of income inequality on health and health inequality", *Journal of Health Economics*, Volume: 22, Issue: 4, July, 2003, pp. 521 - 538.

[41] Das Marcel, van Soest Arthur, "A panel data model for subjective information on household income growth", *Journal of Economics Behavior & Organization*, Volume: 40, Issue: 4, December, 1999, pp. 409 - 426.

[42] Stutzer, Alois, "The role of income aspirations in individual happi-

ness", *Journal of Economics Behavior & Organization*, Volume: 54, Issue: 1, May, 2004, pp. 89 - 109.

[43] Bossert, W., "Redistribution mechanisms based on individual characteristics", *Mathematical Social Sciences*, Volume: 31, Issue: 1, February, 1996, pp. 51 - 63.

[44] Contoyannis Paul, Forster Martin, "The distribution of health and income: A theoretical framework", *Journal of Health Economics*, Volume: 18, Issue: 5, October, 1999, pp. 605 - 622.

[45] Fiaschi Davide, "Growth and inequality in an endogenous fiscal policy model with taxes on labor and capital", *European Journal of Political Economy*, Volume: 15, Issue: 4, November, 1999, pp. 727 - 746.

[46] Magnani Elisabetta, "The Environmental Kuznets Curve, environmental protection policy and income distribution", *Ecological Economics*, Volume: 32, Issue: 3, March, 2000, pp. 431 - 443.

[47] Irvine Ian, Wang Susheng, "Saving behavior and wealth accumulation in a pure lifecycle model with income uncertainty", *European Economic Review*, Volume: 45, Issue: 2, February, 2001, pp. 233 - 258.

[48] Itaya Jun-ichi, de Meza David, Myles Gareth D., "In praise of nequality: Public good provision and income distribution", *Economics Letters*, Volume: 57, Issue: 3, December 19, 1997, pp. 289 - 296.

[49] Eberharter, Veronika V., "Gender roles, labor market participation and household income position", *Structural Change and Economic Dynamics*, Volume: 12, Issue: 3, September, 2001, pp. 235 - 246.

[50] Dominitz Jeff, "Estimation of income expectations models using expectations and realization data", *Journal of Econometrics*, Volume: 102, Issue: 2, June, 2001, pp. 165 - 195.

[51] 赵明清:《模糊效用下的消费者支出最小化》,《山东农业大学学报》(自然科学版) 2001 年第 3 期。

[52] 周里平、何宁卡:《湖南省消费分析及预测》,《系统工程》1987 年第 5 期。

[53] 贾雨文：《社会经济剖面研究的势分析方法》,《系统工程》1989 年第 1 期。

[54] Long, James E., "The effects of tastes and motivation on individual income", *Industrial & Lsbor Relations Review*, Volume: 48, Issue: 2, January, 1995, pp. 338 - 351.

[55] Uusitalo Hannu, "Sex causally affects individual income", *Acta Sociologica*, Volume: 18, Issue: 2/3, 1975, pp. 266 - 274.

[56] Brady, Dorothy S., "Individual incomes and the structure of consumer units", *American Economic Review*, Volume: 48, Issue: 2, May, 1958, pp. 269 - 278.

[57] Hohnisch Martin, Pittnauer Sanisha, Chakrabarty Manisha, "Empirical Regularities in Distributions of Individual Consumption Expenditure", *International Journal of Modern Physics C: Physics & Computers*, Volume: 13, Issue: 4, May, 2002, pp. 541 - 552.

[58] Horowitz, Andrew W., "Optimal patterns of consumption and development expenditures in the presence", *International Economic Review*, Volume: 34, Issue: 1, February, 1993, pp. 193 - 207.

[59] Mcmillin, W. D., Laumas, G. S., "Economic policy and consumption and investment expenditures: an empirical examination", *Applied Economics*, Volume: 19, Issue: 2, February, 1987, pp. 167 - 173.

[60] Daniere Andre, "The Optimum Lifetime Distribution of Consumption Expenditures: Comment", *American Economic Review*, Volume: 65, Issue: 4, September, 1975, pp. 740 - 752.

[61] 王人代：《城镇居民生活消费趋向升级》,《瞭望》2002 年第 1 期。

[62] 岑丽阳：《买方市场条件下我国消费结构的变化》,《江苏商论》2002 年第 7 期。

[63] 叶立新、杜玉兰：《试论消费结构升级》,《当代财经》2001 年第 4 期。

[64] 葛笑春:《我国产业组织的国际竞争力分析》,《科技进步与对策》2002 年第 6 期。

[65] 爱德华·夏皮罗:《宏观经济分析》,中国社会科学出版社 1985 年版。

[66] Labini Paolo Sylos, "Why the interpretation of the Cobb – Douglas production function must be radically changed", *Structural Change and Economic Dynamics*, Volume: 6, Issue: 4, December, 1995, pp. 485 – 489.

[67] Barelli Paulo, de Abreu Pessoa Samual, "Inada conditions imply that production function must be asymptotically Cobb – Douglas", *Economics Letters*, Volume: 81, Issue: 3, December, 2003, pp. 361 – 367.

[68] Chowdhury S. Roy, "Nagadevara Vishnuprasad, Heady Earl O. A Bayesian Application on Cobb – Douglas Production Function", *American Journal of Agricultural Economics*, Volume: 57, Issue: 2, May, 1975, pp. 361 – 363.

[69] Doll, John P., "On Exact Multicollinearity and the Estimation of the Cobb – Douglas Production Function", *American Journal of Agricultural Economics*, Volume: 56, Issue: 3, August, 1974, pp. 556 – 559.

[70] Diwan, Romesh K., "On the Cobb Douglas Production Function", *Southern Economic Journal*, Volume: 34, Issue: 3, January, 1968, pp. 410 – 412.

[71] Fisk, P. R., "The Estimation of Marginal Prodution from a Cobb – Douglas Production Founction", *Econometrica*, Volume: 34, Issue: 1, January, 1966, pp. 162 – 171.

[72] Kneller Richard, Andrew Stevens Philip, "The specification of the aggregate production function in the presence of inefficiency", *Economics Letters*, Volume: 81, Issue: 2, November, 2003, pp. 223 – 236.

[73] Blumstein, C., Stoft, S. E., "Technical efficiency, production

functions and conservation supply curves", *Fuel and Energy Abstracts*, *Volume*: *37*, *Issue*: *1*, *January*, *1996*, *pp. 70 - 70.*

[74] Felipe Jesus, Fisher, Franklin M., "Aggregation in Production Functions: What Applied Economists should Know", *Metroeconomica*, Volume: 54, Issue: 2/3, May, 2003, pp. 208 - 262.

[75] Lrvinsohn James, Petrin Amil, "Estimating Production Functions Using Inputs to Control for Unobservables", *Review of Economic Studies*, Volume: 70, Issue: 2, April, 2003, pp. 317 - 341.

[76] Chambers, Robert G., Quiggin John, "The State - Contingent Properties of Stochastic Production Functions", *American Journal of Agriculture Economics*, Volume: 84, Issue: 2, May, 2002, pp. 513 - 526.

[77] Kushnirsky, Fyodor I., "A Modification of the Production Function for Transition Economies Reflecting the Role of Institutional Factors", *Comparative Economic Studies*, Volume: 43, Issue: 1, Spring, 2001, pp. 1 - 30.

[78] McCombie, John S. L., "The Slow residual, technical change, and aggregate production functions", *Journal of Post Keynesian Economics*, Volume: 23, Issue: 2, Spring, 2000/2001, pp. 267 - 297.

[79] Capello Roberta, "SME Clustering and Factor Productivity: A Milieu Production Function Model", *European Planning Studies*, Volume: 7, Issue: 6, December, 1999, pp. 719 - 728.

[80] Micheal, Thomas R., "Biased Technical Change and the Aggregate Production Function", *International Review of Applied Economics*, Volume: 13, Issue: 2, May, 1999, pp. 193 - 201.

[81] Kalirajan, K. P., Shand, R. T., "Frontier Production Functions and Technical Efficiency Measures", *Journal of Economic Surveys*, Volume: 13, Issue: 2, April, 1999, pp. 149 - 152.

[82] Stiroh, Kevin J., "Long - run growth projections and the aggregate production function: A survey of models used by the", *Contemporary Eco-*

nomic Policy, Volume: 16, Issue: 4, October, 1998, pp. 467 –479.

[83] Wall, Richard A. , "An empirical investigation of the production function of the family firm", *Journal of Small Business Management*, Volume: 36, Issue: 2, April, 1998, pp. 24 –32.

[84] 葛新权:《论生产函数调整模型》,《统计研究》2003 年第 6 期。

[85] 花建锋、赵黎明:《影响创新的模式和资源配置方法研究》,《中国软科学》2003 年第 4 期。

[86] 罗声求、陈赫:《Cobb—Douglas 生产函数模型的数学机理与原型的行为机理分析》,《系统工程》1995 年第 3 期。

[87] 白暴力:《新古典生产函数的理论困难及其解决》,《人文杂志》1996 年第 6 期。

[88] 黄敬前、郑爱明:《探 CD 生产函数在经济增长评价中的应用》,《系统工程》1997 年第 3 期。

[89] 陈国宏:《基于产出增长型生产函数及 DEA 模型的生产系统技术进步评价》,《科研管理》1998 年第 1 期。

[90] 张延:《短期和长期生产函数的联系》,《经济科学》1998 年第 4 期。

[91] Wolfe Michael, "Security must yield an economic benefit", *Journal of Commerce*, Volume: 4, Issue: 48, 2003, pp. 39 –41.

[92] Kuhar, Mark S. , "Huge economic benefit", *Pit & Quarry*, Volume: 96, Issue: 2, August, 2003, pp. 6 –18.

[93] Wingo Walter, "Study lists economic benefits of standardization in Europe", *Global Design News*, Volume: 5, Issue: 1, February, 2001, pp. 14 –23.

[94] Cheng, Leonard K. , "Economic benefits to China and impact on Hong Kong firms", *China Economic Review*, Volume: 11, Issue: 4, 2002, pp. 414 –420.

[95] 李世聪:《关于经济效益及其指标体系的思考》,《统计研究》1994 年第 3 期。

[96] 马成文:《微观工业经济效益评价指标体系研究》,《当代经济

研究》1995 年第 4 期。

[97] 杨晋超:《关于现行工业经济效益评价指标体系的思考》,《统计与决策》1999 年第 10 期。

[98] 张昕:《工业经济效益的差异比较》,《中国工业经济》1997 年第 6 期。

[99] 唐五湘:《我国地区间工业经济效益综合评价》,《统计与决策》1997 年第 12 期。

[100] 邹版纳:《浅谈经济效益评价指标的分析利用》,《学术交流》1997 年第 2 期。

[101] 杨晋超:《工业经济效益统计的回顾与展望》,《统计研究》2002 年第 7 期。

[102] Rosenzweig, Mark R., Schultz T. Paul, "Market Opportunities, Genetic Endowments, and Intrafamily Resource Distribution", *American Economic Review*, Volume: 74, Issue: 3, June, 1984, pp. 521 – 524.

[103] 汪祥春、王询:《市场经济条件下的资源配置》,《财经问题研究》1994 年第 4 期。

[104] 王元龙:《论马克思的资源配置理论》,《当代经济研究》1995 年第 2 期。

[105] 宁怀芳:《资源配置与资源配置机制》,《郑州大学学报》(哲学社会科学版)1995 年第 6 期。

[106] 周敏倩:《资源配置机制转换与企业制度创新》,《南开经济研究》1996 年第 1 期。

[107] 盖国凤:《资源配置效率测度与前沿生产函数》,《财经问题研究》1998 年第 11 期。

[108] 方晓平:《一种资源配置的最优化模型及其解法》,《工业技术经济》1998 年第 2 期。

[109] 汤在新:《资源配置方式和所有制结构》,《南方经济》1998 年第 4 期。

[110] 花建锋、赵黎明:《影响创新的模式和资源配置方法研究》,

《中国软科学》2003 年第 4 期。

[111] Nguyen, D. H. M., Wong, K. P., "Analysis of competitive power market with constant elasticity function", IEE Proceedings—*Generation, Transmission & Distribution*, Volume: 150, Issue: 5, September, 2003, pp. 595 - 612.

[112] Mazumdar Dipak, "Trends in employment and the employment elasticity in manufacturing, 1971 - 1992: an international comparison", *Cambridge Journal of Economics*, Volume: 27, Issue: 4, July, 2003, pp. 563 - 587.

[113] Rayton, Bruce A., "Firm performance and compensation structure: Performance elasticities of average employee compensation", *Journal of Corporate Finance*, Volume: 9, Issue: 3, June, 2003, pp. 333 - 356.

[114] Klonaris Stathis, Hallam David, "Conditional and unconditional food demand elasticities in a dynamic multistage demand system", *Applied Economics*, Volume: 35, Issue: 5, 2003, pp. 503 - 524.

[115] Muzalevsky, A. V., Repin, S. I., "On two - sided error estimates for approximate solutions of problems in the linear theory of elasticity", *Russian Journal of Numerical Analysis & Mathematical Modelling*, Volume: 18, Issue: 1, 2003, pp. 65 - 78.

[116] Piggott, N. E., Wohlgenant, M. K., "Price elasticities, joint products, and international trade", *Australian Journal of Agricultural & Resource Economics*, Volume: 46, Issue: 4, December, 2002, pp. 487 - 502.

[117] Mulier Filip M., Cherkassky Vladimir S., "Statistical Analysis of Self-organization", *Neural Networks*, Volume: 8, Issue: 5, 1995, pp. 717 - 727.

[118] Anonymous, "6 key ways to increase 401 (k) participation and contribution rates", *IOMA's Report on Managing Benefits Plans*, Issue: 2, February, 2000, pp. 1 - 20.

[119] 黄敬前：《对技术进步贡献率精度的分析》，《中国科技论坛》1996 年第 3 期。

[120] 冯英浚、李成红：《科技进步贡献率概念及测算方法的剖析与重建》，《中国软科学》1996 年第 9 期。

[121] 凌远云、郭犹焕、魏小梅：《对 CD 生产函数测度农业技术进步贡献率的质疑和改进思路》，《中国农村经济》1997 年第 2 期。

[122] 姜照华：《测算科技进步在经济增长中的贡献率的价值分析法》，《科技进步与对策》1998 年第 6 期。

[123] 贾雨文等：《弹性系数调整与贡献率算法的改进》，《数量经济技术经济研究》1997 年第 4 期。

[124] Hannula Mika, "Total productivity measurement based on partial productivity ratios", *International Journal of Production Economics*, Volume: 78, Issue: 1, July 1, 2002, pp. 57 – 67.

[125] Boisso Dale, Grosskopf Shawna, Hayes Kathy, "Productivity and efficiency in the US: effects of business cycles and public capital", *Regional Science and Urban Economics*, Volume: 30, Issue: 6, December, 2000, pp. 663 – 681.

[126] Dowd Kevin, "Deflating the productivity norm", *Journal of Macroeconomics*, Volume: 17, Issue: 4, Autumn, 1995, pp. 717 – 732.

[127] Gronroos Christian, Ojasali Katri, "Service productivity: Towards a conceptualization of the transformation of inputs into economic results in services", *Journal of Business Research*, Volume: 57, Issue: 4, April, 2004, pp. 414 – 423.

[128] L. H. Chen, C. Kao, S. Kuo, T. Y. Wang., Y. C. Jang, "Productivity Diagnosis via Fuzzy Clustering and Classification: An Application to Machinery Industry", *Omega*, Volume: 24, Issue: 3, June, 1996, pp. 309 – 319.

[129] Bessen James, "Technology Adoption Costs and Productivity Growth: The Transition to Information Technology", *Review of Economic Dy-*

namic, Volume: 5, Issue: 2, April, 2002, pp. 443 -469.

[130] Aw Bee Yan, Chen Xiaomin, Roberts, Mark J. , "Firm-level evidence on productivity differentials and turnover in Taiwanese manufacturing", *Journal of Development Economics*, Volume: 66, Issue: 1, October, 2001, pp. 51 -86.

[131] Miller, Stephen M. , Upadhyay, Mukti P. , "The effects of openness, trade orientation, and human capital on total factor productivity", *Journal of Development Economics*, Volume: 63, Issue: 2, December, 2000, pp. 399 -423.

[132] Kulshreshtha Mudit, Parikh Jyoti K, "A study of productivity in the Indian coal sector", *Energy Policy*, Volume: 29, Issue: 9, July, 2001, pp. 701 -713.

[133] Rangazas Peter, "The Quantity and Quality of Schooling and U. S. Labor Productivity Growth (1870 -2000)", *Review of Economics Dynamics*, Volume: 5, Issue: 4, October, 2002, pp. 932 -964.

[134] Bester Helmut, Petrakis Emmanuel, "Wages and productivity growth in a dynamic monopoly", *International Journal of Industrial Organizatio*, Volume: 22, Issue: 1, January, 2004, pp. 83 -100.

[135] Madden Gary, Savage, Scott J. , "Telecommunications productivity, catch-up and innovation", *Telecommunications Policy*, Volume: 23, Issue: 1, February, 1999, pp. 65 -81.

[136] Fagerberg Jan, "Technological progress, structural change and productivity growth: A comparative study", *Structural Change and Economic Dynamic*, Volume: 11, Issue: 4, December, 2000, pp. 393 -411.

[137] Lieberman, Marvin B. , R. Johnson Douglas, "Comparative productiveity of Japanese and U. S. steel producers, 1958 - 1993", *Japan and the World Economy*, Volume: 11, Issue: 1, January 1, 1999, pp. 1 -27.

[138] De Backer Koen, Sleuwaegen Leo, "Foreign ownership and pro-

ductivity dynamics", *Economics Letters*, Volume: 79, Issue: 2, May, 2003, pp. 177 –183.

[139] Huergo Elena, Jaumandreu Jordi, "Firms' age, process innovation and productivity growth", *International Journal of Industrial Organization*, Volume: 22, Issue: 4, April, 2004, pp. 541 –559.

[140] Blomstrom Magnus, Wolff, Edward N., "Growth in a Dual Economy", *World Development*, Volume: 25, Issue: 10, October, 1997, pp. 1627 –1637.

[141] Wang Xiaolu, Kalirajan K. P, "On explaining China's rural sectors' productivity growth", *Economic Modelling*, Volume: 19, Issue: 2, March, 2002, pp. 261 –275.

[142] Sudit, Ephraim F., "Productivity measurement in industrial operations", *European Journal of Operational Research*, Volume: 85, Issue: 3, September 21, 1995, pp. 435 –453.

[143] 肖承志、史军:《工业企业生产率分析的方法研究》,《上海理工大学学报》1994 年第 1 期。

[144] 谢千里、罗斯基、郑玉歆:《论国营工业生产率》,《经济研究》1994 年第 10 期。

[145] 谢千里、罗斯基、郑玉歆:《改革以来中国工业生产率变动趋势的估计及其可靠性分析》,《经济研究》1995 年第 12 期。

[146] 朱冬元、傅道臣:《经济增长方式的生产率标准》,《统计与决策》1996 年第 6 期。

[147] 陈新宇、胡雪燕:《生产率与我国经济增长关系的实证分析》,《山西财经大学学报》2000 年第 1 期。

[148] 吕铁:《制造业结构变化对生产率增长的影响研究》,《管理世界》2002 年第 2 期。

[149] 钟旭:《技术创新生产率的频率分布》,《科学学与科学技术管理》2002 年第 8 期。

[150] 武义青:《基于线性函数的生产率测定方法》,《数量经济技术经济研究》1996 年第 6 期。

[151] 武义青：《效益系数权数的一种确定方法》，《管理现代化》1992年第6期。

[152] 武义青：《生产率测定方法研究》，《中国机械工程学会第三次工业工程学术会议暨海峡两岸工业工程研讨会论文集》，天津大学出版社1993年版。

[153] 武义青：《我国地区工业生产率变动趋势分析》，《数量经济技术经济研究》2001年第6期。

[154] Wu Yiqing, "China's Regional Industry Production Mea-surement and Analysis", *World XIIth Productivity Congress*, 2001, pp. 291 – 292.

[155] Crompton, Paul, "Future trends in Japanese steel consumption", *Resources Policy*, Volume: 26, Issue: 2, June, 2000, pp. 103 – 114.

[156] Aigingr, K., "A framework for evaluating the dynamic competitiveness of countries", *Structural Change and Economic Dynamics*, Volume: 9, Issue: 2, June, 1998, pp. 159 – 188.

[157] Lall Sanjaya, "Competitiveness Indices and Developing Countries: An Economic Evaluation of the Global Competitiveness Report", *World Development*, Volume: 29, Issue: 9, September, 2001, pp. 1501 – 1525.

[158] Meyer – Stamer Jorq, "Micro-Level Innovations and Competitiveness", *World Development*, Volume: 23, Issue: 1, January, 1995, pp. 143 – 148.

[159] Holsapple C. W., Singh M., "The knowledge chain model: activities for competitiveness", *Expert Systems with Applications*, Volume: 20, Issue: 1, January, 2001, pp. 77 – 98.

[160] Papadakis Maria, "The delicate task of linking industrial R&D to national competitiveness", *Technovation*, Volume: 15, Issue: 9, November, 1995, pp. 569 – 583.

[161] Gustavsson Patrik, Hansson Par, Lundberg Lars, "Technology, resource endowments and international competitiveness", *European*

Economic Review, Volume: 43, Issue: 8, August, 1999, pp. 1501 -1530.

[162] Guan, J., Ma, N., "Innovative capability and export performance of Chinese firms", *Technovation*, Volume: 23, Issue: 9, September, 2003, pp. 737 -747.

[163] Boggio Luciano, "Growth and international competitiveness in a 'Kaldorian' perspective", *Structural Change and Economic Dynamics*, Volume: 7, Issue: 3, September, 1996, pp. 299 -320.

[164] Oral Muhittin, Chabchoub Habib, "An estimation model for replicating the rankings of the world competitiveness report", *International Journal of Forecasting*, Volume: 13, Issue: 4, December, 1997, pp. 527 -537.

[165] Li Yuan, Deng Shengliang, "A methodology for competitive advantage analysis and strategy formulation: An example in a transitional economy", *European Journal of Operational Research*, Volume: 118, Issue: 2, October 16, 1999, pp. 259 -270.

[166] Shrivastava, "Environmental technologies and competitive advantage", *Long Range Planning*, Volume: 18, Issue: 3, September, 1999, pp. 273 -283.

[167] Vastag Gyula, Montabon Frank, "Linkages among manufacturing concepts, inventories, delivery service and competitiveness", *International Journal of Production Economics*, Volume: 71, Issue: 1 -3, May 6, 2001, pp. 195 -204.

[168] Deneter Krisztina, "Manufacturing strategy and competitiveness", *International Journal of Production Economics*, Volume: 81 -82, January 11, 2003, pp. 205 -213.

[169] Wilkinson, I. F., Mattsson, L-G., Easton G., "International competitiveness and trade promotion policy from a network perspective", *Journal of World Business*, Volume: 35, Issue: 3, 3rd

quarter, 2000, pp. 275 – 299.

[170] Tunzelmann, G. N., "Government policy and the long – run dynamics of competitiveness", *Structural Change and Economic Dynamics*, Volume: 6, Issue: 1, March, 1995, pp. 1 – 21.

[171] Fleury Afonso, "Quality and Productivity in the Competitive Strategies of Brazilian Industrial Enterprises", *World Development*, Volume: 23, Issue: 1, January, 1995, pp. 73 – 85.

[172] Carraro Carlo, Galeotti Marzio, "Economic growth, international competitiveness and environmental protection: R & D and innovation strategies with the WARM model", *Energy Economics*, Volume: 19, Issue: 1, March, 1997, pp. 2 – 28.

[173] Faucheux Sylvie, Nicolai Isabelle, "Environmental technological change and governance in sustainable development policy", *Ecological Economics*, Volume: 27, Issue: 3, December, 1998, pp. 243 – 256.

[174] Lee Jaimin, "Comparative Advantage in Manufacturing as a Determinant of Industrialization", *World Development*, Volume: 23, Issue: 7, July, 1995, pp. 1195 – 1214.

[175] Sharp Margaret, "Competitiveness and cohesion—are the two compatible?", *Research Policy*, Volume: 27, Issue: 6, September, 1998, pp. 569 – 588.

[176] Harrell-Cook Gloria, Ferris, Gerald R., "Competing pressures for human resource investment", *Human Resource Management Review*, Volume: 7, Issue: 3, Autumn, 1997, pp. 317 – 340.

[177] Bennett John, Maw James, "Privatization, partial state ownership, and competition", *Journal of Comparative Economic*, Volume: 31, Issue: 1, March, 2003, pp. 58 – 74.

[178] Bell Martin, Albu Michael, "Knowledge Systems and Technological Dynamism in Industrial Clusters in Developing Countries", *World Development*, Volume: 27, Issue: 9, September, 1999,

pp. 1715 - 1734.

[179] Sonntag Viki, "Sustainability — in light of competitiveness", *Ecological Economics*, Volume: 34, Issue: 1, July, 2000, pp. 101 - 113.

[180] 张铭:《论增强我国产业竞争力》,《中国工业经济》1996 年第 3 期。

[181] 吴建海、徐敏、皇甫小雷、赵德友、郑保卫:《浅谈区域产业竞争力评价》,《中国统计》2000 年第 12 期。

[182] 陈晓声:《产业竞争力的测度与评估》,《上海统计》2002 年第 9 期。

[183] 陈红儿、陈刚:《区域产业竞争力评价模型与案例分析》,《中国软科学》2002 年第 1 期。

[184] 黄祖辉、张昱:《产业竞争力的测评方法:指标与模型》,《浙江大学学报》(人文社会科学版)2002 年第 4 期。

[185] 刘小铁、欧阳康:《产业竞争力研究综述》,《当代财经》2003 年第 11 期。

[186] 龚奇峰、彭炜、于英川:《工业竞争力评价方法及其应用》,《中国软科学》2001 年第 9 期。

[187] 魏后凯、吴利学:《中国地区工业竞争力评价》,《中国工业经济》2002 年第 11 期。

[188] 吴玉鸣:《中国区域工业竞争力的因子分析及非均衡差异研究》,《华东师范大学学报》(哲学社会科学版)2003 年第 3 期。

[189] 何枫、冯宗宪、陈荣:《国有企业与外资企业制造业竞争力的比较研究》,《中国软科学》1999 年第 9 期。

[190] 武义青、顾培亮:《竞争优势测定的一种新方法》,《数量经济技术经济研究》2001 年第 5 期。

[191] 武义青等:《中国区域工业化研究》,经济管理出版社 2002 年版。

[192] 武义青:《中国区域制造业竞争力测定与分析——制造业与未

来中国》，机械工业出版社 2002 年版。
[193] 薛天栋：《数量经济学》，华中工学院出版社 1986 年版。
[194] 武义青：《运用势分析方法提高模型预测精度》，《河北机电学院学报》1991 年第 2 期。
[195] 夏安帮：《专门人才总需求预测》，《预测》1985 年第 6 期。
[196] 武义青：《计量经济模型在人才预测中的应用——河北省工业专门人才总量需求预测》，《河北机电学院学报》1989 年第 4 期。
[197] 武义青：《经济增长质量的度量方法及其应用》，《管理现代化》1995 年第 5 期。
[198] 保罗 · A. 萨缪尔森、威廉 · D. 诺德豪斯：《经济学》（下），中国发展出版社 1992 年版。
[199] W. 阿瑟 · 刘易斯：《经济增长理论》，生活 · 读书 · 新知三联书店 1990 年版。
[200] 顾海良等编译：《简明帕氏新经济学辞典》，中国经济出版社 1991 年版。
[201] 谭崇台主编：《发展经济学》，上海人民出版社 1985 年版。
[202] 武义青：《经济增长方式的界定》，《管理现代化》1996 年第 4 期。
[203] 彼德 · F. 德鲁克：《动荡年代的管理》，中国工人出版社 1989 年版。
[204] 武义青：《经济增长方式转变的临界点》，《全国青年管理科学与系统科学论文集》，南开大学出版社 1999 年版。
[205] 斯蒂格利茨：《经济学》（下），中国人民大学出版社 1997 年版。
[206] 刘澍、李荣平、李林杰：《科技进步综合评价研究》，河北大学出版社 2000 年版。